社会が現れるとき

若林幹夫
立岩真也
佐藤俊樹
［編］

東京大学出版会

How We Meet Society?

Mikio WAKABAYASHI, Shin'ya TATEIWA,
and Toshiki SATO, Editors

University of Tokyo Press, 2018
ISBN978-4-13-050192-7

はじめに——「社会が現れるとき」と「社会学（のようなもの）が現れるとき」

この書物で私たちが問い、考えたいのは、私たちが「社会」や「社会的なもの」や「社会現象」と見なすものが、私たちの集合的な生の構造や過程を通じてどのように現れるのか、そしてそのような社会の現れがどのように経験され、思考され、人びとの行為や関係と結びついて社会のさらなる現れをどのように支えたり、あるいは変えたりするのかということだ。

経験科学としての社会学は、「社会」とそこに存在する「社会的なもの」や、そこに生じる「社会現象」を経験的対象としている。たとえば、社会階層論は階層という「社会的なもの」とそれによって構造化された「社会」を対象とし、社会病理学は「社会現象」としての社会的な病理（と見なされるもの）とそれを生み出す「社会」を問題とし、都市社会学は「社会的なもの」や「社会現象」としての都市や都市的生活様式や都市社会構造を対象とする。そして理論社会学は、そのような経験的対象としての「社会」や「社会的なもの」や「社会現象」の成り立ちを一般的な形で問題としつつ、それらを統一的に記述し、説明する理論の構築をめざす。社会学の歩みと現在における多様な展開は、そのような試みの歩みと展開としておおよそ記述できるだろう。「社会」や「社会的なもの」や「社会現象」が経験的事実として存在することが、社会学が存在し続けてきた条件となってきたのである。

だが、それは社会学の条件であるだけではない。「社会」や「社会的なもの」や「社会現象」は、社会学とそれをする社会学者たちにとってのみ存在するのではないからだ。社会を対象とする政策、社会的な問題に関わる運動や実践、社会現象をめぐるジャーナリスティックな言説、そして「社会」や「社会的」という言葉を使った何気ない言葉のやりとりなど、現代におけるさまざまな営みや思考は、「社会」や「社会的なもの」や「社会現象」が対象や問題として存在することを当然のように前提とし、条件としている。「社会」があること、そしてその「社会」のなかにさまざまな「社会的なもの」や「社会現象」があることは、多くの人にとって自明である。人間が社会的生物であり、人間の生きる世界が社会的世界である以上、「社会」や「社会的なもの」や「社会現象」は私たちの周囲に当然のように存在する。それは〝石を投げれば社会に当たる〟くらいに自然なことだ。そんな風に多くの人は考えていないだろうか。

もちろん、「社会」は「自然」ではない。それは「人工的」で「人為的」なものである。多くの社会学者はそう言うだろう。人間の階層は動物の集団内の順位とは異なる社会的諸資源の配分と関係しているし、社会病理は身体をむしばむ病とは異なり社会生活のなかの諸関係や諸構造に由来するのだし、人工環境としての都市とそこでの人間集団の営みは自然環境のなかの生物の集団生活とは異なる制度や文化や技術のなかにある。だから社会は自然ではないのだ、と。そんな「自然ではないもの」としての「社会」や「社会的なもの」や「社会現象」が存在することを、社会学者ではない多くの人びとはもちろんのこと、少なからぬ数の社会学者もまた、ごく当然のように考えている。〝石を投げれば社会に当たる〟という言葉で指摘したかったのは、そんな「ごく自然に社会が存在すること」への疑いのなさだ。

だが、社会学という知の可能性の中心には、社会がそんな風にごく自然に存在してしまうことへの違和感や驚きがあると、私たちは考える。

自然ではないものとして社会が「ある」のは、人が他者たちと共に集合的な生を生きることによって、そこに社会をあらしめてしまうからだ。自己と他者たちの間を様々な規則や制度や表象で架橋し、他者たちと共に世界を生きる関係の構造と過程を通じて、私たちは「社会」や「社会的なもの」や「社会現象」を現象させながら、それをごく自然にあるもののように受け取って生きている。自分たちの先祖が動物をはじめとする自然界の事物だったとするトーテミズム的な思考は、近代人にとってはおとぎ話のような虚構だが、そうした思考を生きる人びとにとって自然である。近代人にとって市場経済は自然な、それこそ人間の本性に基づくものと思われているけれど、市場社会を生きていない人びとには「貨幣」や「価格」といった虚構に支えられた不自然な制度に見えるだろう。どちらの場合でも社会の現実性は、トーテム神話や貨幣と価格の現実性を信じて人びとが集合的に振る舞う時、それを振る舞う人びとにとって現れるのだ。

外側から見るとなんとも奇妙で驚くべきことが、内側を生きている人びとにはごく自然なものとして存在し、生きられている。このことを、次のようなたとえで言うこともできる。あるスポーツを行なっている人たちと、そのスポーツをまったく知らないでそれを見ている人たちがいるとしよう。プレイしている人びとにとっては、一緒にプレイする人びとの一挙手一投足がルールに即した意味をもち、それに対して激しい感情すら生じるような現実性が、プレイヤーの動きを通じてそこでは現象し続けている。だが、それを見ている人びとには、眼の前にいる人びとがなぜそのように動き、それに対してなぜ喜んだり怒ったりしているのかわからない。ことによると、それがスポーツであるかどうかや、そもそもスポーツとは何なのかも分かっていないかもしれない。プレイしている人びとにとって現れ、感じられている現実性が、見ている人びとには現れも感じられもしないのである。

「社会が現れる」とは、たとえて言えばそういうことだ。私たちはそんな風に社会を生きている。だから時に、社会のそんな現れ方や感じられ方についての違和感や驚きの芽のようなものを、ふと感じてしまうこともあるのだが、そんな違和感や驚きを見つめ、そこから考える視点や方法をもたないかぎり、多くの場合、それらはやり過ごされてしまうのである。

けれども私たちはこの本で、そんな違和感や驚きの前に立ち止まり、目をこらして、私たちの周りに「社会」や「社会的なもの」や「社会現象」があってしまうことと、そんな社会を生きる私たちの存在について、私たちの生のさまざまな局面や位相から問い、考えたいと思う。人間の集合体が一定の規則や制度の下に、相互行為を行ないつつ集合的に生きている状態を私たちは「社会」と呼び、そうした集合的な生を生きる人びとの行為や経験の特定の様相や感覚や対象性のなかに、人は「社会」や「社会的なもの」や「社会現象」としての現実性を見出す。そして社会学とは、そうした現実性が経験的な対象として現れ、経験されてしまうこと自体を問い、それによって私たちがごく自然なことと考えている「社会」や「社会的なもの」や「社会現象」が現にあるように現れてしまうことに驚き、そうした現れを支える構造や過程に迫ることができる知の試みなのだ。

当然のように存在する社会と、その社会をごく自然に生きる人びとの意識や感覚や感情や行為を「自然にあるもの」ではなく、集合的な生の構造と過程を通じて現れる「虚構」やその「効果」のようなものとして問うこと。もしかしたらそれは、どこか素直でない、ひねくれた問いのように思われるかもしれない。だが実は、そんなひねくれて見えるような問い方こそが、私たちが「社会」と呼ぶ対象に対する素直な問い方なのである。そうした「素直にひねくれた問い方」によって、社会学の理論と実証の双方にわたる基底的な問いと、そこから可能になる社会学的思考の新たな展望を提示すること。それが本書で私たちが目指したいことである。

この本を作ることになったきっかけは、東京大学教養学部・大学院総合文化研究科で長らく教鞭を執られてきた山本泰先生が二〇一六年三月に定年退任されたことだった。ここに集められた論考の執筆者の多くはかつて山本先生を指導教員とし、そうでなくとも何らかの形で山本先生の指導を受けたのだが、目次を見ればわかるように、それぞれが対象とするものも、それについて記述し、分析し、考察する理論や方法や文体もきわめて多岐にわたっていて、普通言う意味での「社会学」でないものもそこには含まれている。だが、明らかに雑多に見えるこれらの論考を並べて読んでみると、そこには「社会」や「社会的なもの」や「社会現象」に対する〝問いの感覚〟や〝間合いのとり方〟のゆるやかな共有が感じられるだろう。「素直にひねくれた」と先に述べたそんな〝問いの感覚〟や〝間合いのとり方〟こそ、私たちが山本先生から受け取ったもの、あるいは私たちそれぞれが個々にもっていた感覚や問題意識と山本先生の学問的な感覚や問題意識が共鳴するところに現れてきたものなのである。この意味で本書は「社会が現れるとき」をめぐる論考集であるだけでなく、著者である私たちにとっての「社会学（のようなもの）が現れるとき」をめぐる論考集でもあるのである。

二〇一七年九月

若林　幹夫

目次

1章 「都市」をあることにする

若林 幹夫

1 「都市」をめぐる三つの言葉

次の三つの文章はいずれも、「都市」という概念と、「都市」という言葉がその概念と共に指し示す対象や属性について述べられたものである。

すべての都市に共通していることは、ただ次の一事にすぎない。すなわち、都市というものは、ともかく一つの（少なくとも相対的に）まとまった定住——一つの「集落《オルトシャフト》」であり、一つまたは数ケの散在的住居ではないということのみである（マックス・ヴェーバー『都市の類型学』（Weber 1921→1957=1964: 3）、ただし訳文の用字は一部改めた）。

たとえば我々が爰に考えようとして居るのは、申す迄も無く「日本の都市」である。支那をあるけば到る処で目につくような、高い障壁を以て郊外と遮断し、門を開いて出入りさせて居る商業地区、そんなものは昔からこの日本には無かった（柳田國男『都市と農村』（柳田 1929→1969: 241））。

有効なアーバニズムの定義は、すべての都市——少なくともわれわれの文化における都市——が共通にもっている本質的な性格を意味しなければならないだけではなく、諸都市の相違の発見に役立たなくてはならない（ルイス・ワース「生活様式としてのアーバニズム」（Wirth 1938=1978: 131））。

ヴェーバーの言うように、「都市」という言葉が指し示しうるすべての対象に共通していることは、それらが相対的にまとまった定住＝集落であることにすぎないとしても、「定住であること」は都市だけでなく「村落」とも共通することだから、「定住であること」によって都市を定義することはできない[1]。そして、さまざまな時代や社会に見出される「都市」やそれに類する言葉で呼ばれる定住は、それらが定住である点においては共通しているが、他のさまざまな点で異なっている。経済、法、行政など複数の点から「都市」の概念化や定義がさまざまに可能なのだが、ある定義によれば「都市」でありうるものが、他の定義では「都市」ではないことがしばしば見出される。だから『都市の類型学』でヴェーバーは、「都市」一般を概念化して定義するのではなく、さまざまな社会科学的観点による都市の概念と定義を検討し、それらの概念と定義を用いて地理的・歴史的に異なる社会における都市のあり方を類型化して、近代的な「市民」の原型を生み出したヨーロッパの中世都市のあり方を比較社会学的に解明していった（Weber 1921→1957=1964: 3-71）。

柳田國男にとって、「都市」という同じ言葉があるばかりに「日本の都市」と「中国の商業地区」や「西洋の町場」を一緒くたに扱おうとすることは、「書物で学問をしようとする者」が往々にして陥る「概念の虜」になることだった（柳田 1929→1969: 241）。「日本の都市」を諸外国の都市と同じものと考えることだけでなく、日本におけるかつての「都」や「城下」と近時の「都市」や「都会」を同一視することも正しくない。「都は都、都市は都市であって、都市という中には大小雑多の都会まだ雛鳥の羽も揃わぬようなもの迄を含んで居る」（柳田 1929→1969: 243）のだから、「都市」（と仮に呼びうるもの）は社会ごとに異なっているだけでなく、同じ社会の中でも同じように取り扱えない差異がある。『都市の類型学』でヴェーバーは、近代以前の多くの社会で都市の古典的な標識となっている城壁が「日本の都市」には見出されないことから、「行政的な見地からすれば、日本にそもそも『都市』があったかどうかを疑問視することもできるわけである」（Weber 1921→1957=1964: 26）と指摘しているが、柳田からすればそのような「疑問」は、「都市」という同じ言葉によって「日本の都市」と「中国の商業地区」や「西洋の町場」を一緒くたに扱おうとした時にのみ問題となりうる、ナンセンスな問題であるということになろう。

ヴェーバーや柳田と異なり、ワースは「すべての都市」、あるいは、少なくとも「われわれの文化における都市」が共通にもつ本質があると考え、それを概念化しようとした。二〇世紀の世界を特徴づけるものを都市の発展と都市化と考え、欧米近代に由来するそのような社会変動の根底には、欧米近代に限定されない普遍的かつ歴史貫通的な「都市性」があるのだとワースは考える。前近代の都市は、前産業的・前資本主義的秩序のもとに発達した点で、近代的な技術と資本主義的秩序に結びついた近代の都市と異なっているとしても、やはりそれらが都市であることには違いない（Wirth 1938=1978: 133）。そうであるならば、「都市であること」を通文化的・歴史貫通的に概念化して定義し、そのような定義の下で、都市の発展と都市化を特徴のひとつとする現代社会のあり方を理解することが可能なはずだとワースは考える。

〝すべての都市〟に共通することが「定住」であることという、それだけでは「都市が都市であること」の必要条件ではあっても十分条件たりえない一事のみとされる一方で、〝すべての都市〟に共通する本質を探すことが現代社会を理解する鍵として探し求められる。同じ「都市」という言葉で名指されるからといって、それらを〝同じもの〟とみなすことが誤りだと語られる一方で、どんな都市でもやはり都市であるのだとも語られる。〝同じでないさまざまな都市〟が、同じ「都市」という言葉で語られ、語られる端から〝それらは同じではない〟とされてゆく。

このような論者間の齟齬は、それぞれが用いる「都市」の概念と、その概念によって対象化しようとする対象や事態が同一ではないからだと理解することも可能である。実際そうとも言えるので、論者間の視点と概念と対象の違いを整理し、お好みならば「都市の類型学」ではなく「都市概念と都市論の類型学」としてそれらを類型化して、この問題を解決することもできるだろう。それはそれで興味深く、学問的にも意味のある作業だろうが、ここではそれとは異なる視点から、「都市」の概念と存在をめぐるこうした〝混乱〟について考えてみたい。その視点とは、「都市」をめぐる言説のこうした〝混乱〟のように見える状況こそが、今日「都市」と呼ばれるものの社会的なあり方と深く結びついているのではないかという視点である。

2 「都市」という概念

「都市」の概念をめぐるこうした〝混乱〟について、ヴェルナー・ゾンバルトの「都市的居住——都市の概念」(Sombart 1931=1978: 39-56)を参照してもう少し見ておこう。この論考は、前項で引用したヴェーバーや柳田、ワースの言葉と同時代の一九三一年に、当時の社会学事典のために書かれたものだ。研究者が都市的居住のあり方を綜合的に捉えるために、一定の認識目的にそくして複数の特徴を綜合して形成する「都市」の概念を、ゾンバルトは「綜合的概念 synthetische Begriff」と呼ぶ(Sombart 1931=1978: 40-41)。例としてあげられるのは、「住民の人口とその居住地が、高い密度において、持続的にかなり広大な地域をおおい、それが主要交通路の要衝に位置している現象」というラッツェルの〝地誌学的な都市概念〟(Ratzel 1882-91=2006)や、「その住民がもはやお互いに顔見知りになっていないところの、居住形態」というヴェーバーが『都市の類型学』で述べているような〝社会学的都市概念〟

（Weber 1921→1957=1964: 4）、あるいは、ゾンバルトの論考でははっきりと説明されていないが、ヴェーバーと共にゾンバルトが重要と考えるという〝経済学的な都市概念〟[2]である。だが、「これらの綜合的な都市概念は、いく人かの教授や学者たちによっていわれたものであって、日常語の『言葉づかい』に忠実であるわけではなく、また大体のところ『学問』の立場からも全面的な承認をかちえている概念でもない」（Sombart 1931=1978: 41）ので、多くの論者は綜合的な都市概念の視点を捨てて、日常語の言葉づかいのほうに傾いているとゾンバルトは指摘している。

実際、ヨーロッパ諸語においては「都市」やそれに類する言葉は、他の多くの社会学上の概念と同様に、それについて論じる研究者や専門家に用いられる以前に、〝普通の人びと〟の日常生活の中で用いられてきた言葉である。[3] そうした日常語で「都市」やそれに類する言葉がどう使われているのかを分析することから導き出される「都市」概念を、ゾンバルトは都市の「分析的概念 die analitischen Begriff」と呼ぶ（Sombart 1931=1978: 42）。それは〝普通の人びと〟の日常的な生活世界に内在する意味や感覚を認識するために、研究者によって構成された概念である。ゾンバルトはドイツ語、英語、フランス語の大きな辞典で Stadt, town, city, ville の見出しで書かれていることを抜粋して検討しているのだが、それによって明らかになったのは、「都市の概念がそれにもとづいて規定されるところの、数多くの諸特徴が都市にあるということ」で、「ひとくちに『都市』といっても、さまざまな時代とところによって、さまざまな都市が理解されてきた」（Sombart 1931=1978: 44）という、『都市の類型学』でのヴェーバーの指摘と同様のことだった。都市の分析的な概念は歴史的・地域的に特定の社会の中で意味をもつ概念であり、それらを一般化しようとすれば「都市という言葉の概念の混乱に直面せざるを得ない」（Sombart 1931=1978: 44）のである。また、分析的概念と類似したものとして、さまざまな社会の法律や行政文書などの文書における都市の定義と用法に依拠する「文書的―解釈的な概念 dokumentarisch-ineterpretatorischer Begriff」も可能だが、文書上の概念は日常語の意味とは異なり明確に定義されているので、法律や行政にとどまらない都市概念の明確化にとってはそれらを参照することは「無益な試み」だとゾンバルトは言う（Sombart 1931=1978: 44）。

分析的概念や文書的―解釈的概念の検討が示すのは、「都市」という言葉――ドイツ語の Stadt や英語の town、city、フランス語の ville――が意味するものは時代の推移につれて変化してきたが、「多くの場合に一つの特徴だけが都市の概念規定にとって決定的に重要だとみなされてきた」（Sombart 1931=1978: 44）ということである。それらの特徴に着目すると、①宗教的都市概念、②築城術上の都市概念、③軍事上の都市概念、④政治上の都市概念、⑤統計上の都市概念、⑥建築術上の都市概念、⑦人口学上の都市概念、⑧法律上の都市概念、等々を、都市の「歴史的な概念」として構成することができる（Sombart 1931=1978: 44-46）。それらが「歴史的」な概念であるのは、さまざまな歴史的段階において、人びとが「都市」という言葉によって、「相対的にまとまった定住」（ヴェーバー）の何に注目して「都市」と見なしてきたのかという歴史的事実を示しているからである。さらに、そうした諸特徴の幾つかを複合させた「複合概念 der komplexe Begriff」によって、〝古代オリエントの都市〟や〝一八世紀ドイツの都市〟、〝二〇世紀初期のアメリカ都市〟などの諸類型を、ある歴史的な社会においてどのような定住や居住の形態が「都市」やそれに類する言葉に相応しいものとされてきたのかを示すものとして構成することができる（Sombart 1931=1978: 46–48）。

以上のような考察を通じて明らかになるのは、過去の時代の諸社会においては「都市」的な定住が何であるのかが、日常語においても、法律や行政上の文書においても比較的明らかであった一方で、それらの諸社会の「都市」に歴史的・通文化的に妥当する綜合的な概念を構成することが困難な存在として「都市」が存在するということだ。少なくとも二〇世紀前半のヨーロッパにおいて「都市」は、かつてはそれがなんであったかは分かるけれど、現在においてそれを定義することが困難なものとして見出されていたのである。

3 「魚」はどう存在するか（あるいは、存在しないか）

ここでいったん「都市」を離れて、分類と概念について考えてみよう。

「分岐学《ぶんきがく》 cladistics」と呼ばれる現代生物学の進化系統研究による分類学によれば、「魚」という生物群は科学的な分類群としては存在しないのだという（Yoon 1992=2013: ch. 10）。分岐学では、進化の系統樹で同一の分岐の先に属する「単系統群」と呼ばれる生物群のみが実在する生物群と見なされる。このような立場に立つとき、人類が「魚」と見なしてきた生物群は単系統群ではないので、科学的に実在する生物群ではないことになるというのだ。

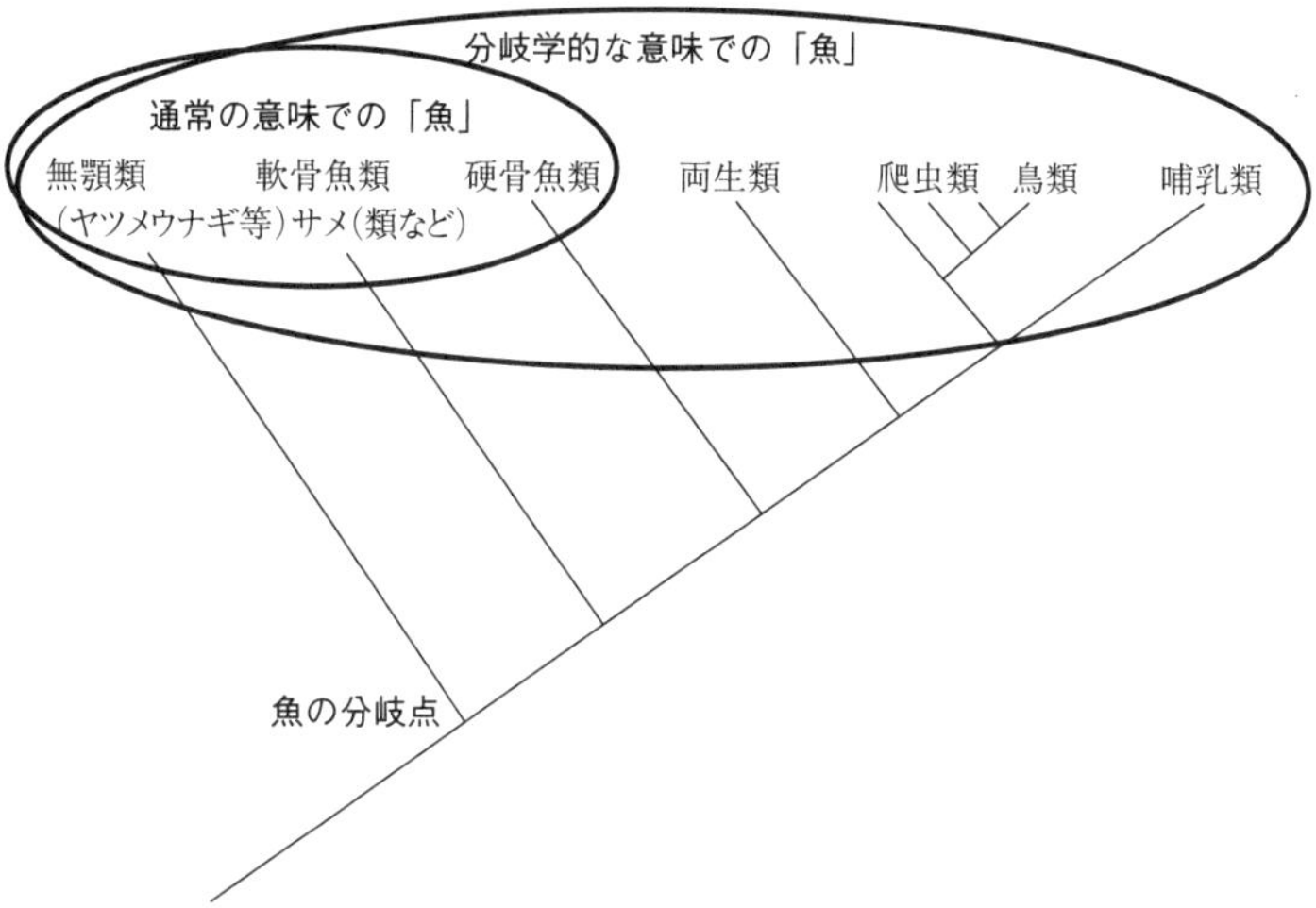

図1　単系統群としての哺乳類と，側系統群としての“魚類”や“爬虫類”等の分岐学上の位置

図1に示すように、たとえば哺乳類に属するすべての生物種は、爬虫類や鳥類と共通の祖先から分岐した系統樹上の同一の枝の先に進化した単系統群なので、分岐学的にも哺乳類は実在する生物群である。私たちが「魚（＝魚類）」と見なしてきた生物群は、最古の魚類とされるミロクンミンギアを祖先にもち、そこから様々に分岐していった。だが、そのように分岐していった「魚」たちの一つである肉鰭類（そこにはシーラカンスなどが含まれる）からは、両生類・爬虫類・鳥類・哺乳類の共通の祖先である四肢動物も分岐したことがわかっている。私たちが「魚類」と呼ぶ生物群は、すべての「魚類」の起源となる分岐の先にある生物群（＝脊椎動物）から両生類・爬虫類・鳥類・哺乳類を除き、〝ヒレやエラがあり水の中を泳ぐ生き物〟という、形態や生息環境の似ている複数の側枝だけをまとめた生物群（＝側系統群）

なのである。単系統群から〝恣意的〟に「似ていない動物たち」を排除して、「似ている動物たち」だけをまとめた側系統群である「魚類」は、分岐学的には実在する生物群ではないことになる（同じように爬虫類も、分岐学的には側系統群である）[4]。

だが、人間にとっては自然科学的な分類だけが「正しい分類」なのではない。このことを、キャロル・キサク・ヨーンはヤーコプ・フォン・ユクスキュルの環世界論にもとづいて論じている（Yoon 1992=2013）。

ユクスキュルの環世界論によれば、動物によって知覚され経験される世界は、動物の周囲に存在する客観的な「環境 Umgebung」ではなく、環境を動物が知覚を通じて現れる「環世界 Umwelt」である（Uexküll and Kriszart 1934→1970=2005）[5]。環世界論は、動物の知覚世界における世界の現れとして環境を理解する、生物学的な〝知覚の現象学〟である。分岐学のような進化系統にもとづく分類学が登場する以前、生物の分類は、人間の環世界の現れにおける生物のあり方によっていた。生物についての諸民族の知についての民族生物学 ethnobiology の研究によれば、生物分類の範疇には、ほとんどの民族・文化を横断する共通の階層と枠組みが存在している。その通文化的な分類では「魚 fish」は、「鳥 bird」、「蛇 snake」、「けもの mammal」、「虫 wug」などと共に、生物の生き方の形の同一性にもとづく life-form と呼ばれる分類階層の基本範疇を構成している（Brown 1984）[6]。分岐学によれば、同じ魚でも肺魚はサケより人間に近い生物だが、人間にとっては肺魚もサケも life-form としては「同じ魚の仲間」として現れ、理解されてきた。エラはないけれどもやはり「魚の形」をしているイルカもシャチもクジラも、人類史の長きにわたり、人間にとっては「魚」として存在してきたのである（Yoon 1992=2013: ch. 12)。

このことは、「魚」という存在が客観的な実在性をもたない、主観的な存在でしかないということだろうか。

水の中に生きる一群の生き物を、獣や虫や鳥とは異なる「魚」として知覚し、了解することは、生物としてのヒトの知覚と生活様式を通じて形成されてきた環世界に対する感覚と、それにもとづく人間の文化と歴史によっている。ヒトの環世界には「魚の仲間」として知覚される生き物たちが存在し、そんな「魚たち」を捕獲するための方法や、それらをめぐる知を、何万年にもわたる歴史のなかで人間は様々に編み出し、蓄積してきた。人間と「魚」の歴史は、生物としての人間の環世界の知覚に基礎づけられた、水中の生き物たちとの関係の自然史的かつ社会史的な事実の共同主観的な蓄積と継承の厚みをもって存在してきた。そのようにして人間は「魚」を、自然的存在として社会的・文化的に〝あることにしてきた〟のである。

進化生物学的な意味での「魚」が何であるのかは、漁業者や鮮魚店や寿司屋やシーフードレストランや釣りマニアや一般消費者にはどうでもいいことだ。彼らにとって、いや、私たちのほとんどにとって、科学的な分類学などなくても「魚」は確かに存在する。生物と文化の歴史の中で人間が「魚」と見なし、「魚」として扱ってきたものが「魚」なのである。分岐学における「魚」の取り扱いは、そうした「魚」の扱い方の、最新ではあるが、あまり一般的ではないやり方なのだ⑦。

4 「都市」はどのように社会的か

「魚」のように、通常は〝自然な存在〟と見なされるものすら、文化や社会の中で人間によって同一の範疇をなすものとして見出され、名指され、了解され、取り扱われることを通じて、人間にとっての同一性を与えられることは、「社会構築主義」という言葉を持ち出すまでもなく、今日の社会学では常識に属する。ましてや「都市」のように、人間が「自然にさからう形の居住」(Sombart 1931=1978: 40) として作り出した存在の同一性が、それを名指し、了解し、取り扱う社会的行為を通じて形成され、維持されていることなど当然のことだ。だが重要なのは、都市が「社会的であること」ではなく「どのように社会的であるのか」ということ、二〇世紀の前半に「都市」という存在が定義しがたい存在として見出されたことが、「都市」という存在のどのようなあり方や現れ方に対応し、そしてまた、そのことが「都市」にどのような社会的な存在の性格を与えたのかということである。

ここで仮想的に、一つの「都市」的定住とその周辺地域のみを生活圏とし、その外側の世界については知ることも想像することもない人びとにとっての社会的世界の現れを考えてみよう。この仮想的な社会的世界に暮らす人びとにとっては、村落とは異なる様相や機能や意味をもつ、固有名 x で呼ばれる「都市」的定住は存在しても、x をそのなかの元《げん》のひとつとする「都市」的定住の集合を指す概念Xは存在しない。その社会的世界に内属する人びとにとって、存在するのは個別的な存在である x なのであって、それを含む範疇としてのX（＝「都市」）ではない。

次に、「都市」的な定住が複数個存在する世界、少なからぬ人が村落とは異なる複数の「都市」や村落の間を行き来し、村落がそうした複数の諸「都市」との関係の中に組み込まれ、一つの「都市」の周囲や村落から一生出ることのない人びとも、そんな諸「都市」の話を聞き、それらについての知識をもつ広域的な社会圏で、けれども近代以降の世界のような地球的な規模の広がりはもたない文化・文明圏を考えてみよう。そこでも諸「都市」はまず、それぞれの固有の名前であるx、y、z、……などのそれぞれの固有名で呼ばれるだろうが、それらがもつ様相や機能や意味がおおよそ共通しているならば、それらを共に指す言葉と概念Xが成立しうる。

たとえば『日本書紀』で「初めて京師を修め」と難波京の造営が述べられたり、新たに造営された藤原京が「新益京」と呼ばれて、それ以前から飛鳥地方に存在した「都市」的領域である「倭京」と対比されたりしたとき、そこでは帝都を意味する「京師」や、都を意味する「京」という概念が、古代日本を周辺世界に含む中華世界に共通する、「都市」的な定住の類型を指す概念Xとして用いられている。⑧さらに、都とは異なる類型の諸「都市」が現れれば、それらを指示し、意味する言葉と概念Y、Z、……として、「府」や「鎮」や「市」や「町」や「港」や「津」や「宿」や「城市」や「城下」などが用いられるようになるだろう。「城下」である江戸が「武都」や「江都」と称され、その中に「町」をもち、海に面しては「湊」があったように、ひとつの「都市」の中に複数の「都市」的な特徴や場が見出されることもある。『都市の類型学』でのヴェーバーの都市概念論にならえば、江戸は行政的な意味では「都」や「城下」として「都市」と見なすことができ、かつ、商業地としての「町」や「湊」としても「都市」だったのだが、「城壁に囲まれた定住」や、「市民の共同体」という意味での「都市」ではなかった、ということになる。

ヴェーバーやゾンバルトの「都市」の概念の考察は、この第二の例のように、複数の「都市」的な定住をその中にもつ文化・文明圏において、その文化・文明圏の人びとが「都市」的な定住をどのように理解してきたのかを考察することによって、人間とその社会にとって「都市」とは何であったのかを問おうとしたものだ。他方、柳田の議論は、そのような「さまざまな都市」を「同じ都市」として考えるとき、現実に存在する「日本の都市」について正確に理解することができなくなる可能性を指摘したものだった。

だが、これらの考察や指摘はいずれも、異なる文化・文明圏においてそれぞれに存在してきた「都市」的な諸定住、「魚」の存在とのアナロジーで言えば、単系統群ではなく側系統群として人間の歴史が生み出した定住群X、Y、Z、……を、それらを共に意味する言葉と概念Xとしての「都市」によって対象化することによって初めて可能になる。「それらは同じ意味で都市ではない」と述べることは、「にもかかわらずそれらを『都市』と呼ぶことができてしまう」ことを前提としているのだ。そこでは、x、y、z、……やX、Y、Z、……をさらにメタレヴェルで同じものとして指し示すXとしての「都市」が〝あることになっている〟のである（そして、ここでの私の考察も、『都市』をあることにすること」によって可能になっている）。

さまざまに異なる「都市」的定住x、y、z、……や、やはり互いに異なる定住群X、Y、Z、……を、等しく対象化しうるようなXに属するものとして人が見出し、名指し、了解し、取り扱うのは、どんな社会のどのような状況においてなのだろうか。そこに何を見出し、何をしようとしたとき、互いに異なり、積極的な共通項を見出すことが難しいx、y、z、……やX、Y、Z、……が同じX＝「都市」という言葉で呼ばれ、対象化されたのだろうか。私たちはそれらを「都市」と呼ぶことによって何を見出し、何を理解し、何をしようとしているのだろうか。

5 「大都市」――大きさの社会性

ところで、一般の観念においては、「都市」という語には、住居の密集という以上に、さらに純粋に量的な標識が結びつけられている。すなわち、都市とは大集落なのである。この標識は、それ自体として必ずしもあいまいであるというわけではない（Weber 1921→1957=1964: 4 用字は一部改めた）。

すべての都市に共通していることは相対的にまとまった定住であるという一事に過ぎないと述べた後で、ヴェーバーはこのように述べている。これに続けてさらに「住民相互の人的相識関係の欠如」という都市の社会学的定義――ただし、ヴェーバーはそれを「定義」とは呼んでおらず、都市が大集落であることが「意味するもの」としている――についても述べているのだが、それについては後で述べよう。

ここでは、ヴェーバーが「かならずしもあいまいであるわけではない nicht an sich unpräzis」と言う、「純粋に量的な標識 rein quantitative Merkmale」に注目したい。「どんな立場をとる学者でも、統計学的な意味での『都市』の分布と大きさを認識することについては、共通の関心を示す」（Sombart 1931=1978: 50）とゾンバルトが言うように、「都市」が他の定住に比べて大量の人口を擁する「大集落」であることは、近代において重要とされる「都市」の特徴であると同時に、〝一般の観念〟における都市の標識＝特徴でもあるからである。

表1と**表2**は、「都市的居住――都市の概念」の最後の部分でゾンバルトが示した、近代ヨーロッパにおける都市化を示す統計である。

どちらの表にも示されているように、一九世紀から二〇世紀にかけて統計家たちは、人口一〇万を超える都市を、「普通、または中規模の都市 ordinary or medium-sized city」とは区別して「大都市」――big city, large town, grande ville, Großstadt――と呼ぶようになった（Lees 1985: 1）。定住がどれほど大きくなったときに「都市」と見なされるかは「一般的な文化諸条件に依存する問題である」（Weber 1921→1957=1964: 4）とヴェーバーは述べているが、一九世紀末から二〇世紀初めにおいて欧米諸国に出現した「大都市」を、それ以前から存在してきた「普通の都市」から区別する基準として、「一〇万人」という数値が、一八八七年に国際統計学会によって採用されたのだった（山名 2000: 46）。**表2**が示すのは、そのように定義された「大都市」の人口が、ヨーロッパ諸国において総人口に対して占める比率である。こうした統計的記述において、さまざまに異なる都市が、「人口一〇万以上であること」

表1　ドイツ帝国における規模別の都市人口の推移

都市の規模　　　　年	1871	1880	1890	1900	1905	1910	1925
大都市（人口 100,000 人以上）	48	72	121	162	190	212	267
中都市（20,000-100,000）	72	89	98	126	129	133	134
小都市（5,000-20,000）	112	126	131	135	137	141	134
イナカ町（2,000-5,000）	124	127	120	121	118	112	109

出所：Sombart（1931=1978: 53）.

表2　ヨーロッパ各国における大都市人口の推移

国家　　　年	1800	1850	1880	1910	国家　　　年	1800	1850	1880	1910
イギリス	70	192	262	355	ポルトガル	33	58	82	106
ネーデルランド	70	73	161	233	ノルウェー	—	—	—	100
ドイツ	10	28	80	212	スウェーデン	—	—	43	93
ベルギー	—	75	153	195	バルカン	—	—	52	90
デンマーク	100	102	133	164	オーストリア・ハンガリア	9	23	50	85
フランス	27	44	100	145	スペイン	21	48	70	82
スイス	—	—	—	119	ロシア	16	20	36	60
イタリア	55	63	84	119					

注：数字は各国の総人口を 1000 とした場合に，10 万人以上の大都市に住んでいる人口の割合を示す．
出所：Sombart（1931=1978: 54）.

によって，同じ「大都市」とされる。都市を人口学上の概念として捉えると き，さまざまな「都市」的定住が内包する多様な差異を捨象して，それらを同じ「都市」や「大都市」とすることが可能になる。

ルイス・ワースは「生活様式としてのアーバニズム」で，「すべての都市――少なくともわれわれの文化における都市――が共通にもっている本質的な性格」として，「社会的に異質な諸個人の，相対的に大きい・密度のある・永続的な集落」という「都市の社会学的定義」を提唱した（Wirth 1938=1978: 131-133）。「都市の社会学的定義」もまた，人口量による都市の規模別の類型化と同じように，過去の諸社会で

「都市」的な定住を特徴づけていた定性的な歴史的諸標識とは独立して、諸社会に存在してきた「都市」的諸定住を、定量的な基準によって一挙に同じ「都市」として対象化することを可能にする。

さまざまに異なる歴史的存在としての諸「都市」を、同じ「都市」として対象化することを可能にするものが定住の人口の大きさだというのは、あらゆる都市に共通することはそれらがどれも定住であることに過ぎないというヴェーバーの指摘と同じように、社会学的な内実を欠いたものに思われるかもしれない。そこでは「大都市」が、その存在を支える社会的な構造ではなく、社会の〝素材《マテリアル》〟である人口群の大きさによって定義され、さらにそれとの相対的な人口規模の違いによって、〝普通の都市〟や〝小都市〟が〝定義〟されるのだから。

だが、そうした統計的な定義に先立って、西ヨーロッパでは一九世紀の前半から「大都市」という言葉が、都市の巨大化がもたらす物理的および社会的な環境と、それらに由来する「不安」や「危機」や「問題」と結びつけられて用いられるようになっていた（山名 2000: ch. 1）。近代化・産業化にともなう都市人口の増大によって、城壁に囲まれた定住や、農村とは異なる法的資格をもつ市民の共同体といった「歴史的概念」によって理解可能な枠組みを超える「大きさ」や「量」としての人口群と、それらの定住が生み出す「不安」や「危機」や「問題」の領域へといくつもの都市が変貌を遂げ、それらが「大都市」と呼ばれるようになったのである。一九世紀の西欧世界は、これまで都市を特徴づけていた社会の空間的秩序や共同性によってではなく、そうした既存の都市のあり方を危機と不安に曝し、社会的な問題を胚胎させる、人口の量と密度によって特徴づけられる社会の状態として、「大都市」を見出したのだ。統計的範疇としての「大都市」の定義の背景にあったのは、単に数量の問題ではなく、数量が一定の閾を超えたときに現れる、社会の質の変容にかかわる問題意識だったのである。一〇万人という人口は、そのような「大都市」を対象化するためにさしあたり選ばれた基準であるに過ぎない。

ワースの「都市の社会学的定義」も同様である。それは、急速に都市化して大都市に変貌していった二〇世紀初めのシカゴに、コミュニケーションやコンセンサスに基づいた安定した秩序が欠如した、社会秩序以前的な競争と淘汰の過程にある人間の群れを見出し、それらの過程が生み出す共生的 symbiotic な社会の構造を、自然科学の生態学 ecology に範をとって記述し、分析しようとした、ロバート・E・パークやアーネスト・W・バージェスらの人間生態学 human ecology の試みを受けたものだった(Park 1915=1978, 1929=1986, 1936=1986, Burgess 1925=1978)。一九世紀半ばに三万程度にすぎなかったシカゴの人口は、一八八〇―八一年には五〇万を超え、一九一〇―一一年には二〇〇万以上に達し、ワースの論文が発表された後の一九四〇―四一年には三四〇万近くに達していた(Lees 1985: 5)。シカゴ学派による都市研究が、社会学的調査研究の対象として「都市」を発見し、「都市社会学」を創始したとされるのは、それまでの歴史的都市概念によっては対象化しえない「都市」の社会性を、彼らが二〇世紀の大都市の中に見出したからである。そこでは都市は、物理的にも社会的にも既存の制度や構造を超えた、あらかじめ構造化されていない、流動的で不定形な人口群を擁する、時には「一つの(相対的に)まとまった定住」(Weber 1921→1957=1964: 3)と見なすこともはや難しい領域性として見出されたのである。

だが注目すべきは、そうした定義が歴史貫通的で通文化的な通用性をもつことよりも、その内部に見出される社会としての「異質性の高さ」と共に、「大量で高密度の人口群」という〝大きさの社会性〟として「都市」が見出されたということである。そこでは人間集団の構造化され、秩序づけられたありかたではなく、構造や秩序以前の〝素材〟としての人口群の巨大さと自然成長性を固有の社会性としてもつ社会として、「都市」が見出されたのである。

6 同時代的問題としての「都市」

「大都市」の巨大さと自然成長性は、それを理解し、その「不安」や「危機」や「問題」に対処するための「大都市を対象とする知と実践」を、一九世紀から二〇世紀の欧米社会に生み出した。

一八六七年にスペインのイルデフォンゾ・セルダが用いた urbanización に始まり、その後、フランス語の urbanisme やドイツ語の Städtebau、英語の town-planning など、日本語の「都市計画」に相当する言葉が成立したのは、一九世紀も末になってのことである（Choay 1969=1983: 7）。このことは、建築的な計画設計によって都市の「問題」を解決し、秩序化する工学的知と政策的実践の結合である都市計画が、「大都市」の誕生と発見に遅れて、〝問題としての大都市〟に対して〝あるべき都市〟のあり方を提示し、実現するための知と実践の領域として現れたことを示している。ゾンバルトが『都市』の研究に一章をさいて論及しなければならない性質の諸科学」として列挙する「衛生学、医学、地下および高層・高架の土木建築学、美学、園芸学、都市計画、照明技術、生物学、宗教学、人口学、民族学、教育学、心理学、国民経済学、政治学、犯罪学、社会事業学」(Sombart 1931=1978: 48) なども、「大都市」化した「都市」を対象として、それぞれの視点からそこに「都市という問題」を発見し、「あるべき都市のあり方」や、「都市におけるあるべき社会や人間や環境のあり方」をそれに対して提示しようとする知と実践の領域である。

シカゴ学派の社会学者たちによる人間生態学的な都市研究も、大都市という未知の社会を観察し、調査し、そこに内在する法則や、そこでの新たな社会構造の形成の過程を明らかにしようとするものだった。社会学的な都市研究ではあまり注目されてこなかったことだが、シカゴ学派による社会学研究の対象としての「都市」の発見は、建築や都市計画における「都市」の問題化と解決策の模索、そしてその理念の確立と同時代的な出来事である。ル・コルビュジエ、ヴァルター・グロピウス、ミース・ファン・デル・ローエなどの近代建築運動の担い手たちが建築と都市計画の新たなあり方を討議したＣＩＡＭ(近代建築国際会議)の第一回大会が開かれたのが一九二八年、建築学的な近代都市計画の理念を定式化したとされる「アテネ憲章」が採択された第四回大会が一九三三年である。その時代の代表的な都市計画であるル・コルビュジエのボアザン計画が発表されたのは一九二七年、フランク・ロイド・ライトのブロードエーカー計画が発表されたのは一九三二年だった。これらはいずれも、当時の都市が直面していた過密や交通問題を、居住と交通・通信の新たな配置によって解決しようとする総合的な社会計画であり、秩序づけられた構造をもたない(ように見えた)巨大な人工群としての大都市に、工学的技術によって秩序化された構造を与えようとするものだった。それらの宣言や計画の提案は、旧来の建築や都市のあり方を超えた大きさと活動性をもつようになった大都市とそれが生み出した都市問題を前にして、「都市」とは何であり、どのようなものであるべきなのかという問いと、それに対する答えの提示としてなされたのである。

「都市」という概念が歴史的に何を意味していたのかを問い、それらを総合した普遍的な定義の困難を指摘した、ヴェーバーやゾンバルトの「都市」概念の比較社会学的検討も、北米の社会学者たちによる現代都市研究の開始や、建築家や都市計画家たちによるあるべき都市の模索と同時代的なものだった。ワースはヴェーバーの『都市の類型学』を、「体系的なアーバニズムの理論にもっとも近いもの」(Wirth 1938=1978: 133) であると述べ、ゾンバルトはパークの研究に言及しつつ、アメリカの都市社会学を「現代の言葉づかいによって『都市』と呼ばれるところの地域の住民という統計的集団 (eine statistischen Gruppe) に関する記述」(Sombart 1931=1978: 50) であると批評した。そのパークの都市研究が、「大都市」と「小都市」の精神生活の差異を論じた、ゲオルク・ジンメルの「大都市と精神生活」(Simmel 1903) に大きな影響を受けたものだったことはよく知られている。それは、その定義においても、またその存在の現状とあるべきあり方においても問われるような存在として、「都市」が大西洋の両側で見出されたことを示している。同じ頃、日本では一九一九年の都市計画法によって、それまでの「市区改正」に代わって「都市計画」の概念と制度が導入され、『都市と農村』に示されるように、都市化する日本社会における都市と農村のあるべき関係について柳田國男が独自の考察と提案を行っていた。

「都市」をめぐるこうした同時代的な取り組みは、諸社会にそれまで存在してきた「都市」的な定住の規模をはるかに超える、大量の人口と社会的諸活動の集中と拡大としての「大都市」の出現を前にして、「都市」とはいかなるものであり、それはどのようなものであるべきかという問いが、諸学問を横断する同時代の政策的問題として、近代化し産業化する社会において見出されていたことを示している。こうした知と実践において都市は、フランスワーズ・ショエが「意味論上の不毛」(Choay 1969=1983: 9) と表現し、シカゴ学派の都市社会学者たちがそこに社会以前の「自然」を見出したように (Park 1929=1986, 1936=1986)、旧来の都市を特徴づけてきた指標による定義を無効化し、綜合的な概念による誰もが納得できる定義も困難な、巨大な人口集団の捉えがたい集合性と流動性として、すなわち「十分に対象化できないもの」として、見出され、対象化されていた。そして、そうであるがゆえに、そのように見出された都市に秩序を見出し、あるいはそこに新たな秩序を付与しようとする知と実践が組織されていったのである。そこでは、一方ではヴェーバーやゾンバルトの都市概念論や、ショエが「文化派」と呼んだ中世都市の「有機的秩序」に範型を求めたカミロ・ジッテらの都市計画のように、都市の秩序(あるいは、秩序としての都市)が、過去の諸「都市」の中に探し求められていった。そして他方ではまた、ル・コルビュジエやフランク・ロイド・ライトの都市計画のように、近代的なテクノロジーによって未だ来たらざる未来に建設されるべきものとして、理想の都市が構想された。そこでは「都市」は、かつて存在した過去の秩序と、未だ来たらざる未来の秩序の間の、不定形な人間の群れの活動からなる、安定した構造をもたない領域や社会として見出され、名指され、了解され、取り扱われていったのである。

7 「都市」をあることにする

本章の第1節で引用した「都市」の概念と存在をめぐるヴェーバー、柳田、ワースの言葉の間に見出された齟齬は、一九世紀後半から二〇世紀前半に近代化していく世界で生じた、「都市」をめぐるこうした状況に対応していたのである。

住民相互間の人的相識関係の欠如という、ワースの「都市の社会学的定義」とも通じるヴェーバーの都市の「社会学的概念」を、ゾンバルトは、〝逆説的な説明（lucus a non lucendo）〟によっていると述べている（Sombart 1931=1978: 41）。ここで「逆説的」というのは、そこでは都市が、「もはや～ない」という否定性において指し示すしかない、positive ではなく negative な社会性と対象性として概念規定されていることを指している。そこでは都市は「～であるもの」ではなく、「～ではないもの」、あるいは「～ではないものとして存在するもの」という、社会としての構造や秩序や形式が欠けているもの、少なくともそれが社会的に共通の了解としては見出すことができず、それゆえ積極的にそれを名指したり、定義したりすることのできないものとして語られ、対象化されている。前節で見てきたように、積極的に名指したり、定義したりすることのできないこの「都市」を、了解可能なものにしようとし、またそこに物理的に介入することによって構造や秩序や形式を与えようとする知と実践を通じて、それらは「都市」と呼ばれ、「都市」として扱われ、それらの知と行為を通じて「都市」が〝あること〟にされてきたのである。

このようにして〝あることにされた「都市」〟は、概念としての明確な内包と外延をもたない。第5節で見たように、一九世紀末から二〇世紀初めの欧米では、都市を人口の巨大さによって対象化し、その大きさの違いによって「都市」を種別するようになった。だが、人口の量や密度を示す数値は、「比較的大きな集落」(Weber 1921→1957=1964: 4)の「相対的な大きさ」(Wirth 1938=1978: 133)を対象化し、種別するための便宜的な指標であるに過ぎず、そこでは「都市」が何であるのかは依然としてあいまいなままに、「都市」を思考し、語り、取り扱う知と実践の中で「都市」があることになっていく。ヴェーバーやゾンバルトが都市の歴史的概念の中に「都市とは何であったか」を探し求め、ルイス・マンフォードの『都市の文化』(Mumford 1938=1974)や『歴史の都市 明日の都市』(Mumford 1961=1969)のような古代から現代、さらに未来にいたる都市の歴史が書かれ、非西欧世界の「未開都市 primitive city」(Miner 1953=1988)や「民俗都市 folk city」(Redfield and Singer 1954)や「前産業型都市 pre-industrial city」(Sjoberg 1960=1968)の研究がなされていったように、そんな曖昧な対象性をもつ人口群の集合体を同じ「都市」として対象化する知は、それぞれの社会にそれまで存在してきた「都市」的な諸定住を、「近代都市 modern city」である「大都市」に先立つ段階の「都市」として、歴史的な遠近法《パースペクティヴ》の中に位置づけていく。こうした歴史の遠近法において、「都市」という言葉は有史以来存在してきたさまざまな「都市」的定住を等しく意味するもの、x、y、z、……やX、Y、Z、……を等しく指し示すXとして機能する。

「近代」と呼ばれる社会において、「都市」という言葉はこうしたXとして用いられることによって、巨大な人口の集合体とそれが占める領域を指し示し、対象化し、働きかけるための媒介項として機能し、それによって言説と実践、理念と物理的世界のいずれにおいても「都市」が存在する世界を作り出してきた。それはつまり、「都市」を語り、思考し、それに働きかけるさまざまな知と実践が、「都市」と私たちが呼ぶものの不可欠の構成要素となっていること、不明確な対象性と、それを目的に応じて明確化し、対象化しようとする知と実践と共にあることが、私たちにとっての「都市」の社会性を形成し、さらにそのことが人間の社会の歴史の遠近法を可能にするものとして機能しているということである。

だがそれは、「都市」だけに言いうることではない。私たちは「社会」やその中の「社会的なもの」を〝あることにする〟ことによって作り出し、自ら作り出したその「社会」や「社会的なもの」を生き、それによってこの世界を了解する存在であるからだ。

近代における「都市」の大都市化は、〝「社会」をあることにする〟ことのそれまでのあり方に綻びを生じさせることで、「社会」や「社会的なもの」のそんなあり方が垣間見えるようにしたに過ぎない。そして、そんな〝綻び〟を縫い合わせる営みが、さらに新しい「社会」や「社会的なもの」を生み出していく。社会学は、そんな〝綻び〟から「社会」や「社会的」なもののあり方を読み解くと共に、その読み解きを通じて「社会」や「社会的なもの」を〝あることにする〟営みの一部をなしているのである。

（1） 日本語では「定住」という言葉は一般に「定住する」というように、ある場所に定着することや、落ち着いて居住することなどの行為を中心に意味する概念で、そうした定住を通じて形成された居住地である「集落」という言葉とは一般に区別される。だが、ここでは人びとが定住することにより形成される〝場所としての集落〟と、ある場所を集落として成立させる持続的な〝行為としての定住〟の両方を意味する言葉として、「定住」という言葉を用いることにする。

（2） ヴェーバーによれば都市の経済的概念は、それが「市場集落 Marktort」であるということである（Weber 1921→1957=1964: 6）。

（3） 日本語の場合、明治以降の翻訳語である「都市」は、柳田國男も指摘するように歴史的・民俗的基盤をもっていない。日本では「京」や「町」や「城下」や「宿場」などが、日常語の中で「都市」的定住を意味する言葉として用いられてきた。

（4） 通常言う「爬虫類」は、カメ類、トカゲ類、ヘビ類、ワニ類、鳥類、恐竜類を含む同一の分岐から、私たちが「鳥」とみなす生物群を除いた側系統群である。「鳥類」はその中の単一の分岐の先に位置するので、分岐学的に「実在」する生物群である。

（5） “Umgebung”を「環境」、“Umwelt”を「環世界」とする日本語訳は同訳書による。ただし、ドイツ語の“Umwelt”は「環境」と訳されるのが普通であり、たとえば日本語の「環境保護」に相当するドイツ語は“Umweltschuz”である。“Umgebung”は直訳すれば「取り囲むもの」、「周囲にあるもの」であり、それを生物が自らにとっての「世界 Welt」として知覚したものが“Umwelt”なのである。また、邦訳で「生物」と訳されている言葉は“Tieren und Menschen”なので「動物と人間」であり、植物は含まれない。

（6） life-form という言葉が示すように、この範疇では動物の「生き方の形」が分類の基準になる（Berlin, Breedlove and Raven 1973）。

（7） それはつまり、日常的な生活世界においては「科学」とはマイナーな知であるということである。

（8） 日本の京あるいは京都では、平安京造営以来長きにわたって日本における「京＝都」が固定して存在し続けたために、普通名詞が固有名詞化して地名となっている。

【文献】

Berlin, B., D. Breedlove and P. Raven, 1973, "General Principle of Classification and Nomenclature in folk biology," *American Anthropologist*, 75: 214–242.

Brown, Cecil H., 1984, *Language and Living Things: Uniformities in Folk Classification and Naming*, Rutgers University Press.

Burgess, Ernest W., 1925, "The Growth of the City," R. E. Park and E. W. Burgess, eds., *The City*, University of Chicago Press.（奥田道大訳、一九七八、「都市の発展——調査計画序論」鈴木広編『都市化の社会学』〔増補〕誠信書房。）

Choay, Françoise, 1969, *The Modern City: Planning in the 19th Century*, translated by Maruguerite Hugo & George R. Collins, George Braziller.（彦坂裕訳、一九八三、『近代都市——一九世紀のプランニング』井上書院。）

Lees, Andrew, 1985, *Cities Perceived: Urban Society in European and American Thought, 1820–1940*, Manchester University Press.

Miner, Horace, 1953, *The Primitive City of Timbuctoo*, Princeton University Press.（赤阪賢訳、一九八八、『未開都市トンブクツ』弘文堂。）

Mumford, Lewis, 1938, *The Culture of Cities*, Harcourt Brace Javanovich.（生田勉訳、一九七四、『都市の文化』鹿島出版会。）

Mumford, Lewis, 1961, *The City in History: Its Origins, its transformations, and its prospects*, Harcourt Brace & World.（生田勉訳、一九六九、『歴史の都市　明日の都市』新潮社。）

Park, Robert E., 1915, "The City: Suggestions for the Investigation of Human Behavior in the Urban Environment," *American Journal of Sociology*, 20: 577-612.（笹森秀雄訳、一九七八、「都市——都市環境における人間行動研究のための若干の示唆」鈴木広編『都市化の社会学』〔増補〕誠信書房。）

Park, Robert E., 1929, "The City as a Social Laboratory," T. V. Smith and L. D. White, eds., *Chicago: An Experiment in Social Research*, University of Chicago Press.（町村敬志訳、一九八六、「社会的実験室としての都市」町村敬志・好井裕明編訳『実験室としての都市』御茶の水書房。）

Park, Robert E., 1936, "Human Ecology," *American Journal of Sociology*, 42-41（町村敬志訳、一九八六、「人間生態学」町村敬志・好井裕明編訳『実験室としての都市』御茶の水書房。）

Ratzel, Friedrich, 1882-91, *Anthropogeographie*.（由比濱省吾訳、二〇〇六、『人類地理学』古今書院。）

Redfield, Robert and Milton Singer, 1954, "Cultural Role of City," *Economic Development and Cultural Change*, vol. 3.

Simmel, Georg, 1903, "Die Großstadt und Geistesleben," *Jahrbuch der Gehe-stiffung zu Dresden*, 9.

Sjoberg, Gideon, 1960, *The Pre-Industrial City: Past and Present*, Free Press.（倉沢進訳、一九六八、『前産業型都市——都市の過去と現在』鹿島研究所出版会。）

Sombart, Werner, 1931, "Städtische Siedlung, Stadt," Alfred Vierkandt, ed., *Handwörterbuch der Soziologie*, A. Vierkandt.（吉田裕訳、一九七八、「都市的居住——都市の概念」鈴木広編『都市化の社会学』〔増補〕誠信書房。）

Uexküll, Jakob von and Georg Kriszart, 1934, *Streifzüge durch die Umwelten von Tieren und Menschen*, Schpringer →1970, S. Fischer.（日高敏隆・羽田節子訳、二〇〇五、『生物から見た世界』岩波書店。）

Weber, Max, 1921, "Die Stadt," *Archiv für Sozialwissenschaft und Sozialpolitik*, Bd. 47.→1957 *Writschaft und Gesellschaft: Grundriss der verstehenden Soziologie*, J. C. B. Mohr.（世良晃志郎訳、一九六四、『都市の類型学』

創文社。）

Wirth, Louis, 1938, "Urbanism as a Way of Life," *American Journal of Sociology*, vol. 44.（髙橋勇悦訳、一九七八、「生活様式としてのアーバニズム」鈴木広編『都市化の社会学』〔増補〕誠信書房。）

山名淳、二〇〇〇、『ドイツ田園教育舎研究――「田園」型寄宿制学校の秩序形成』風間書房。

柳田國男、一九二九、『都市と農村』朝日新聞社。→一九六九、『定本 柳田國男集 第一六巻』筑摩書房。

Yoon, Carol Kaesaku, 1992, *Naming Nature: The Clash Between Instinct and Science*, Princeton University Press.（三中信宏・野中香方子訳、二〇一三、『自然を名づける――なぜ生物分類では直感と科学が衝突するのか』NTT出版。）

2章 空間の自由／空間の桎梏

都市空間への複数のリアリティ

西野 淑美

1 都市の空間と社会

(1) 一つの空間に対する複数のリアリティ

都市と呼ばれる存在は空間とわかちがたく結び付いている。空間は物理的なモノとして日常的には理解されている。そのため都市もまた、しばしば一つのモノとして、あるいはモノの集積として、捉えられてきた。近代都市の空間には膨大な工学的な技術が投入されてきたため、なおさらそうである。

そのような都市の空間を、社会という観点から扱うとはどういうことなのだろうか。すでにいくつかのアプローチが知られている。圧倒的な物理性に加えて、これまた圧倒的な人間の集積という特徴を近代都市は持つ。都市社会学は基本的に後者に特化して、そこから生み出される社会関係の観察を積み重ねてきた。

それに対して、前者と後者を結び付け、都市を特徴づける圧倒的な物理性が、人間が織りなす社会とどのように関わって創出されているかに注目した研究もある。例えば「新都市社会学」の潮流は、都市を貫く資本主義や政策の作用に目を向けることを促し、物理的な空間を形成する社会的な力に注目した（Castells 1977=1984など）。経済、科学技術、政策など、社会の様々な力による構築を免れて、都市の場所や空間が中立に存在することはできないという視点である。地図など、都市空間を表象する仕組みの社会性に注目する視角もある（若林 1999など）。地理学にも、場所の意味が間主観的に成立していくという現象学的な観点から、空間を社会的構築物としてとらえる社会地理学や人文主義（人間主義）地理学の試みがある（Ley 1977=1996, Relph 1975=1991など）。建造環境や集合的消費の観点からも、表象や意味付与の面からも、都市を社会的な構築物、つまり社会的なモノとして捉えなおす試みは従来からなされてきたとともに、都市の空間を貫く社会性に目を向けるべきだと主張されてきた。

しかし、社会的に構築された空間とそれを貫く社会性を、どのような人がどのように経験するのか。その点には関心を向けない議論も多い。または、社会の「誰」であるかによって経験の具体的な中身が変りうることには目を向けるが、その際に都市という社会的なモノを単一の全体として語ってよいのか、といった疑問は十分に投げかけないようにみえる。

ここで、K・リンチを顧問とするロサンゼルス都市計画委員会が一九七一年に実施したロサンゼルスのイメージ（認知地図）の有名な調査を、思考の助けとしたい。P・オーリンズが紹介しているように、この調査では住民の社会的属性の特徴が異なる五地区を市内で選び、居住者にロサンゼルスの地図を描かせ、地区ごとに合成した。ダウンタウンに近い地区のほとんどスペイン語しか話さない住民が描いた地図は、具体的な情報が描き込まれた範囲が極端に狭かった。一方、UCLAに近い上流階級の多い地区の住民は市域全体を総合的に詳しく描き出した（Orleans 1973=1976: 130–136）。都市空間の認知のされ方が社会的属性によって大きく異なることが、視覚的に鮮やかに示された調査である。

では、これらの認知地図の背後に、我々は何を想定するだろうか。素朴に考えれば、これらの地図では、ロサンゼルスという都市の全体から、それぞれの住民に見えている部分が切り取られている、と想定しがちだろう。しかし、これだけ認知が非均質であるにもかかわらず、その背後に単一の「ロサンゼルス」への集合意識が成立すると想定することは、果たして正確だろうか。むしろそれぞれの住民にとっては、それらの地図が彼らのロサンゼルスのあり方そのものなのではないか。

遠藤知巳は構築主義について、「『社会は客観的に取り出すことはできない、だが社会に対する言説は客観的に取り出すことができる』という、『客観性』の一段ずらし」を行っていると指摘した（遠藤 2006: 37）。異なる誰かにとっての様々な都市経験が並存していることを単に描き、その背後に単一の「都市」があることへの暗黙の想定を省みないならば、このずらしを「社会」を「都市」に置き換えて行うことと変わらないだろう。空間や場所を単なる物理的なモノではなく社会的なモノと捉えたとしても、その経験のされ方の非均質さが意味するところを詰めないならば、結局は工学的な都市空間の捉え方と同型になる。

都市という一つの物理的な存在に対して、複数のリアリティが成立している――本章はこのことを出発点とする。ただし、それ自体は既存の研究の中でも描き出されてきたことである。そもそも階層やエスニシティなどの社会的属性によって現実の空間が複数に分断されていることは、認知地図を挙げるまでもなく、都市社会学で繰り返し強調されてきた。

そこに本章でさらに付け加えたいのは、リアリティの立ち現れ方自体も複数なのではないか、という問いである。そもそも空間のことなど考えずに生活できる人は多い。空間へのリアリティが「社会」と結びついて立ち現れるとも限らない。さらに、同じ人物の中でも常に同じ立ち現れ方をするとは限らない。具体的な事例を追っていると、単なる社会的属性や地理的区分による分断としてだけでは描き切れない非均質さに出会う。

ならば、リアリティの複数性のあり方自体が複数である、つまり非均質であることを描かなければならないのではないか。そしてそのことは、都市の社会を生きることに特に固有な特徴なのではないか。これらの点に本章は着目していく。

そして、この特徴は近代都市のあり方とどのような関係にあるのかも問うてみたい。都市では、圧倒的な人工的インフラを備えた物理的空間の上で、圧倒的な数の人間がいくつものリアリティを持ち寄って動いている。本章では、そうした客観的・物理的性質と主観的・社会的性質の重層として都市をとらえた上で、そこを生きる当事者に「社会」がどのように現れてくるのかに注目する。都市の空間に対するリアリティが非均質に立ち現れる場面をできるだけそのまま切り取り、その非均質さを、物理性と社会性の重層という都市空間の特質に関連付けて説明することを試みる。

なお、空間に対するリアリティと述べたが、それ自体、常に主観的に意識されるものではないはずである。そもそも我々は日々の生活で、空間や場所という変数を常に意識しているわけではない。前述のD・レイ（Ley 1977=1996）はA・シュッツを引用しているが、同じ論文の中に「私は、この世界の諸対象が私にとって何かを意味している限りで、それらの対象に関心を向けるのである」（Schütz 1940=1991: 27）というフレーズがある。シュッツにはレリヴァンスという概念がある。本章では、対象が自分にとってかかわりがあり、何かを意味している状態のみが、その対象がレリヴァンスを持っている状態、つまりその対象が主題化されている状態と位置づけて、この語を借用する。

物理的な空間は常にそこにある。地表面に生きる人間という存在は、空間から逃れることはできない。しかし一方で、意味をもつ何かとして空間——場所、地域、距離などと言い換えてもよい——の存在を感じるかどうかは常に一定ではない。隣り合う人々の間でも、また同じ人の人生の中の異なる時点においても、一致するとは限らないのである。では、どのような条件下にあるどのような人にとって、空間はどのように主題化されうるのか、またはされないのか。そこに「社会」はどう関わるのか。その様態に注目することで、都市空間に対するリアリティの複数性を捉えていく。

(2)　物理的空間に隠れた社会性

一つの物理的空間に対して複数のリアリティがある、という捉え方が本章の出発点であるが、そのこ

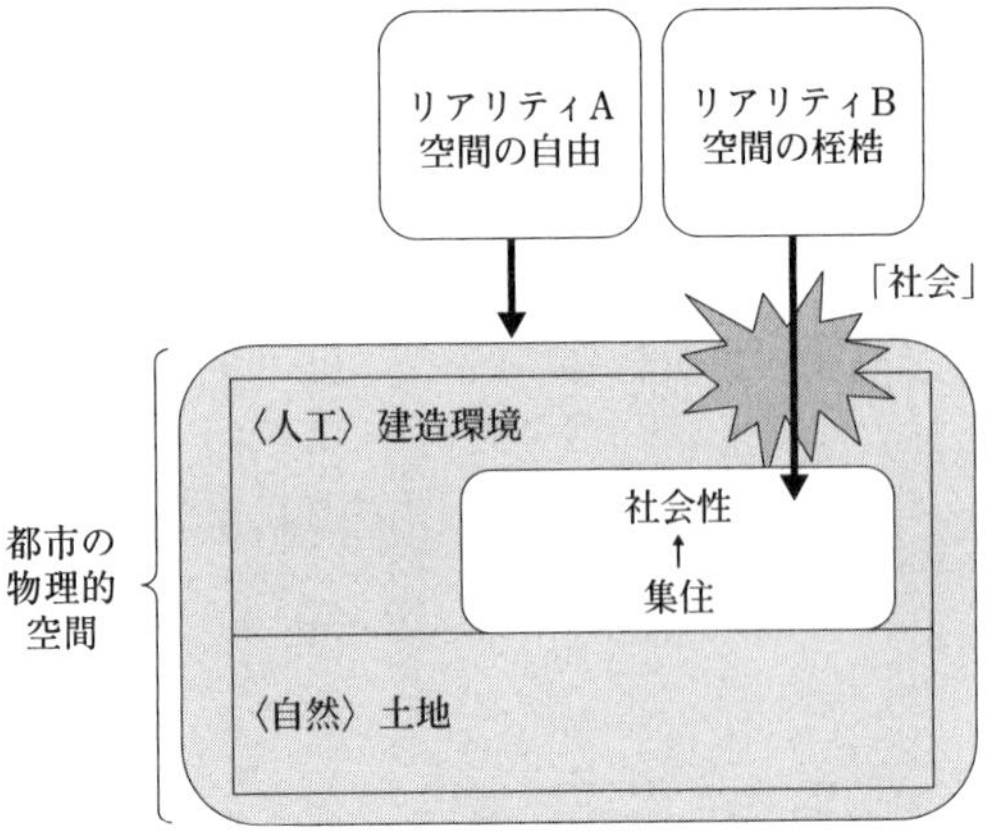

図1　本章における都市空間の捉え方

とは近代都市の空間の特性と切り離せないと考える（図1参照）[1]。

都市空間が物理的であることには、少なくとも二つの側面がある。自然現象であるがための物理性と、人工的に作り上げられているがための物理性である。前者は地形・地盤であったり、天候や自然災害であったり、都市がその土地にあることに規定される。後者は、交通網やエネルギーなどのインフラストラクチュア（以下インフラ）や、様々な機能を持つ建造物が挙げられる。またそれらを前提として展開される生産活動や流通網も人工的かつ物理的と言ってよいだろう。建造環境という言葉を充てられる。

都市空間の場合は、空間が物理的に存在するといっても、後者の人工的な側面が際立つ。しかし、人工的であるからには、単なる自然現象ではなく、社会的な存在であって本来しかるべきである。社会的であることの一つの側面は、前述のように社会的な力関係に貫かれて形成されてきたり、社会的に表象されてきたりしている、社会的なモノである点である。

しかし、本章で取り上げる社会的側面は、このこととつながってはいるが異なる。これだけの人間が集住している都市空間での生活は、本来は他者の行動に大きく左右されるはずであり、その意味での社会性に注目する。

影響を及ぼしてくるはずの他者との関わりは、人工的なインフラや制度が隙間なく組み上げられていることによって、近代都市では最小限になるまで制御されていく。そのため社会性に直接触れずに済むような日常を送ることが可能になっている。あまりにスムーズかつ自動的に作動しているため、まるで都市空間そのものが社会性を帯びていないかのようなリアリティがもたらされる。図1でいえば、リアリティAでは集住に付随するはずの社会性は人工的な建造環境に覆い隠される。主題化もされないので、人工と自然の区別が判然としない物理的なモノとして、漠然としか、都市は意識されない。都市空間から制約を受けている意識はなく、空間からは自由であると感受される。

それに対して、そのようなリアリティAの自明さがほころびを見せる場面を本章では取り上げていく。自分を取り巻く空間から自由であると感じる状態から、空間の桎梏を感じる状態へと変化するような場面である。そこでは、人工的でスムーズなインフラや制度に支えられることなしに、都市という生活環境が潜在的に抱え持っている社会性に、無防備なまま対処しなければならなくなる（リアリティB）。また、インフラや制度を制御する大勢の他者の決定に依存している自分や、そこに関与できない自分に気付く。それは、物理的なモノに見えていた都市空間に「社会」が立ち現れる場面ともいえる。

結論を先取りしていえば、とりわけ都市の中では、「社会」にぶつからずに済むリアリティAと、どうしようもなくぶつかるリアリティBとが常に並存することが観察される。前者は空間から自由であるという形で、後者は空間が桎梏として作用する形で、経験される。この両極端な形が、潜在的な「社会」の立ち現われの有無として、隣り合う人々の間だけでなく、一人の人間の中でも、常に可能性として並存し、どちらかがどちらかに解消されることがない。そうした変化しつづけるモザイク模様として都市は生きられているのではないか。

しかも、それはたまたまではない。近代都市では多数で多様な人間が一つの物理的な空間を、さらには巨大な工学的インフラをも共有するがために起こることである。共有していればこそ、他者から完全に自由であることはできない。

そのことを描くために、本章では具体的な三つの場面を取り上げる。まず第2節では、震災復興という特異な場面において、都市の中で「地域」という括りが強制的に浮上した神戸市A町のケースを取り上げる。都市の潜在的な社会性が日常では隠れていたこと、ある特定の「地域」、そして「地域コミュニティ」という感覚が社会的に構築されうる集合意識であり、レリヴァンスを問うことができる存在であることを示す。

第3節では、都市における「社会」は誰にとっても一律に立ち現れるわけではないことを論じる。住んでいる地区や社会階層などによって変化するという意味ではない。他者への明示的な依存や空間的な近接性からの自由をもたらしている都市生活の仕組みは、それを使いこなすことができるか否かという個人の側の条件によって、逆方向のリアリティをもたらしうることを描く。

第4節では、地方と都市の間の「地域移動」という現象を通して、多くの若者を大都市に送り込む仕組みが発達している一八歳や二二歳の時期と、それ以外の時期とでは、同一人物の中でも地元と都市の間の距離や境界の感覚が変わりうることを示す。距離も、物理的ではなく社会的なリアリティの視点から捉えうることを指摘する。

2　「地域」という括りのレリヴァンス

最初の事例は、筆者が約二〇年前から調査で関わっている、神戸市内のA町の人々の経験である。

(1)　震災復興で生み出された「A町」という単位

一九九五年一月一七日に阪神淡路大震災が発生する前のA町は、約六〇〇世帯が暮らすごく普通の町だった。住民の多くは三宮か大阪に通うサラリーマンの世帯である。ただ、道幅が四メートル未満の道路が多い、建て詰まった町ではあった。この地域に家が建ち始めたのは昭和一〇年代だったという。戦災を免れたため道幅は狭いままで、長屋づくりを含む、古い家が多かった。

この町が、阪神淡路大震災で七割の建物が全壊・全焼するという甚大な被害をこうむった。そして、震災から二カ月後に「震災復興土地区画整理事業」の対象地域に指定された。各世帯からの土地の減歩

（原則九％を公共用地に提供）や土地の売却によって用地を確保し、町内のすべての道路を最低でも四・五メートル以上に拡幅し、公園を設ける、という事業である。事業指定に対しては賛否両論があった。ただ、確かにこの地区の多くの家は、元の通りに建てれば接道義務を満たせず、セットバックすれば土地が狭くなりすぎて住みづらい家しか建てられないことが予見された[2]。その意味では道の拡幅をすることには理があった。

さらに、家を失った多くの住民は一日も早く住宅を再建したかった。そして、土地区画整理事業の都市計画決定を覆せる可能性は小さいと考えていた。そのうえ、神戸市では条例で、都市計画決定後に具体的な事業に進む前に、住民からの「まちづくり提案」を提出することが必要だった。そこで、A町の人々は、住民提案を早くまとめて事業を早く進めるしかない、と判断したのである。A町は震災から約一〇カ月後には住民からの「まちづくり提案」を市に提出し、事業を前に進めた。

しかし、その実現は容易なことではなかった。この地域では、そもそも震災前は「A町」という空間のまとまり意識はなかったという。町内会はあったが高齢の住民が中心で、しかもA町の一丁目、二丁目、三丁目がそれぞれ別の町内会として区切られていた。働き盛りの人たちは、「A町」という単位での活動や合意形成の経験を持っていなかった。それは、都市の多くの地域ではごく普通のことであろう。それが震災後、急遽「A町」という単位で活動することになった。区画整理事業指定の約一〇日後にはまちづくり協議会が立ちあげられた。しかし、よく知りもしない近所の人々と突如運命共同体として扱われることは、簡単に受け入れられることではない。さらに、住民間の立場には微妙なずれもあった。

持地・持家の人、借地の人、借家の人がいる。ローンの残る家が倒壊した人もいれば、接道義務を満たしていて再建に問題のない土地の人もいる。ライフステージにより、住宅の持つ意味も違う。

このような立場の違う住民が協力し合える土壌自体を作り上げる必要を感じていたのだろう。まちづくり協議会は、住民間にコミュニケーションの機会をもたらす「ソフト面」（と彼らが呼んでいた）活動に取り組んだ。「一人でも多く、一日でも早く」とのスローガンを掲げ、それまで無かったA町独自の祭りを開催したり、バラバラに避難している住民に広報紙を郵送し続けたり、震災の記憶の文集を作成したりした。つまり、合意形成を進めることと並行して、それまでは無かった「地域コミュニティ」としてのまとまりの感覚を生み出すような活動を重ねたと解釈できる。まちづくり協議会のメンバーには現役世代も多く、仕事を抱えながらも実に精力的に活動した。

A町のまちづくり活動の諸側面や、個別の世帯の住宅再建をめぐる経験の詳細はこれまでの論稿（東京大学教養学部相関社会科学研究室編 2000, 西野 2006, 2010 など）に譲り、ここでは立ち入らない。本章では、空間の社会性を捉えるための一つの糸口として、この事例を取り上げたい。

A町は、それまでは都市の中の、ただの一区画だった。ほとんどの住民にとって「A町」は地名でしかなく、「地域」として意識されることも、「コミュニティ」として機能することも無いに等しかったと位置づけられる。それが、震災を経ることによって、A町という響きは、それまでに無かった共同性の意味を帯びることになった。[3] 都市計画という制度がもたらした括りと、それに実体をもたらそうとしたまちづくり協議会の活動によって、A町という括りは人工的にレリヴァントになり、「地域」は「社会」

としての像を帯びて、人工的に浮かび上がったのである。つまりこの事例は「ある地域（という集合意識）が現れるとき」をとらえた場面といえる。震災復興という特異な状況だからこそ、普段は起こらないような空間の主題化の現場が観察可能となったわけだが、ある「地域」という感覚が構築的なものであり、レリヴァンスを問える概念的な存在であることがわかる。

(2)「個人の自由になる住宅」という擬制

この事例を通すと、普段当たり前に思えている都市生活の自明さが揺らいで見える面がほかにもある。A町では、震災の被害を受けることによって、通常のような形では私有地を利用できなくなった。すなわち、自分の土地でありながら、そのままでは家を建てられなくなったのである。これまでも既存不適格の問題は存在してはいた。ただしそれは、売買や建て替えを考えなければ、問題化しなかった。

それは不思議なジレンマでもある。元の土地に再建するかどうかは、個別の世帯単位の判断である。そして、通常不動産の問題は、他者が口を出すことができない、個人財産の範疇にある。しかし、個人財産だと思っていたものは、接道義務という人工的な制度を満たしていないがために、自分の自由にならなくなった。早く生活再建をしたい、だがそんな一番家を建てたいときに建てられない。個人財産を活かすためには、近隣の他者たちと一体となって道の拡幅のための土地を生み出さなければならない。A町が運命共同体である、ということも、前項でみたように都市計画事業が生み出した擬制であるが、「個人の自由になる財産としての住宅」も擬制だったことが顕わになった。

個別の世帯単位で住宅という財産を手に入れる、そして住宅の周囲の地域社会と接点を持つかどうかは選択的である——そのような都市生活のあり方に、通常では、疑問を抱くことはあまりない。地域社会とかかわらずに、住宅の所有だけを手掛かりに転入転出が可能であると信じられているのが、平時の都市生活である。

個人の自由な取引の結果の財産形成であり、「商品」としての認識が浸透している都市の住宅が、しかし本来は不自由な商品であり得ることが、震災によって顕わになったともいえる。接している道の幅によって建築に制限がかかること自体は、人工的な仕組みである。様々な人工的な制度が個々の住宅ごとに適用されることで、他世帯との調整を逃れうるからこそ、各戸バラバラに意思決定することが平時は可能になっていた。

つまり、物理的で人工的な都市空間は、日常ならば他者との社会的な調整からの解放を成立せしめていた。**図1**に示したような、集住がもたらすはずの社会性は、人工的な制度に支えられた人工的な建造環境に覆い隠されていた。**図1**のリアリティAの状態である。コミュニティとして活動する必要もなく、土地を商品として自由に扱えた。しかし、何らかの不整合が起これば、当たり前と思っていた都市生活のあり方は自明ではなくなる。物理的な土地が「社会」への従属性を強くまとって立ち現れた。リアリティBの状態である。

(3) 定住主義とその逆機能

A町の事例からもう一つ考えてみたい。A町のまちづくり協議会が「一人でも多く、一日でも早く」とのスローガンを掲げていたことはすでに述べた。立場が違い、多くの我慢をし合っている住民たちが理屈を超えてまとまれる、秀逸なコピーである。しかし、このコピーは秀逸であるからこそ、図らずも人々の価値意識の一面を表してもいる。

「一人でも多く、一日でも早く」の後に続くのは「元の町に戻ること」である。つまりこのコピーには、元の町にもどるという「定住主義」の価値意識が内包されている。実際に協議会の会報には「元住民の方に一日も早く、一人でも多くA町に帰ってきていただく」ことがこのコピーの意味である旨が述べられている。定住性を肯定することが住民の気持ちに響くと想定する感覚が、この当時の、少なくとも被災地の人々の間に共有されていたことになる。

定住することの価値意識は、個人にも作用していた。しかし、それはポジティブにばかり働くとは限らなかった。実際には元の町に戻れない人たちもいたからである。

一九九八年の調査当時に、A町から近い地区に住んでいるが「まだ家が決まらない人を思えば幸せだと思わなければならない。でも一〇〇%A町に帰りたい。ここは同じ区だけど、ここでは帰ったことにはならない」と語る人がいた。また、「A町は懐かしくもあり忌み嫌う町名でもあります。(中略)A町は数十年間住み馴れた町です。(中略)終いの住み家と思っていた家も焼け、新築ローンの返済に土地も手放し、(中略)苦しい思いを振り払うことばかりをして空しい努力をしています。私にとっては、平成七年一月一七日からもう三年、未だ三年なのです。前向きな姿勢に早くなり度いと思います。土地も家もないA町は遠い存在になりました」と記す人もいた[4]。

いずれも、A町が戻りたい場所として住民の間でレリヴァントになればなるほど、「今住んでいる場所は元の場所ではない」という観念がふくらみ、様々な絶望感の象徴として桎梏のようにこの町名に苦しめられるようになったと言えようか。「地域コミュニティ」を主題化することは、そこに入れない人に相対的剝奪感をもたらしうる。

空間がレリヴァントになるとき、それがもたらす意味の方向性は一定ではない。まちづくり協議会がこのスローガンを設けたことを非難しているのでは全くない。震災という特殊な事例だけでなく、西澤晃彦（1993）も指摘するように、そもそもコミュニティを強調することは原理的に、排除という潜在的機能と表裏一体なのである。「地域」が強制的に立ち上がった場面において、元の町の日常に戻ることで最終的に空間への自由を取り戻そうとするベクトルと、空間が桎梏として作用することから逃れられなくなるような逆のベクトルが並在してしまうことは、避けられないことだった。

同じA町という空間に対して付与されたリアリティは、震災前と後で、リアリティAからBへと変化した。そして、A町に戻った人と戻らなかった人との間でも異なって作用している。都市の地表の上でスムーズに動いて、人々の社会的接触を省略可能にしていた様々な自動的な仕組みを、震災という非日常はいわば手動に戻した。集住を手動でコントロールすることは、人工的な環境に覆い隠されていた、他者の意思との調整の必要性を顕わにする。それは空間がもたらす不自由さ、もっと強く言えば桎梏であり、その時に顕わになるのは、都市という集住が元来持っているはずの社会性である。そこに「社会」が感受されるからこそ、震災がもたらした影響は、「自然がもたらしたことだから諦めるしかない」というロジックで呑み込みきることができないのかもしれない。

3 「都市生活」が反転するとき

前節では、空間がレリヴァンスを問える存在であることを示した。さらに、空間がどのような方向でレリヴァントになるかは、その人の置かれた条件によって変わりうることを、最後に示唆した。本節では、空間からの自由を内包するような都市住民の社会関係を描いた二つの理論的視点を取り上げる。そして、そのような関係が成立する条件が満たされない場合を検討することで、都市生活での社会関係の特質とされるものはすべての人に一律に成立するわけではなく、むしろ逆のリアリティすら持ちうることを示したい。

(1) 「コミュニティ解放論」の前提条件

前節での被災地の例は、大都市のただなかで空間の桎梏がいくつかの形で立ち現れた事例だった。しかし、それが非常時という例外であることからも示唆されるように、大都市では空間からの自由、他者との社会的調整からの自由への仕組みに満たされている場面の方が大半を占めるだろう。前節でも取り上げたように、個人財産として住宅をめぐる意思決定を行い、地域社会とのかかわりからは自由に転入転出を考えたり、居住し続けたりすることが可能になっている。隣近所のみならず、親族にすら頼らずとも、様々なサービスを利用すれば生きていける。通勤などによって日常的に移動を繰り返しており、社会関係が一定の範囲内で閉じることはむしろ珍しい。行動範囲の限定性とメンバーシップの限定性から解放されており、閉じた「地域共同体」や「地域コミュニティ」を都市で語ることは難しい。

しかし、都市社会学の分野では、都市における「コミュニティ」が繰り返し問題にされてきた。ただし、行動範囲やメンバーシップの限定性から解放されている場面が都市で多く観察されるなかで、「コミュニティ」を論じるにも工夫が生まれてきた。そのような工夫の一例として、だいぶ古い整理にはなるが、よく知られている「コミュニティ解放論」の視点をとりあげたい。

B・ウェルマン（Wellman 1979=2006）は、「コミュニティ問題」という一九七九年の論文で、それまでの米国の都市社会学の議論を、三つの流れに整理した。一つ目は、「コミュニティ喪失論」である。都市生活では親密な第一次的関係は衰微し、非人格的で、一時的で、断片的な関係に支配される、という都市の社会関係の見方である。いわゆる〝東京砂漠〟的な都市のイメージといえよう。二つ目は、「コミュニティ存続論」である。どっこい都市にもコミュニティは生きている、という指摘といえ、空間的に密に編まれた共同的な連帯が様々に存在する証拠を提示する。そして三つ目が、「コミュニティ解放論」である。これは、都市生活者も親密な第一次的紐帯を多く持っており、ただしそれが単一の連帯に束ねられているのではなく、空間的に分散しているだけだ、と指摘する論調である。都会人は孤独なわけではない。親密な関係が広範囲に散らばっているだけで、総量はほとんど変わらない、ということである。都市生活者はある地域共同体に属することによってその中で親密な関係を調達するのではなく、様々な二者関係を、都市の様々な相手と結びあっている。つまり、第一次的紐帯は地縁・近接性を要件とはせずに、空間から解放されている、とする議論である。

この三つ目の解放論に属する議論としてウェルマンが参照している中に、C・フィッシャーの諸研究がある。そのフィッシャーには「アーバニズムの下位文化理論に向かって」と題された論文（Fischer 1975=2012）があり、大都市になればなるほど、下位文化（subculture）の多様性と強度が増大し、より普及し、結果として非通念性の発生率が高くなるとの理論が提示されている。つまり、大都市では、主流の文化とは異なる下位文化に当てはまる人も、自分と似た人に出会うことができる。そして、有意味なまとまりを持ちはじめ、それがある臨界量を超えると、その下位文化は自身を強化していく。そのような指摘である。

さて、なぜ大都市ならば、自分と似た下位文化の人に出会えることになるのか。一九七五年の論文なので、当然インターネットは無かった。そのため、街のどこかで人々が集まっているところに出向いてそこで情報を得る、つまり、自分と似た人がいるところに物理的にアクセスする、という行動をとることが前提にされていよう。大都市ならば、マイナーな下位文化であっても、同じ町のどこかに同じ志向の人がいる可能性が高く、だからアクセスが可能になると考えられる。実際に、二〇〇二年に書かれた、『友人のあいだで暮らす』の日本語版への序文で、「下位文化理論はほんとうは都市それ自体の効果に関するものではなく、集団の集中と人びと相互のアクセスの効果に関するものです。（中略）典型的には、都市はそのようなより大きなアクセスを準備するのです」（フィッシャー 2002: ii）とフィッシャー自身が述べている。

ならば、である。都市にいれば何もしなくても自動的に、自分と似た下位文化の仲間に出会えるわけではないことになろう。出会うためにはまずアクセスをしなければ出会えない。同様に、都市にいれば自動的に、空間から解放されたコミュニティにつらなることができるわけではないことになる。むしろ空間的に分散しているのだから、それらの人々とコンタクトを保たなければならない。

しかし、それができない人も都市にはいるのではないか。それができない人にとっては、都市はどのような空間であるかを、ここで問うてみたい。

「解放されたコミュニティ」に基づく都市生活者の親密な関係の根底は、アクセスする能力に支えられていると考えられる。それは物理的に相手に会いに行く能力であったり、様々に連絡を取る能力であったりする。人づきあいの微妙な配慮を差配できる能力も含まれよう。それらが衰えたとき、都市生活がもたらす空間からの自由を謳歌することはできなくなる。そして、近接性から解放されて広がっていたはずの親密な関係性からは、切り離されることになる。そうなると、同じく都市に暮らし続けているのに、都市空間のあり方は桎梏に変わるのではないだろうか。

(2) 「都市的生活様式」を使いこなせないとき

このことに関連して、もう一つ別の理論的視点をとりあげたい。日本の都市社会学でよく知られている、倉沢進の「都市的生活様式論」である。

倉沢(1977: 25-28)は村落と都市の生活様式上の二つの差異を指摘する。村落の特徴は、個人的自給自足性の高さと、村落における共同の様式としての非専門家ないし住民による相互扶助的な共通・共同問題の共同処理の原則である。それに対して、都市では個人的自給自足性が低く、「食べるもの着るもの一切を市場で購入し、水道に料金を払って飲む」(倉沢 1977: 25)生活様式となっている。そして、共通・共同問題は、専門家・専門機関の専業・分業システムによる共同処理を原則とする。例えば村落では何戸かが共同して自分たちで屋根を葺き替えることがあるのに対して、都市では住民自ら屋根を修理することはなく、職人や工務店に対価を支払い、修理というサービスを購入するという例を、倉沢は挙げている。つまり、問題の自家処理能力が低く、問題の共同処理のシステムとして専門機関による専門的処理のシステムを有することが都市的生活様式の骨子であると、倉沢は整理している。

日常生活の中から、倉沢のいう専門的処理に当たるものを挙げることはたやすい。ごみ収集など多くの行政サービス、あらゆるお店での商品やサービスの入手、さらに介護サービスや保育サービスなどの拡充も、専門的処理を利用する都市的生活様式の浸透と解釈できる。そして、このように都市生活者は専門的処理をより多く利用できるがために、相互扶助を必要とせずに、他者との調整を省略し、隣近所や親族にも頼らない気楽さを謳歌できる可能性が高まる。

しかし、都市で生活しているにもかかわらず、専門処理サービスを利用できない事態に陥ったとしたらどうだろうか。すぐ思いつくのは、サービスを利用できる金銭的余裕がなくなった場合だが、ここではそれとは異なる状況を描いてみたい。

筆者は以前、要介護になった東京都目黒区在住の親や親族を支えてきた人々約三〇名にインタビュー調査を行った（西野 2004）。そのなかには、別居の親の家に通って親を支えてきた人たちがいた。彼らの事情を総括的に描くと次のようになる。それまで長年、親とは別々に暮らしてきた。しかし、親は親だけで暮らすことが、だんだんと覚束なくなっていった。例えば、買い物ができなくなる。最初は離れた店への遠出ができなくなった。そのうちバスにも乗れなくなり、足腰が弱って、徒歩圏でも買い物に行けなくなった。電話での注文もあやふやである。さらに、お金の管理ができなくなった。だから子が買い物の支援に通う必要がでてきた。

ヘルパーサービスも利用するようになった。しかし、その依頼内容やスケジュールの調整を自身で行うことは、もう親にはできない。だから定期的に子が出向く必要があった。

つまり、親がだんだんと「都市的生活様式」の専門処理サービスを自力で利用できなくなってくる過程を支えるために、子が親元に通う必要が生じたということである。商店というサービスも、ヘルパーというサービスも、専門機関による専門的処理である。しかし、それらは商店にアクセスし、ヘルパーをアレンジする能力があって、はじめて機能する。そのような能力が失われていくとき、都市にいながら、都市的生活様式を使いこなせない状態におかれる。

アクセスする能力が低下して、専門サービスを使いこなせなくなれば、都市で一人では生活していけない親の姿が現れる。電話などで遠隔支援することもできなくなってくるので、近接性が重要となり、子は親元に通って、距離を物理的に埋めなければならなくなる。子にとっても、都市のインフラが可能にしていたはずの「空間からの自由」は消えるのである。

移動する能力が低下したならば、空間的に近くにある地域社会のサポートに期待する声もあろう。家の外でつきあいを維持する能力があるうちは、それも可能かもしれない。しかし、生活支援や介護が必要な状況になれば、地域のサポートを得るということの多くは他人を家にあげることを意味せざるを得ないが、それは心理的に容易なことではない。それまでのつきあいが希薄ならばなおさらだろう。空間からの自由を支援する巨大なインフラに支えられた都市生活にそれまで適応して、他者に頼らずに生きてきたからこそ、その自由から切り離されたときの振れ幅は大きい可能性がある。

前節では、都市生活者が保持している、空間から解放された親密な関係を検討し、この節では、都市生活者を支えている専門サービスに着目した。これらは、都市が当たり前に備えている仕組みのように見えやすい。そして、近接性に依存しない人間関係のあり方は、やや冷淡に思えることはあっても、しがらみからの自由が大きく、選択の余地の大きい社会生活を可能にしている。つまり、他者や空間からの自由をもたらしている。このようなリアリティAのなかで生きている人にとっては、こうした仕組みが都市の生活を支えているという感覚すら、普段は意識にのぼらないだろう。都市生活のあり方は、それを使いこなせているうちは、特に主題化されない。

しかし、私たちの身体的条件がこれらの仕組みを利用できる閾値を満たさなくなったとき、同じ都市空間にいながら、これらの仕組みは作動しなくなる。そして、通常は意識にのぼらない、都市の「社会」がレリヴァントになる（リアリティB）。他者への明示的な依存を省略できるような都市生活の仕組みは、インフラを使いこなせているうちは意識にのぼらずにいた。それが一転、逆に乗り越えなければならない障害として、ゴツゴツとした姿を見せる。多くの人に空間からの自由をもたらしている仕組みだからこそ、それを利用できないとき、空間は桎梏に変わるのである。

都市という物理的空間は、誰にとっても同じ存在の仕方をするわけではない。都市社会学で実証されてきたような、住んでいる地区や社会階層などによってリアリティが異なるという意味ではなく、同じ人の中でも加齢に伴ってリアリティが反転する可能性がある⑤。アクセスする能力という前提を失った時、人工的な建造環境は、近接性や他者への直接的依存を自動的に省略可能にする装置ではなく、そこに隠された社会性を家族などが手動で調整しなければならない環境に豹変する。その時、「社会」が壁として立ち現れたように感覚されるのではないだろうか。

4　「地域移動」をめぐるリアリティ

最後の事例として、都市に「地域移動」してきた人に注目し、距離をめぐるリアリティが同一人物の中でも変化する場面を取り上げたい。具体的には、筆者らのチームが福井県福井市内の六つの公立高校の一九五五年から二〇〇五年までの卒業生に行った地域移動とライフコースを回顧する質問紙調査⑥と、関東在住の福井県出身の二〇・三〇代女性に行った聞き取り調査⑦をもとに考える。

（1） 一八歳を送り出す流れ

大都市には多くの人が流入してくる。三大都市圏のなかでも特に東京圏は、大都市への人口転入超過が落ち着いた一九七〇年代後半以降も、ほぼ常に転入超過が続いている唯一の大都市圏である。他の地方から都道府県を超えて人が移動してくる大きなきっかけは、大学等への進学による移動である。自宅から通える範囲に大学が無い、または自分の学力や希望分野にあう大学が無いことは、大都市圏以外では珍しくない。そのような地域では、進学率が上がるほど、一八歳で自宅を離れる可能性は高くなる⑧。

筆者らの質問紙調査では、その後の居住地を大きく規定する分岐点は一八歳と二二歳の選択、つまり高等教育への進学と初職の選択にあることが改めて明確になった（石倉ほか 2013）。多くの人は初職に就いたあとは、あまり地域を動かない。ただし、どこで初職に就く流れになりやすいかは、一八歳の進学時にどこに住む選択をしたかにそもそも左右されていた。三〇歳以上のサンプルに絞って集計すると⑨、高校卒業後に進学しなかった人の六二％は、その後の人生をずっと福井県内で過ごしている。また、福井県内の大学等に進学した人の六五％も、その後はずっと県内に住んでいる。一方、高校卒業後に県外の大学等に進学した人は、進学先を卒業した直後にUターンするか（四五％）、そのまま県外に住み続けるか（三六％）の二パターンにわかれる。そしてそのどちらでもない二四歳以降のUターン、つまり県外でおおむね一度職に就いてからUターンするパターンは一六%に留まる。

学校基本調査で福井県全体の高校卒業後の進路を見ると、高校卒業直後に県外生活を経験する機会は、現在に近くなるほど、大学等への進学を介したルートに一元化されてきていることがわかる。二〇一〇年では、高校卒業後に県外の大学・短大に進学する人は卒業生の四一%であるのに対して、県外就職をする人は二%だった。[10]

進学校の普通高校にいてある程度の成績であれば、高等教育進学という巨大な装置によって大都市に出ていくことになりやすい。県外移動を後押しする仕組みは豊富にある。筆者らの聞き取り調査でも、県外に進学することを当然と考えていた、という語りが進学校の卒業生には複数見られた。偏差値的に県内大学よりも上の大学を狙える生徒については、高校の進路指導でも県外進学を当然とみなすという。そうなると「友達もほとんどが県外に進学する」という環境におかれ、親も賛成する。県外に出ることは、選んだというよりも、一八歳という年齢に選択の余地なく付随する出来事であったかのように語られる。

つまり、進学校生の一八歳時の県外進学の選択は、同じような選択をする仲間に囲まれ、移動することを自明と思わされるような環境の中で行われやすいことを意味する。トラックがあるといってもよい。

(2)　三〇歳で感じる地元との距離

さらに、進学先の大都市の大学では、大都市の就職先の情報が多く提供される。卒業後もそのまま大都市にとどまっても不思議ではない。しかし、そのようにして大学等を卒業後も関東に住み続けている二〇・三〇代の福井県出身女性に行った聞き取り調査では、おおむね三〇歳前後に将来を改めて再考する時期が来たと語る人が多くいた。福井にUターンしようかとの考えもよぎったという。

再考のきっかけの一つ目は、仕事上の将来展望である。ハードすぎる仕事から少し残業が少ない仕事に移ろうと考えたり、転勤が少ない仕事に替われないかと考えたりする。二つ目は、結婚や家族形成のことである。東京では、独身でいる限り、生活費を賄うために働き続けなければならない。しかし、一生それを続けられるだろうか。結婚すれば、東京でも安定した生活が可能だろう。しかし、親の支え無しで子育てをできるだろうか。様々に思い悩む。そして三つ目は、親の老いが切実さを増してくるという問題である。これも、地元との物理的距離を実感させる。

だが、福井に帰ることを夢想することはあっても、実現は難しいと話す。地元にどんな仕事があるのか、イメージは乏しい。さらに、福井に帰っても、県内在住の同世代の友人たちの多くが結婚していて、仕事と子育てを両立しながら忙しく活躍しており、そこに入り込むすきはない、と悩む。

彼女たちは多かれ少なかれ社会的に促される形で県外に進学した。その経歴の連鎖として、関東で就職し、住み続けている。しかし、就職当時に現実味を感じていなかった課題が、後になって前面に出てきた。いわば、世代を継承しながら自分が社会の中に位置づいていくための、ライフコース上の諸課題である。だが、課題の解決を後押しするような手立てを都市が提供するわけではない。はしごを外された形で都会で生き抜かなければならないことになる。

質問紙調査では、福井県にUターンをする場合の年齢は、男性は二二歳、女性は二〇歳と二二歳に圧倒的に集中していた。つまり、進学先を卒業したあと、Uターンするなら初職で戻ろうと考える人が多い。裏を返せば、初職就職時のUターンというルートは用意されていても、中途でUターンをすることは簡単ではないと考えられる。一八歳で大都市に送り出されたときの流れの強さとは対照的に、三〇歳前後になってから福井に帰るルートは見えにくい。むしろそれはルートを外れることを意味する。

それまで移動を促されてきた進学者は、実は自分の好きなタイミングで自由に地域移動をできるわけではなかったのだという事実をいまさら突きつけられる。一八歳や二二歳のタイミングに限って、「社会」にぶつかりすぎないようにあらかじめ調整された移動ルートが用意されていただけだったのである。

つまり、福井と東京の距離は、一八歳・二二歳の時と三〇歳の時とで、全く異なって経験される。進学志向の普通高校にいれば、一八歳時の向都移動は自明さを備えたルートだった。周りと同じように懸命に勉強して大都市の大学に行き、そこに適応した。いわば、いつも高校に通うために乗っていた電車やバスの遥かな延長上に、大都市の大学は感覚されたのではないか。中学から高校に行く時に通学距離が延びるように、高校から大学に行く時も、距離は延びるがそれまでの世界と決定的には断絶していない。長いがどこかスムーズな移動なのである。福井と東京の間に、移動を妨げるような「社会」の壁が感覚されないように巧妙に整えられており、前節までで見た、社会性を意識せずに空間から自由であるようなリアリティが、東京という都市の物理的境界を超えて、福井にいる一八歳の受験生をも覆う。高等教育進学という社会的装置があまりにも浸透していることで、この移動のスムーズさの人工性は意識されにくい。

大学を卒業して初職に就く二二歳の時点では、Uターンするという選択も、大都市に残ることも、どちらも珍しい選択ではない。東京と福井の境界はまだつながっている。中途Uターンをしづらい可能性は感じるだろうが、空間が桎梏として作用するようなリアリティはまだ弱い。

ところが、三〇歳頃になってふと立ち止まった時、都市で生活を続けるには様々な壁があることに気付く。集住に起因することばかりではないが、社会の中で位置を確保するために、手動で解決しなければならない課題が立ち現れる。その時、帰れない福井は、距離も所要時間も交通費も変わらないのに、絶望的な遠さとして経験される。「福井が静岡くらいの距離にあったらいいのに」とインタビューで言った人がいた。それは当然不可能な話だが、東京に閉じ込められている自分を感じていることの謂いと解釈できる。

このように、地域移動者にとって地元と移動先との距離は、時期によって、空間からの自由と桎梏の両極端の形で経験されうるのではないか。空間から自由であるかのように移動を促され、地元と大都市の間に「社会」の壁を感受しないように仕向けられている一八歳や二二歳の状態では、二つの場所は連続した存在として経験される。しかし、この特別な時期以外は、二つの場所は相互に閉じられる。二つの間の距離は乗り越えられない桎梏として経験され、強烈な「社会」の壁が感受される。空間からの自由を伴うようなリアリティAが福井と東京との距離さえもカバーする時期と、東京からはもう出られないのではと感じるリアリティBの時期が存在する。地元と大都市の距離をめぐるリアリティは、同一人物の中でもライフステージによって伸び縮みするように変化するのではないか(11)。

5　「社会」の現れ方の非均質性

本章では、異なる三つの題材を取り上げた。最後に、都市空間はどのように「社会」と結びついて立ち現れるのか、試論的に論じてみたい。

「地域コミュニティ」「都市生活」「地域移動」の各事例からは、都市空間に対するリアリティをめぐって、四つの共通するメカニズムが読み取れる。一つ目は、空間は常に意識されるわけではなく、主題化されたりされなかったりするということである。何かのきっかけがあって、自動的に作動していた仕組みが滞り、その空気のような自明性が乱れると、空間はレリヴァントになる。それは震災という例外的な事態であったり、高齢期や障がいという事態であったり、ライフコース上の課題だったりする。

二つ目は、同じエリアに生活している人の間でも、空間は異なって作用し、異なるリアリティをもたらすことである。地理的なコミュニティの区分に沿って、各々のリアリティが存在しているということではない。都市のリアリティが地理的に分断されているという話ではなく、一人一人にとって、空間にまつわる課題が迫ってきたり遠景化したり、伸び縮みして感じられるのである。

三つ目は、リアリティの違いは、空間が拘束として作用する人としない人の間で、均質ではない現れ方をすることである。つまり空間から自由な人にとっては他の変数に隠れており、空間は空気のような存在で、自分には影響していないかのように感じられる。しかし、空間を桎梏として実感する場面に遭遇している人にとっては、空間はありありとレリヴァントに経験される。

A町の住民は、震災前はA町という「地域」の括りから自由だった。しかし震災後はその括りが有意味になった。そのことを「コミュニティ」としてポジティブに捉え直そうとした人たちがいた一方で、この括りが相対的剝奪感をもたらす桎梏として作用してしまう人たちもいた。「都市生活」は、その仕組みにアクセスして使いこなす能力を持つ人には空間的近接性に縛られない自由をもたらす。だが、その能力を失った人には不自由へと反転する。「地域移動」をした人は、一八歳の頃には、地元との距離をスムーズに乗り越えて大都市へ進学してきた。ところが、年齢を重ねてライフコース上の課題に直面した時に、地元との距離は壁として感覚されうる。

四つ目は、空間が桎梏として作用する場合に、都市の空間が覆い隠していた社会性が目に見える形で姿を現し、「社会」の存在が感覚されやすくなることである。それまで都市の建造環境や制度が省略可能にしていた他者との様々な調整が、本章で取り上げた場面では必要になっていた。A町では自分の土地を自由に扱えなくなり、他者とともにコミュニティとして動くことを求められた。他者が提供する専門処理サービスへのアクセス能力を失えば、事実上都市生活ができない。年を重ねた地域移動者は、大都市の他者の間で自分の社会的位置を探す課題にぶつかった。それらは、自分とは違う多くの他者と都市を共有していることへの気づきを伴う。そして、他者の存在とはすなわち「社会」の存在である。

近代都市の巨大なインフラは、個人が個として、他者の明示的な協力なしに生活することを可能にする。だから、どんなに多くの他者同士が集住していても、そのインフラの想定内の生活をしているかぎり、空間およびそこに隠されている本来の社会性からは自由であり、その当事者には「社会」は立ち現われない。しかし、逆にその想定の外にでてしまうと、「社会」が立ち現われないように作用していたインフラの存在自体が、今度は桎梏となり、他者との調整が自動から手動に変わり、強烈な「社会」の壁として立ち現われるのではないか。物理的かつ人工的な都市空間の下には「自然」が隠れているのではなく、「社会」が隠れているのである。

これらのメカニズムから、結論を導きたい。空間をめぐるリアリティの複数性、すなわち都市生活者の経験の非均質性は、社会的属性による区分や地理的区分にのみ沿っているわけではない。また、その非均質性自体が、同一人物の中でも不変ではない。さらに、都市という一つの物理的な存在に対して複数のリアリティが成立しているだけでなく、複数性のあり方自体が複数である、つまり非均質であることに注目したいと冒頭で述べたが、空間から自由であるようなリアリティは都市生活において「社会」が立ち現れないようなあり方をしており、空間を桎梏と感じるようなリアリティは「社会」を強く感受するような経験を伴っていた。

都市の空間は非均質的に経験される。その非均質性は「社会」が立ち現われる／現れないという形で現れるということが、都市の社会を生きることの固有性である。第1節での問題提起に対して、このように結論づけたい。単一性や全体性を暗黙に仮構したままで、社会的なモノとしての都市を描いたならば、都市に生きることの重要な特性を取り逃がすことになるだろう。

このような社会的な仕組みになっていることが、都市を「社会」的なものでありかつ「社会」的なものでないように感じさせる。だからこそ、あえて単純化して言えば、都市社会学は「コミュニティ」という強く「社会」を思い起こさせる語彙を多用し、「社会」の壁が出現している状況を多く捉えてきた。その一方で、都市は「空間」という物理的なモノ、いわば「非社会」としても表象され続けてきた。だが、「社会」にも「非社会」にも還元されない、そんな複雑だけれども重層的な描かれ方が、都市には必要とされる。(12)

（1）この図式をはじめ、本章の論旨の展開に当たっては佐藤俊樹氏から多くの助言を得ている。
（2）現在の建築基準法では、住宅は原則四メートル以上の幅の道路に二メートル以上接していなければならないという接道義務がある。しかし実際には四メートルに満たない道路に沿って、一九五〇年の建築基準法施行日より前に建てられた家々がある。これらはいわゆる既存不適格の建築物であり、建て替える場合は、元の位置のまま建てたならば違法になってしまう。道の中心から二メートル分まで敷地をセットバックして建てるならば再建築が認められるが、その分、階数が同じならば床面積は減少する。
（3）原口剛（2012）も釜ヶ崎を様々な地名で括ることの効果を考察していて、問題関心が近い。
（4）段落内の一つ目の「　」内は、一九九八年にA町の震災前住民一九七世帯へ行った調査での面接法による回答の要約、二つ目の「　」内は同調査の留置・郵送法による回答での自記式の記述である。なお、地名は修正してある。
（5）地理学では障害を持つ人にとっての空間のあり方を捉える研究が見られる（宮澤 2004など）。
（6）「福井市内高校卒業後の地域移動調査」という名称で、福井市内の全日制公立高校全七校のうち六校の卒業生である二三―七四歳男女に、各校同窓会の協力を得て実施した。卒業生の約一〇分の一を層化二段無作為抽出し、調査不能者を除く六八二三名に、二〇一〇年一二月から二〇一一年一月（一校のみ二〇一三年二月）に郵送法で調査した。有効回収数は二〇六四票で、調査票発送数を分母とする有効回収率は三〇・三％である。

（7）福井県庁との共同研究として、二〇一四年一〇月から一一月にかけて、二〇・三〇代の福井県出身女性で、現在関東圏在住の方々三二名への聞き取り調査を行った。調査協力者は県庁関係者のつてから出発したスノーボールサンプリングで募った。有名大学の卒業者への偏りがあると考えられる。

（8）階層研究は社会移動を扱ってきたが、しかしそこでは「地域」という変数は多くは取り上げられてこなかった。社会移動と地域移動の両方を含めて「移動」として捉えた佐藤（粒来）香（2004）や、進学における地域移動を扱った林拓也（2002）の研究は、少数派といえるが、示唆に富む。

（9）本来は長く生きている人ほど、移動が起こりうる期間が長いので、移動の可能性も高まると考えられる。ただし、これまでの研究で、都道府県を超えるような移動が多く起こる時期は一〇代後半から三〇代、特に二〇代に集中することが知られている。よって、地域移動がほぼ収まる三〇歳以上に絞って集計した。

（10）ただし、普通高校と専門高校によって比率が大きく異なることは筆者らの調査でも明らかであった。

（11）さらには、地域移動を必要としないことの多い大都市出身者はどちらのリアリティも経験しないですむという非均質性もある。

（12）本章のデータとなった各調査の対象者、調査協力や助言の提供者、共同研究者に、深く感謝の意を表したい。

【文献】

Castells, Manuel, 1977, *La Question Urbaine*, Paris: Maspero.（山田操訳、一九八四、『都市問題』恒星社厚生閣。）

遠藤知巳、二〇〇六、「言説分析とその困難（改訂版）」佐藤俊樹・友枝敏雄編『言説分析の可能性――社会学的方法の迷宮から』東信堂、二七―五八頁。

Fischer, Claude S., 1975, "Toward a Subcultural Theory of Urbanism," *American Journal of Sociology*, 80: 1319–1341.（広田康生訳、二〇一二、「アーバニズムの下位文化理論に向かって」森岡清志編『都市社会学セレクション 第2巻 都市空間と都市コミュニティ』日本評論社、一二七―一六四頁。）

フィッシャー、クロード・S、二〇〇二、「日本語版への序文」C・S・フィッシャー著『友人のあいだで暮らす――北カリフォルニアのパーソナル・ネットワーク』（松本康・前田尚子訳）未來社。

原口剛、二〇一二「地名をめぐる場所の政治――１９７０年代と２０００年代の『釜ヶ崎』を事例として」『地理学評論 Series A』八五（五）、四六八―四九一頁。

林拓也、二〇〇二、「地域間移動と地位達成」原純輔編『流動化と社会格差』ミネルヴァ書房、一一八―一四四頁。

石倉義博・西野淑美・元森絵里子・西村幸満・平井太郎、二〇一三、「『Ｕターン』とは何だろう」東大社研・玄田有史編『希望学 あしたの向こうに――希望の福井、福井の希望』東京大学出版会、二四六―二七六頁。

倉沢進、一九七七、「都市的生活様式論序説」磯村英一編『現代都市の社会学』鹿島出版会、一九―二九頁。

Ley, David, 1977, "Social Geography and the Taken-for-granted World," *Transactions of the Institute of British Geographers*, New Series 2: 498–512.（長尾謙吉訳、一九九六、「社会地理学と自明視されている世界」日本地理学会「空間と社会」研究グループ編『社会―空間研究の地平――人文地理学のネオ古典を読む』大阪市立大学文学部地理学教室、三二一―四五頁。）

宮澤仁、二〇〇四、「都市の建造環境とインアクセシビリティ――多摩ニュータウンの早期開発地区を事例地域に」『人文地理』五六（一）、一―二〇頁。

西野淑美、二〇〇四、「要介護化と都市の空間性――東京二世とその老親の関係性をめぐる事例群から」『年報社会学論集』一七、九六―一〇七頁。

西野淑美、二〇〇六、「ライフステージの中の震災後住居選択――神戸市A町住民への調査から」『社会福祉』四

六、一七七―一九一頁（本来の副題は「A町」の部分が実名）。

西野淑美、二〇一〇、「『場所』の強制的主題化としての震災」『都市政策研究』四、四七―七二頁。

西澤晃彦、一九九三、「『地域』という神話――都市社会学者は何を見ないのか？」『社会学評論』四七（一）、四七―六二頁。

Orleans, Peter, 1973, "Differential Cognition of Urban Residents: The Effects of Social Scale on Mapping," Roger M. Downs and David Stea, eds., *Image and Environment: Cognitive Mapping and Spatial Behavior*, Chicago: Aldine, pp. 115-130.（曽田忠宏ほか訳、一九七六、「都市居住者の環境認知における差異――マッピングに及ぼす社会規模の影響」『環境の空間的イメージ』鹿島出版会、一二七―一四三頁。）

Relph, Edward, 1975, *Place and Placelessness*, Pion.（高野岳彦ほか訳、一九九一、『場所の現象学――没場所性を越えて』筑摩書房。）

佐藤（粒来）香、二〇〇四、『社会移動の歴史社会学』東洋館出版社。

Schütz, Alfred, 1940, "The Social World and the Theory of Social Action," → 1964 Brodersen, Arvid ed., *Collected Papers 2: Studies in Social Theory*, Martinus Nijihoff.（渡部光ほか訳、一九九一、「社会的世界と社会的行為理論」『アルフレッド・シュッツ著作集　第3巻　社会理論の研究』マルジュ社。）

東京大学教養学部相関社会科学研究室編、二〇〇〇、『生活再建とネットワーク――阪神淡路大震災から四年の検証』東京大学教養学部相関社会科学研究室。

若林幹夫、一九九九、『都市のアレゴリー』ＩＮＡＸ出版。

Wellman, Barry, 1979, "The Community Question: The Intimate Networks of East Yorkers," *American Journal of Sociology*, 84: 1201-1231.（野沢慎司・立山徳子訳、二〇〇六、「コミュニティ問題――イースト・ヨーク住民の親密なネットワーク」野沢慎司編・監訳『リーディングス　ネットワーク論――家族・コミュニティ・社会関係資本』勁草書房、一五九―二〇〇頁。）

3章 近代日本における地位達成と地域の関係

戦前期生まれ著名人の中等教育歴が語るもの

中村　牧子

1　問い――「著名人」はどこで生まれたか

人は、いかにして自らの活躍領域を見出すのだろうか。ある人が、高級官僚になるのか社会運動家になるのか、あるいは学者かそれとも演劇人かといったことが、個人の才能や好みだけに依存する事柄でないのは、既に明らかであろう。人の社会的地位達成の背後に親の学歴、家庭の経済状態や文化的雰囲気などの影響を読み取る社会階層研究の技法の蓄積は、この「人」が仮に卓抜した技量を発揮し世に知られた「著名人」の場合でも、例外ではないことを示唆している。そのことを踏まえ、しかし本章では、やや異なる角度からのアプローチを試みたい。それは、「著名人を生み出す地域の力」に注目するものである。

データは、秦郁彦編の『日本近現代人物履歴事典』（秦編 2002）（以下では『事典』と略記）に基づく。これは明治初頭から戦後までの、多様な領域で活躍した著名人三二〇〇余名を収録しており、各人の出生地や親の職業、中等以上の学校歴や職歴の情報を含む。以下ではその中から戦前期（一九〇一―二五年）生まれの著名人（男性）六〇四名を取り上げるが、[1] その活躍領域は、出生府県によってかなり異なる。また府県の生み出す著名人の数も、非常に多い府県から極めて少ない府県までばらつきが見られるのである。

データの基本的な分布を示したのが**表1**である。これは著名人をその活躍領域（政治・経済・文化）と、エリート・非エリートの区分によりタイプ分けしている。エリートとは高等学歴（概して帝国大学卒）を持ちそれを活用して地位達成した人々とし、それ以外を非エリートとしている。エリートの三タイプの内訳は、高級官僚（政治エリート）、企業に入社しその中でトップに上りつめたいわゆる「学校出」の企業経営者（経済エリート）および法学者・生理学者などの学者（文化エリート）である。また非エリートの三タイプは、地方議会の議員からスタートした政治家や活動家（政治非エリート）、叩き上げや起業によって地位達成した実業家（経済非エリート）、および彫刻家・俳優や新興宗教教祖など芸術・芸能・宗教関係で名をなした文化人（文化非エリート）である。

この**表1**によれば、著名人数では東京出生者が二四％と非常に多く、これに他の都市的府県[2]の出生者を加えると、これら八府県の合計は四八％に上る（人口比で見ても都市的府県からの輩出率は高い）。活躍領域では、政治エリートは都市的府県と非都市的府県の両方から出ているのに対し、政治非エリート

表1　著名人の出生府県と活躍領域

（上段：人数　下段：比率）

出生府県	活躍領域							計	総計中に占める地域の比率
	政治エリート	経済エリート	文化エリート	政治非エリート	経済非エリート	文化非エリート	その他		
都市的府県	103	20	101	18	5	37	3	287	
	0.36	0.07	0.35	0.06	0.02	0.13	0.01	1.00	0.48
（東京）	55	9	50	7	2	22	2	147	
	0.37	0.06	0.34	0.05	0.01	0.15	0.01	1.00	0.24
（東京以外）	48	11	51	11	3	15	1	140	
	0.34	0.08	0.36	0.08	0.02	0.11	0.01	1.00	0.23
非都市的府県	122	18	87	49	10	26	5	317	
	0.38	0.06	0.27	0.15	0.03	0.08	0.02	1.00	0.52
計	225	38	188	67	15	63	8	604	
	0.37	0.06	0.31	0.11	0.02	0.10	0.01	1.00	1.00

秦編（2002）より1901-25年出生者.

注：都市的府県とは東京・神奈川・愛知・京都・大阪・兵庫・広島・福岡の8府県をさす.

は、主に非都市的府県から出ている。また文化エリートは、都市的府県の出生者において多い。

果たして、こうした著名人数の偏りや、その出生府県と活躍領域の対応は、どのような要因によってもたらされているのだろうか。なるほど著名人の数や活躍領域の地域差は、戦前期の出生者に限らず見られることである。例えば『事典』の明治以前の出生者で見れば、その出生府県は山口や鹿児島等が非常に多く、かつ彼らは主に政治領域で活躍していた。それに対して福島や新潟等の出生者は少なく、しかも文化領域での活躍者であった。その一つの主要な背景は、薩長土肥の興隆とこれに敵対した会津藩や奥羽越諸藩の衰亡に象徴される、幕末・維新期の政治的な力関係であろう。しかし戦前期の出生者に藩閥の影響がそのまま継続しているとは考え難く、しかも戦前期における著名人輩出の分割線は西南日本と東北日本の間にではなく、都市的府県と非都市的府県との間に引かれている。とすればここには、明治初頭とはまた異なる輩出の仕組みがあると考えねばならない。

著名人とその出身地域についての先行研究では、万成（1965）が古典の一つである。これは主に産業界のエリートを扱った研究だが、資本金の大きい企業のトップを占める人々に関するデータを明治初頭・大正期・戦後に分けて比較し、大正期以降には「エリートの都市化」が見られることを指摘している。すなわち一九二〇年時点の調査では関東・近畿・東海地方からの輩出率（人口比）が高く、近畿と関東の出身者だけで全体の五四％を占めていたという。また東京や五万人以上の都市では相対的に高い輩出率が見られ、これが戦後にも継続しているという（万成 1965: 82–83, 117–118）。さらに、政界エリートには村の出身が多いがビジネス・エリートの主要な源泉は都市であり、文化界エリートは同じ都市でもとりわけ東京の出身者が多いことを挙げ、エリートのタイプと出身地域の対応にも触れている点が注目される。

官界エリートを分析した秦（1983）は、明治初頭には鹿児島・山口など薩長土肥の出身者が主流であったのに対し、大正期ごろからは東京・兵庫・福岡・広島など都市の出身者が増え、戦後には都市の優位が一層明瞭になることを明らかにした。さらにこれらの先行研究を受けた北川・貝沼（1985: 112–113）は、エリート一般の傾向として、「エリートの都市化」が、大正期に始まり戦後まで継続してきたという展望を示している。

しかし、これらの研究ではまず、なぜ都市出身者が多いのかが明らかでない。万成は、都市でエリート輩出率が高い背景には何らかの社会的条件があろうと述べつつ、その内容には触れていない。北川・貝沼は、これらのエリートの学歴の高さに注目し、都市には学閥をなす有名大学や企業の本社が集中し、家庭教育も進んでいるために、都市からの輩出が多くなるのであろうと述べているが、それらの要因がどう関連しあってエリートを生み出すのか、またそれらは非都市の出身者にはアクセス不可能なのか等については論じていない。都市からの輩出がなぜ特定のタイプのエリートに偏るのかも明らかでない。ましして本章で扱う「著名人」、すなわちエリートに限らず多様な分野で活躍した人々と、地域との関係までを包括的に捉える枠組みは、およそ示されていないと言ってよいだろう。

果たして、都市に備わる諸条件は人々の人生にどんなタイミングで作用し、どんな著名人を生み出したのか。また非都市が本章の定義におけるエリートを生まない、あるいは非エリートを生み出すとしたら、それはどんな仕組みによるのか。本章では、この問題を考える手掛かりとして、著名人たちが受けた教育、とくに中等教育に注目したい。『事典』の著名人たちが中等教育をどの地域のどんな学校で受けたかは、出生府県によって傾向が異なるからであり、中等教育の学校種の違いは後の就学履歴にも影響して、最終的に活躍領域を異ならせるからである。このように、中等教育を出生府県と活躍領域の媒介項と見ることで、全体像はより見えやすくなると見込まれる。以下では、この三者の関わりあいを考察する。そして、人々を各活躍領域に振り分ける転轍機としての中等教育と、その地域間格差という視点から、この戦前期日本社会の著名人輩出の特徴を捉えたい。そして最後に、人の進路を出生府県や教育履歴によって振り分けてしまうこの社会とは、一体どんな社会なのかについての展望を示したいと考える。

2　なぜ中等教育に注目するのか

ここで教育という契機に注目するのは、戦前期生まれの著名人たちがそれ以前の著名人たちに比して、教育との関わりを格段に深めているからである。明治以前や明治初頭生まれの人々の場合、「高等の学問」は輩出に必須ではなかった。そもそも当時は大学自体が希少であったという事情もあるが、彼らの輩出のきっかけはむしろ、戊辰戦争での軍事的功績や、政治的な手腕の発揮などであった。ところが明治後半期以降の出生者になると、著名人の多くは「帝国大学卒」という学歴を持つようになり、この高等学歴をそのまま高級官僚や学者へのパスポートとするようになってきたのである。

おそらく、新しい政治体制の創出期である明治初頭には、重視されるのは軍事面・政治面の実際的な知識・技術や手腕であって、土木工学や化学、経済学等のアカデミックな知識・技術ではなかったのであろう。しかし体制の骨格が固まり、行政機構の整備と産業化の推進が急務となると、これらの知識・技術のニーズが高まり、それらの知識・技術に秀でた者こそが評価され要職を占めるようになる。それに伴い、この種の知識・技術を持つ証としての「帝大卒」の学歴が、輩出の重要な決め手となってきたのだと考えられる。

また、ここでとくに中等教育に注目するのは、中学校という学校種で学んだ者が後に高校以上に進むという意味で、「帝大卒」への歩みは中等教育から既に始まっているからである。また、全国でも設置府県が限られる大学（や高校）と異なって、中学校は各府県にあり、かつ、その整備状況は府県ごとに極めて多様だったからである。

もともと近代日本の中等教育制度は、国家主導で推進された初等教育と高等教育の狭間で、その整備の大半が各府県の独自な取り組みに委ねられてきた。ゆえにそれは、住民の経済力や教育への関心等の諸要因によって左右され、府県ごとに多様な発展を見せてきた。とくに中学校に関しては、早くから優れた制度を整え高校進学者を育てていた府県がある一方で、そもそも中学校を一つも持たず、持つことへの関心さえなかった府県も存在した。

明治前半期において、中学校整備に関して他をリードしていたのは、山口や佐賀のように、士族の比率が高い府県であった。士族は学問への親和性や社会的上昇の意欲も高い人々であるから、既存の藩校を中学校に改編し、金銭的な支援もしながらこれを整備し、子弟を通わせた。したがって、福島等のように敗戦でダメージを受けたり、熊本等のように内部抗争で足並みが乱れたりしていない場合には、士族の多い府県の中等教育は、極めて順調に発展できたのである。これが、近代日本の中学校教育を他に先駆けて整備していった府県であり、その担い手たちであった。

これに一歩遅れてきたもう一つのグループが、都市的府県である。ここで住民の大半を占める平民は元来——教養を嗜む一部の上層平民を除けば——、いわゆる「中等以上の学」には無関心な、あるいはむしろ「商売の妨げ」としてこれを忌避するような人々であった。したがって平民の比率が高い府県は、大分、岡山や長野のように、士族が牽引役として強く働きかけでもしない限り、概して中学校の整備は低調であった。しかしその住民のなかに、菓子・生魚・薪炭等の小商いや竹細工師等の伝統的な商工業者ではなく、会社員・銀行員のように近代的産業に従事する人々の比重が増してくるにつれて、中学校の評価はポジティブなものに変化する。実業系中等学校ではなく中学校が、しかも上級学校への進学を想定して、整備されるようになる。発展傾向にあるこれらの産業に従事する人々は経済力もあったから、中学校への金銭的な支援も可能であった。また、都市には高等以上の教育機関や行政機構も集中するため、教員、官公吏の比率も高くなる。彼らは就職時に学歴が必須であることに加え、経済力のある人々もかなり含まれていたため、やはり中学校整備には積極的に関わった。よってこれらの人々が集住する府県、つまり東京・大阪・兵庫・神奈川などの諸府県において、中学校は最速で整備され、都市的府県の優越への道をつけたのである。

3　中学校教育の地域間格差

本章で扱う戦前期生まれの人々が中等教育に進む一九一〇―二〇年代には、重工業化の進展により各地に工業地帯（京浜、阪神、北九州、中京）が形成され、そこへの人口集中が急激に進んでいた。とりわけ人口集積の著しかった東京・横浜・名古屋・京都・大阪・神戸のいわゆる「六大都市」では、教員や官公吏、会社員等のホワイトカラーの比率も急激に増加した。これに伴い、大学卒という学歴への志向もさらに強まり、地域の中等教育制度を後押しする。結果、当時の中学校の普及や充実度に関しては、都市的府県とそれ以外の府県との間に、次の三つの重要な相違が生まれてきた。

第一に、都市的府県には、高校進学率の高い中学校が複数並び立つようになった。**表2**は、「全国中学校ニ関スル諸調査」（文部省普通学務局）のデータに基づき、高校進学率が全国平均に比して高い中学校の府県別分布を示したものである。一九〇三年と一九二九年を比較すると、一九〇三年には都市的府県と非都市的府県の差が小さく、東京のみが突出していたのに対し、一九二九年には都市的府県の優位が明瞭になっている。東京は三四校という際立った多さだが、大阪でも一一校、京都や兵庫でも八校など、広島以外の全ての府県で三校以上となっている。つまり都市的府県では、高校進学率の高い中学校が、「点から面へ」の広がりを見せ始めているのである。それに対して非都市的府県の場合は、広大な北海道でもわずか四校であり、大多数は一校か〇校であることから、高い進学率の地域は府県内の局域に留まっていたことが推測で

表2　高校進学率が高い中学校の府県別分布

1903年 府県	校数	1929年 府県	校数
東京	11	東京	34
神奈川	0	神奈川	3
愛知	1	愛知	4
京都	2	京都	8
大阪	1	大阪	11
兵庫	3	兵庫	8
広島	3	広島	2
福岡	2	福岡	6
石川	3	北海道	4
長野	2	宮城	3
福島	2	山梨	3
岐阜	2	石川	2
和歌山	2	山形	2
岡山	2	岐阜	2
熊本	2	静岡	2
12府県	1	和歌山	2
20府県	0	岡山	2
		山口	2
		高知	2
		14府県	1
		14府県	0

注：高校進学率が0.13以上である中学校を抽出（進学率の全国平均は両年とも0.11）.

文部省普通学務局編「全国中学校ニ関スル諸調査」各年版より.

きる。

ちなみに同じデータで高校進学率の上位五〇校の分布を見ても、一九二〇年代に都市的府県の優位が一気に強まっている。一九二〇年までは、五〇校中に都市的府県の中学校の占める割合は四〇％台であったのが、一九二〇年代後半には八〇％前後に高まっているのである。これらの優れた中学校こそが一高、東京帝大というエリート輩出の主要ルートに人材を安定的に送り込んでいたことを考えれば、この時期の輩出のチャンスは都市的府県に相当に偏っていたと言ってよい。

しかも都市的府県は、面積が小さい上に交通網が発達し、府県内の優れた中学校に通学するのが比較的容易であった。それに対し非都市的府県には、長野や山形のように山岳で分断された府県もあった。中学校間の距離も遠く、鳥取では一九二一年に五〇キロもあった。これでは下宿でもしない限り、通学できない生徒も少なくなかったはずである。

そして第三に、都市的府県では中学校受験の準備教育が充実していたことが重要である。当時の社会には進学熱が広まりつつあり、中学校受験にあたっては小学校で進学指導を施してから送り出すのが理想とされるようになっていた。保護者は子弟の通う小学校に、行き届いた進学指導を期待し、小学校教員らは自校から名門中学校に送り込む児童数を競い合うようになる。この傾向がとくに顕著であった都市的府県では、名門中学校への合格率を誇る名門小学校が幾つも現れてきていた。神奈川では、神奈川一中を一九一一年に卒業した生徒の回想に、「神中は……横浜の男生徒の憧がれの的（原文ママ）であり、……本町小学校では六年の生徒で神中入学希望者は二時間近くミッシリ放課後教室で特別に復習して貰った。受験生は必死だった。……試験勉強に熱中して日曜も祭日も無かった。おかげで競争率は四倍強だったが無事入学出来た」（創立八十周年記念事業委員会編 1977）とある。進学指導が、かなり早くから行われていたことがわかる。東京では、本郷の誠之小学校が有名である。ここでは一九〇八年から始業前や放課後の「課外教授」すなわち補習授業が行われており、一九三〇年代には学期末の共同考査に加え、抜き打ち試験もしばしば行われた。夏休みや冬休みにも補習が行われた。宿題も出たが、当時の児童は「夏休ノ宿題ガ猛烈ニスゴク出タ。目玉ガ飛ビ出シサウダ」と日記に書いている。その結果として誠之小は府立一中、四中、五中という名門中学校に、多い年には七〇名近い児童を送り込み、新聞で「入学難を知らぬ日本一の小学校」として全国に紹介されるほどであった（寺崎監修 1988）。

このように、誰もが通う小学校のなかに「進学のスタートライン」が埋め込まれるということは、中学校進学が親の職業や経済状態の影響をあまり受けずに行われるようになることを意味する。実際、誠之小の一九〇〇年代の児童保護者職業を見ると、「官吏・公吏等一九二、教員四一、銀行員三一、会社員八二、医師二五、軍人二三」とホワイトカラー的職業が多いのは確かだが、「商業・小売業、職工その他都市雑業層」も二七五名おり、そのなかには職工二〇、菓子業一六、魚商九、車夫四など、必ずしも豊かとは限らない職業も含まれているのである（寺崎監修 1988: 533-534）。菊池（2003: 288-295）も、一九二六年の小学校卒業者のデータに基づき、東京の麹町区・牛込区のような進学に熱心な地域では、成績や資産が低めの階層からも中学校進学者が出ていたことを指摘している。

これに対して非都市的府県では、進学指導を行う小学校は、せいぜい名門中学校の近隣の一、二校であり、他の地域では中学校受験をする児童自体が珍しかった。そういう受験者には、担任教師が参考書を買ってきて個人的に教える程度だったようである（中野 1959）。

こうした中学校への進学機会の差が、そのまま高校・大学への進みやすさの差ともなる。それが都市的府県出生の著名人の多さの、一つの背景と考えられる。

4 エリート著名人を生み出す教育の仕組み

しかし著名人の輩出を規定するのは、出生府県内の教育事情だけではない。府県内に優れた中学校がないならば、他府県に移動してそこの中学校に入ることもできるからである。当時の中学校の利用状況は、出生した府県内で学ぶ場合（府県内教育）だけでなく、他府県に移動して学ぶ場合（府県外教育）についても、地域による相違があった。これらの相違が合わさって、著名人輩出の府県差が生まれてくるのである。

以下ではこの複眼的視点に立って考察を進めるが、この節ではまず、各地域のどのような教育の仕組みが、エリートを生み出したかを見る。彼らが基本的に「学歴エリート」である以上、エリート輩出の仕組みとは、教育の階梯を「帝大卒」まで上りつめさせる仕組みである。そこには、大別して三つの主要なタイプがあった。

一つは、都市的府県出生者を、府県内教育の利用を通じて輩出させる仕組みである。都市的府県の教

表3　出生府県別に見た教育型と活躍領域

（単位：移動数）

	政治エリート	経済エリート	文化エリート	計	地域中の比率	政治非エリート	経済非エリート	文化非エリート	計	地域中の比率	総計
都市的府県	103	20	101	224	1.00	18	5	37	60	1.00	284
（府県内教育）	85	13	72	170	0.76	13	3	23	39	0.65	209
（府県外教育）	16	6	25	47	0.21	2	0	8	10	0.17	57
（無学歴）	0	0	0	0	0.00	1	2	4	7	0.12	7
非都市的府県	122	18	87	227	1.00	49	10	26	85	1.00	312
（府県内教育）	70	10	44	124	0.55	27	7	12	46	0.54	170
（府県外教育）	54	7	38	99	0.44	16	1	9	26	0.31	125
（無学歴）	1	1	1	3	0.01	7	2	6	15	0.18	18

秦編（2002）より1901-25年出生者．

注：府県内教育，府県外教育を共に受けたサンプルは，両方に数えている．

育制度が充実しているおかげで，そこに出生した人々は，他所へ移動せずとも地元で最高の教育が受けられ，有利なスタートを切ることができる。実際，**表3**に示されるように，都市的府県出生のエリートの七六％が府県内教育を利用している。

もう一つは，非都市的府県の出生者を，府県外教育の利用を通じて輩出させる仕組みである。**表3**では，非都市的府県出生のエリートの四四％がこのタイプである。これらは大半が，出生府県よりも高校進学率の高い府県へ向かうものであることから，移動者は地域移動によって，より大きなチャンスを得ていたと見うる。非都市的府県の中学校は相対的に高校進学率が低いため，府県外教育の利用率は非都市的府県出生者のほうが高くなるのであろう。ちなみに都市的府県出生のエリートでも，二一％は府県外教育を受けている。これは東京以外から東京という極めて恵まれた教育環境へ向けての移動が大半であることから、やはり非都市的府県出生者と同様の意味合いの移動であったと推測できる。

そして第三は、非都市的府県の出生者を、府県内教育の利用を通じて輩出させる仕組みである。非都市的府県出生エリートの五五%がこのタイプである。この場合は、人々は府県内に留まり、そこに「一校ぐらいは」ある名門中学校で府県内最高レベルの教育を受け、上級学校への進学ルートに乗るのである。

5 エリートの出自と活躍領域の分化

では、これらの経路を辿ったのは誰なのか。エリートに至るこれらの経路は、誰にでも開かれていたのではない。各経路の性質が、それを利用できる者とできない者を分化させた。その分化にとりわけ深く関わるのが、生育した家庭の要因としての、父の職業である。

まず都市的府県出生で府県内教育を利用した人々は、父職がホワイトカラー系の職業であることが最も多い。その大半は官公吏、大学教授、銀行員・会社員や軍人などである。**表4**では、このホワイト系の父職がちょうど五〇%を占めている[5]。この人々の進学は、彼らの家庭が持つ経済的なゆとりと教育への高い関心によって支えられていた。そして彼らは八一%がエリートになる。その多くは学者や高級官僚である。

しかし都市的府県出生の府県内教育利用者のなかには、父職が農業や商工業（大半は商工自営）の

表 4　出生府県別に見た父職と活躍領域

（単位：移動数）

			活躍領域												
			エリート					非エリート					他	総計	比率
			政治	経済	文化	（計）	（比率）	政治	経済	文化	（計）	（比率）			
府県内教育	都市的府県	父職ホワイト	37	7	42	86	0.81	7	2	10	19	0.18	1	106	0.50
		父職農商工	10	5	20	35	0.67	4	1	12	17	0.33	0	52	0.25
		父職不明	38	1	10	49	0.94	2	0	1	3	0.06	0	52	0.25
		計	85	13	72	170	0.81	13	3	23	39	0.19	1	210	1.00
	非都市的府県	父職ホワイト	18	5	16	39	0.75	6	4	3	13	0.25	0	52	0.30
		父職農商工	26	5	18	49	0.68	16	3	4	23	0.32	0	72	0.42
		父職不明	26	0	10	36	0.77	5	0	5	10	0.21	1	47	0.27
		計	70	10	44	124	0.73	27	7	12	46	0.27	1	171	1.00
府県外教育	都市的府県	父職ホワイト	11	2	21	34	0.85	0	0	5	5	0.13	1	40	0.69
		父職農商工	2	2	1	5	0.56	1	0	3	4	0.44	0	9	0.16
		父職不明	3	2	3	8	0.89	1	0	0	1	0.11	0	9	0.16
		計	16	6	25	47	0.81	2	0	8	10	0.17	1	58	1.00
	非都市的府県	父職ホワイト	34	5	30	69	0.87	5	1	4	10	0.13	0	79	0.63
		父職農商工	6	1	8	15	0.58	8	0	2	10	0.38	1	26	0.21
		父職不明	14	1	0	15	0.71	3	0	3	6	0.29	0	21	0.17
		計	54	7	38	99	0.79	16	1	9	26	0.21	1	126	1.00

秦編（2002）より 1901-25 年出生者.

注：府県内教育，府県外教育を共に受けたサンプルは，両方に数えている.

人々もいる。**表4**では二五％を占めるに過ぎないが、興味深いのはここに、比較的貧しい家庭の出だが中学校に進学し、さらに高校を経て帝国大学に進んだ人々が含まれていることである。例えば一九〇七年に東京に生まれた清水幾太郎の家は竹屋だったが、父の代で転業、転居を重ねつつ没落し、ついには失業に近い状態に陥ってしまった。それでも清水が中学校に進みたいと言った際、両親はともに賛成した（清水 1993）。清水は独逸学協会中学から東京高校を経て東京帝大に進み、後に社会学者となった。同様の家庭環境から身を起こしてエリートとなった事例は、京都や広島にも見ることができる。だがこれが非都市的府県であったならば、学費に加えて通学費や下宿代のかかる進学が、彼らにとって果たして可能だったかどうかは疑わしい。

実はこれは、前の時代にはなかった新しい特徴である。都市的府県における優れた中学校数の増加、初等教育の充実や通学しやすい地理的条件が、決して上層ではない彼らにも進学の可能性を開いたのだと推測できる。しかも、地域におけるホワイトカラー比率が高まれば、ホワイトカラー的な価値観は他の職業従事者にも共有されるようになってくる。それは「中等以上の進学」に価値を置き、より優れた教育を求めようとする意識、高い教育が将来のために役立つという考え方である。こうした価値観が浸透するにつれ、都市的府県では農商工従事者のなかからも、子弟に高い教育を与えて別な道を歩ませようとする親が現れてくる。例えば一九〇二年に京都に生まれた今西錦司の家は西陣織の織元だったが、父は今西に「（家業を継ぐより）もっと気のきいたことをしろ」と言ったという。それで今西は京都一中、三高、京都帝大を経て生態学者となったのである（今西ほか 2007）。実際**表4**でも、この父職農商工の六七%がエリートになっている。

ただし、清水や今西の事例も示唆するように、父職農商工の人々は、父職ホワイトと同じ活躍領域に到達するとは限らない。彼らにとって上級学校への進学は、「小学校を終えたら丁稚奉公」が当たり前な生育環境からの脱出のきっかけであり、上の階層への跳躍台である。しかし彼らのもとの階層における生い立ちは、この脱出を屈折したものにする。清水のように、それが経済的貧困を伴っていた場合はなおさらである。彼らは上昇志向を持ちながらも、自らを父職ホワイトの人々に同化しきれない。結果、彼らの大学卒業後の進路は高級官僚からは距離を置き、学者やジャーナリストのような文化人の領域へ向かうものとなる。「私は下町の子。威勢のよいもの、歯切れのよいものが好きである。おっとりとした、澄ました、冷静な、つまり、山の手風の態度がどうにも我慢出来ない。そういう山の手風の人々の間に入ると、ただやたらに腹が立って、ことさら下品な言葉を使ったり、前後を弁えぬ軽率な振舞に及んだりする」と清水は書いている。「私は山の手が嫌いである。その頃は主として山の手の官吏や会社員が利用していた省線電車やバスはなるべく乗らないことにしていた。少々時間がかかっても私は汚い市電の方を選んだ。併し私にとつて下町と山の手という問題はそう単純ではない。……。私が漠然たる感情のままに自分を託している学問というもの、これは決定的に山の手のものである。この意味で私は山の手に対して拭い得ない劣等感を抱いていた」(清水 1992: 386-387)。このように、下町の人生から離脱しようとしながらも、山の手に溶け込むこともできない板挟みの意識が、彼らを高級官僚への道から遠ざけていく。官吏を自らの将来像とできない清水のような人々にとって、ありうる将来の選択肢が研究職であった。

表4は、そうした傾向が、清水だけのものではなかったことを示している。政治エリートと文化エリートの構成比は、父職ホワイトにおいては伯仲していたのに対し、父職農商工においては後者が前者の二倍であり、高級官僚などの政治エリートよりも学者等の文化エリートが選ばれがちなことがわかるのである。

第二に、府県外教育の利用者は、どの地域でも父職ホワイトが主流である。**表4**に見るその比率は、都市的府県出生者の六九％、非都市的府県出生者の六三％に上る。しかもそのなかのそれぞれ八五％と八七％という圧倒的多数がエリートになる。これは父職ホワイトであることが、有利な要因を幾つも伴っていたからである。

そもそも、都市的府県へ移動してそこの教育を受ける場合には、先述のような都市的府県の性質により、初等教育の段階から都市で学ぶのが最も有利な学び方となる。だがそのためには、幼少時から都市に移動していなくてはならない。つまり本人が移動を決意する前に、家族揃って都市的府県へ移動してしまうこと（一家流出）が望ましい。この一家流出型移動を実行できたのが、父職ホワイトであった。農業や商工自営の場合、一家でその地を動けば農地や顧客という地盤を手放すことになるから、そう容易に動けるものではない。よってそれらの職業の家庭に生まれた人々は、店を畳んで都会で新規巻き直しをするのでもない限り、家族ぐるみで移住することは考えにくい。ところが軍人や官吏・教員・会社員などのホワイトカラーは、転勤族として府県を巡ることが多い。**表5**に明らかなように、父職ホワイ

表5 出生府県別に見た父職と府県外教育の移動型（判明分）

（上段：人数　下段：父職中の比率）

	都市的府県			非都市的府県		
	一家流出型	単身流出型	計	一家流出型	単身流出型	計
父職ホワイト	29	1	30	44	9	53
	0.97	0.03	1.00	0.83	0.17	1.00
父職農商工	3	3	6	3	17	20
	0.50	0.50	1.00	0.15	0.85	1.00
父職不明	0	0	0	0	3	3
				0.00	1.00	1.00
計	32	4	36	47	29	76
	0.89	0.11	1.00	0.62	0.38	1.00

秦編（2002）より1901-25年出生者.
注：府県内教育，府県外教育を共に受けたサンプルは，両方に数えている.

ト と一家流出型の対応は極めて強く、とくに都市的府県出生者では九七％が一家流出型である。転勤先は都市的府県が多く、また本人の幼少時にも行われうるため、転勤族の子弟は教育の先進地に早く到達できることになる。

例えば父が海軍大佐であった江口朴郎（後の歴史学者）は、一九一一年に佐賀に生まれたが、父の赴任先である神奈川で、神奈川師範附属小を経て湘南中学へ進んだ。概して師範学校の附属小は、できる児童をさらに伸ばすためのカリキュラムを組むなど、英才教育の程度において東京の誠之小にも劣らなかったから（永井 1986: 130, 141）、江口が幼時からそうした教育環境に入れたことは、県の名門中学校に入る上でも奏功したに違いない。一九二四年に岡山に生まれた吉行淳之介（後の作家）は、前衛芸術家である父が東京住まいになったのを機に、二歳ごろから一家で東京に住んでいた。彼は「東大に至る名門コースの入り口として知られた学校」である番町小学校に入学したが、それは偶々この小学校が自宅から半キロほどの所にあったためであった（高橋 2007）。かくも容易に名門小学校に入れてしまうのも、一家流出型移動が本人の幼少時に行われたおかげである。つまり彼らの属する職業階層が、彼らをエリートへの階段の中程まで運んでくれたということになる。

第三に、非都市的府県に出生し、そこに留まって中学校に進学したのは、主に農商工自営、なかでも上層の経済的に裕福な人々の子弟である。名門校の普及がなお局域に留まる非都市的府県の中で、たとえ行きたい中学校が遠くても通学費や寄宿費を払って通学できるのは、まさに彼らだったからである。都市に出て「苦学」をする必要もなく、仕送りを受けて学べるのもやはり彼らであった。ちなみにホワイトカラーにも、しばしば同様の経済的ゆとりは備わっていたから、父職農商工に次いで多いのは父職ホワイトとなっている。

この人々は、名門中学校の卒業後は高校を経て帝国大学に進学し、エリートへの道を直進する。**表4**によれば、非都市的府県出生の府県内教育利用者のなかに四二%を占める父職農商工の、さらに六八%がエリートになっている。その活躍領域には文化エリートよりも政治エリートが多いことから、彼らの半分以上は、やがて都市的府県出生の父職ホワイトと合流して官僚勢力の一翼を構成していったと考えられる。なお、**表4**の父職農商工のなかには貧しい人々も含まれているが、そちらはむしろ非エリートへの道を歩む。これについては後述する。

以上のように、エリートに至る途上での中学校教育の利用機会は、地域と父職という二つの要因によって規定されていたと見ることができる。

6　非エリート著名人を生み出す教育の仕組み

　では、エリートの輩出経路に乗れなかった人々はどうなったのか。先述のように、都市的府県には、多様な出自・境遇の人々に開かれたエリートへの経路があった。これが一つの背景となって、都市的府県出生の非エリートはそもそも少なく、**表3**でも二八四名中の六〇名すなわち二一％に過ぎない。しかも**表4**に見るように、都市的府県では、この非エリートの大半が俳優や音楽家などの芸術・芸能関係者である。これは、都市という文化的環境の中で幼時から音楽や絵画、演劇等に親しんできた裕福な家庭の子弟が多いという点で特殊であり、「エリートコースに乗れなかった」という形容は相応しくないだろう。それに対して、非都市的府県に出生したがエリートへの経路から外れていった人々は、かなりの人数に上る。この人々が辿るのは、主に次の三つの経路であった。

　第一は、府県内の実業系中等学校に進む経路、つまり府県内で中等教育を受けるが、入る学校は中学校でないというパターンである。この経路を辿るのは主に農商工自営の子弟である。彼らは進学できないほど貧困なわけではないが、親が進学重視の価値観を持たず、むしろ家業継承を期待しているため、たとえ本人が中学校進学を望んでも許されず、実業系の学校に行かされたのである。

　同じ中等教育に進んでも、それが中学校でない場合には、彼らはいわゆる学歴エリートの道からは逸れていってしまう。彼らの学歴は実業学校止まりであることも多く、高等教育に進むとしてもストレートに高校・帝大に進学するのは稀で、たいていは実業系の高等教育か早稲田・明治などの私立大学に進む。その卒業後は、地域や組織の世話役となり、地方議員を務めて知名度を高め、やがて中央に進出して政治家になる道を辿る傾向がある。例えば一九〇七年に徳島に生まれた三木武夫の父は、肥料や米醤油などを手広く扱う商人であったが、中学校進学を望む三木に対し、「中学を出ても役に立たない」と進学を許さず、「商業学校なら商売を継がせるにもよい」からと徳島商業学校に進学させた。三木はストライキをして退学処分となったため、以後は府県外で学んでいくことになるが、結局中学校と名の付くものに通うことはなかった。大阪の私立中外商業を経て明治大学専門部に進んだ後、海外留学や明大再入学など紆余曲折を経て衆議院議員となり、首相となったのである（深田 1975: 31-34）。一九二二年に滋賀の酒造業者の長男として生まれた宇野宗佑は、八幡商業を出て、神戸商大へ進み、やはり県議から政治家人生を始めている。また一九〇七年に埼玉の織物業の家に生まれた荒船清十郎は、川越工業学校を出ただけで起業し、村議や県議を経て衆議院議員となり、後に衆議院議長等の要職を歴任した。**表3**によれば、非都市的府県出生の非エリートのうち府県内教育を受けたものは五四％に上る。これを構成しているのが、三木や宇野なのである。

第二は、府県外教育を経由するものである。しかも一家流出ではなく単身流出型の移動をする点を特徴とする。この経路を辿ったのは、やはり農商工自営の子弟であった。家業としては農業が最も多く、他には紙商、菓子商、酒造業、青果商、うどん製造などがある。この父職と移動型の対応は極めて強く、**表5**に見るように、非都市的府県出生の父職農商工は、その八五％が単身流出をしている。これらの家業は先述のように一家では移動し難いために、単身流出はいわば必然なのである。

しかし単身流出とは、有利な移動では決してない。彼らはまず、移動年齢が高いために、都市の優れた初等教育によって鍛えられることがなく、いわゆる名門中学校には入りにくい。さらに、かつてのように同郷者のネットワークや理解あるパトロンを伴った「庇護型苦学」（竹内 1991）はもはやない時代である。単身流入者たちは都市に身寄りもなく、身体を酷使して働いてやっと生活できるような状態のことが多いため、しばしば学業半ばで挫折してしまう。結果的に彼らは概して、あまり高い学歴を達成せず、いわゆるエリートコースには乗らずじまいとなる。また、労働の場の不条理を体験することも多いために、結局は主に労働運動や左翼活動などの領域で活躍していくことになる。一九〇四年に青森に生まれた袴田里見の場合、家は地主だったが長兄の賭博がもとで没落し、極貧状態にあった。袴田は一五歳の時に苦学する覚悟で上京し、配達夫や工夫として働いた。攻玉社中学に入ったが中退し、労働運動に加わり、後には共産党幹部となった（袴田 1978）。**表4**によれば、府県外教育を利用した非都市的府県出生の父職農商工は、三八％が非エリートになっているが、そのほとんどが袴田のような政治非エリートである。これは、先の「仕送りを受けて学べる裕福な父職農商工」とはかなり異質であるが、学歴が地位達成の切り札とされない点では共通している。

そして第三に、初等教育止まりの経路がある。この経路を辿る人々の父職は小作や貧農であり、卒業したら直ちに働く必要があるため、中等以上は「無学歴」のまま多くは都市的府県へ流出する。これに続くのも決してエリートコースではない。辿られるのは、先の袴田と同様、職場での組合活動や共産党員としての活動などを経て左翼系の運動家となる道や、独自の人脈を築いて新興宗教の教祖となる道、あるいは卓越した商才を発揮し、叩き上げて経営主になる道である。例えば一九〇六年に静岡に生まれた本田宗一郎は、貧しい鍛冶屋の子であり、高等小学校を出るとすぐ上京して本郷の自動車修理工場の丁稚となった。修理工の技術を磨いて起業し、後に本田技研工業を創立した。これらの人々が辿る道は、単身流出型移動者の辿った道とやがて合流していく。同じく中等以上の学歴を持たない無学歴の著名人には、一九〇六年新潟生まれの庭野日敬（後の立正佼成会開祖）や一九〇七年長野生まれの春日正一（後の共産党幹部）らがいる。**表3**によれば、こうした「無学歴」者は非都市的府県の非エリートの二割近くに上っている。

以上のように非都市的府県には、主に父職、すなわち職業的要因とそれに付随する経済的条件によって規定された学歴取得のパターンがあり、それがさらに活躍領域を異ならせるという仕組みがある。

7　戦前期日本社会の「階層構造」のすがた

以上より明らかになるのは、出生府県と活躍領域の対応関係を生み出しているのが、各府県の中等教育システムの特性だということである。府県ごとの中等教育の整備状況が、それを利用できる職業階層を異ならせた。また府県外に出て学ぶことに関する職業階層ごとの親和性や不都合さが、府県外教育を活用できる層とできない層を分けた。個々人はこの府県内・府県外という二種の中等教育のそれぞれに関して、出生府県や職業の如何によってチャンスのありようが変わる構造の中に嵌め込まれていた。

つまり、一見無秩序とも見える著名人輩出の陰には、彼らを活躍領域へ方向づける学歴の作用がある。なるほど各活躍領域それ自体は、必ずしも「学歴」を高く評価するわけではない。「学歴」よりも「人望」や「経営の才」が重視される領域もある。経営者が高級官僚に、あるいは俳優が学者に引け目を感じるということもないだろう。しかし彼らを現在のそうした活躍領域に進ませた分岐点は、彼らの就学履歴とりわけ中等教育との関わり方にある。中等教育は彼らを各経路に振り分ける転轍機の機能を果たしている。その意味で、ここではなお、学歴が全体を規定しているのである。そしてこの仕組みにおける都市出生者の優位ゆえに、著名人は、そしてエリートは都市から多く輩出されることになる。

では、階層論的にはこの事態はどのように理解されうるか。都市出生という所与の条件がその人のチャンスを決め、この条件に漏れた人々には、経済的・職業階層的な制約がかかる。このように個人の力では如何ともしがたい状況は、一種の不平等状態であり、したがってここには、地域原理に基づく新たな階層社会が生まれているようにも見える。

しかし、それがどこまで「階層」的であるかについては、若干の留保が必要である。確かに人は出生地を選べない。だが「都市の生まれ」ということは、「士族の生まれ」などとは明らかに意味合いが異なる。士族に生まれるか否かは、本人の意思からも親の意思からも独立に決まるが、都市に生まれることとは、親がそう意思し行動してくれさえすれば実現しうる事柄なのである。

前の世代が地域移動した結果として都市に生まれさえしたら、その人は都市の開放性を享受できる。

そこには、家業や家庭の経済状態にかかわらず、望む者や力のある者には上級学校進学の道が開かれている。この状況は、ある種の階層乗り越えのチャンスを内在させていると言えるのではないか。ただこのチャンスの構造は、「個人」のタイムスパンを超えているため、個人を基準に取る階層論の枠組みでは見えてこないのである。

幕末・維新期以降、人は地域移動を重ねてきた。その無数の地域移動者たち――その多くは都市流入者であった――は、子や孫の世代の都市出生者のために、時には百年近くもかけて社会移動を準備してきたことになる。近代日本における都市流入の広範な拡がりを考えれば、このいわば遅効性の社会移動を「個人単位でないからここに移動はない」と片付けてしまうのは、歴史の蓄積を不当に軽視することになりはしないか。むしろ、そうした気の長い社会移動の試みが漸く実を結び始めたのが、この戦前期日本社会であったと見るべきではないか。近代日本の社会移動を捉える上では、階層論の基準のほうが変更されるべきなのかもしれない。個人という単位から、時系列的な家族という単位へ。歴史的な軸を加えることで、初めて見えてくる移動、そして社会もあるということである。

(1) 『事典』に欠けている情報は、可能な限り自伝等により補充している。また『事典』は二〇一三年に第二版が公刊されたため、父職や中等教育履歴についてはそちらも参照した。

(2) 都市的府県として東京・神奈川・愛知・京都・大阪・兵庫・広島・福岡の八府県を数え、他を非都市的府県に区分する。ただし朝鮮、台湾など現在日本に属さない地域は除く。

（3）ただし先行研究における「エリート」は、高等学歴取得者に限らない名士、有力者を指すことが多い。

（4）出身府県は通常「本籍地」で分類されている。しかし本稿では実際の生育地を重視するため、「出生地」のほうを採用した。

（5）「父職不明」のケースには、自伝等から父職がほぼ推測できるものもあり、それらを合算すれば、各父職の傾向はより明瞭になる。しかしここでは、父職が何らかの文献中に明記されており確認の取れたもの以外は「父職不明」に分類した。

【文献】


深田良、一九七五、『小説三木武夫』創思社出版。

袴田里見、一九七八、『私の戦後史』朝日新聞社。

秦郁彦、一九八三、『官僚の研究』講談社。

秦郁彦編、二〇〇二、『日本近現代人物履歴事典』東京大学出版会。

今西錦司ほか、二〇〇七、『私の履歴書　科学の求道者』日本経済新聞出版社。

菊池城司、二〇〇三、『近代日本の教育機会と社会階層』東京大学出版会。

北川隆吉・貝沼洵、一九八五、『日本のエリート』大月書店。

万成博、一九六五、『ビジネス・エリート――日本における経営者の条件』中公新書。

文部省普通学務局編、一九八八、『全国中学校ニ関スル諸調査』（各年版）大空社。

永井輝、一九八六、『幻の自由教育――千葉師範附属小の教育改革』教育新聞千葉支局。

中野重治、一九五九、『梨の花』新潮社。

清水幾太郎、一九九二、『清水幾太郎著作集6』講談社。

清水幾太郎、一九九三、『清水幾太郎著作集14』講談社。

創立八十周年記念事業委員会編、一九七七、『神中・神高・希望ヶ丘高八十周年記念誌』神奈川県立希望ヶ丘高等学校。

高橋広満、二〇〇七、『吉行淳之介　人と文学』勉誠出版。

竹内洋、一九九一、『立志・苦学・出世――受験生の社会史』講談社。

寺崎昌男監修、一九八八、『誠之が語る近現代教育史』第一法規。

4章 「商売の街」の形成と継承

五十嵐　泰正

1　はじめに――アメ横というアポリア

正月を迎えるための食材の買出し客で賑わう上野・アメ横の光景を、何らかのメディアで目にしたことのない人は、日本にはほとんどいないだろう。この時期、多い日には五〇万人を越える買い物客がアメ横商店街を訪れ、上野駅―御徒町駅間のJR高架線の西側のガード沿いは、立錐の余地もないほどに混み合う。この人出を当て込んで、珍味屋、乾物屋、豆類の卸に至るまで、歳末の四日間だけ、にわかにカニや新巻鮭を売る店に衣替えし、洋服屋や靴屋の店先までもが魚屋に貸し出されて、大勢のアルバイト店員が一斉に声を張り上げる。

この光景が「歳末の風物詩」としてテレビの全国ニュースに取り上げられるのは、すっかり年末の定番として定着している。さまざまなタウン誌や街歩き雑誌なども、年末に向けてアメ横の特集を数多く組み始め、一一月から一二月にかけて取材がひっきりなしに訪れる。

アメ横商店街連合会の広報担当者は、ただでさえ忙しい年末だけでなく一年を通してこうした取材が来てくれればと嘆く。しかし、いかに特定の季節に集中するとはいえ、プレスリリースもせずにマスメディアの側から積極的に毎年欠かさず訪ねてきて、全国的に取り上げられる商店街など、ほかに存在しないのも事実だ。その結果アメ横は、まさに全国区の知名度を誇るようになっており、上野の代名詞ともなっている。さらに、英語圏・中国語圏のガイドブックや東京観光関連のSNSにも例外なく取り上げられるアメ横は、日本国内にとどまらず、広く世界的にもその名をとどろかせている。

言い換えれば、一般の来街者にとって上野といえば、まずはアメ横をイメージするような状態が、久しく続いてきたといっていいだろう。少し古いデータであるが、二〇〇三年に商店街診断の一環として、上野駅前通り、上野中通り、アメ横の中程の三点で来街者に行った街頭面接調査では、「『上野』と聞いて思いつくこと」として、平日・休日——休日では動物園や公園のイメージに迫られるが——ともにアメ横が最上位に挙げられている（台東区 2003a: 127）。また、同じ街頭調査で、回答者が実際に上野の街を訪れた（訪れる予定の）店舗や施設を尋ねると、アメ横（三九三人）が、地区内の大型店（松坂屋、丸井がともに一〇四人など）や文化施設（上野公園・動物園五九人など）を大きく引き離している（台東区 2003a: 202）。

表1　台東区のシンボル上位10回答（複数回答）

区　民		区内企業経営者		近隣区民		来街者	
浅草寺	306	浅草寺	52	浅草寺	96	浅草寺	147
上野公園・不忍池	195	**上野公園・不忍池**	46	**上野公園・不忍池**	83	**上野動物園**	75
国立西洋美術館，東京国立博物館などの文化施設	175	**国立西洋美術館，東京国立博物館などの文化施設**	27	**アメヤ横町**	55	**アメヤ横町**	68
上野動物園	114	浅草サンバカーニバルなどの祭りやイベント	20	**国立西洋美術館，東京国立博物館などの文化施設**	36	**上野公園・不忍池**	65
ほおずき市や浅草サンバカーニバルなどの祭りやイベント	101	**アメヤ横町**	19	**上野動物園**	35	**上野駅**	49
隅田川・隅田公園	71	**上野駅**	15	ほおずき市や浅草サンバカーニバルなどの祭りやイベント	27	隅田川・隅田公園	46
上野駅	59	**上野動物園**	13	**上野駅**	23	**国立西洋美術館，東京国立博物館などの文化施設**	39
アメヤ横町	57	隅田川・隅田公園	12	隅田川・隅田公園	20	谷中・根岸界隈	19
谷中・根岸界隈	35	問屋街	11	問屋街	12	ほおずき市や浅草サンバカーニバルなどの祭りやイベント	19
問屋街	29	**東京芸術大学**	3	谷中・根岸界隈	10	問屋街	17

区民調査：n=419，郵送法，無作為抽出
経営者調査：n=76，郵送法，層化抽出
近隣区民調査：n=139，郵送法，千代田・中央・文京・墨田・荒川の5区で無作為抽出
来街者調査：n=200（上野100，浅草100），対面調査，上野・浅草両地区の集客スポットでの街頭抽出
注：1）太字は上野地区関連の施設等．
　　2）来街者調査において，区内在住者は4.3%，隣接5区在住者は2.4%．

ただ、アメ横の突出した対外的な知名度・吸引力と、地域内におけるアメ横の位置づけとの間には奇妙なズレがある。上野ではなく台東区という枠組みではあるが、その一端を示唆する調査結果がある。区内外の人々に台東区のシンボルを問うたところ、ほとんど似通っているランキングが、唯一「アメヤ横丁」に関してだけ大きく異なっていることが明らかになっている。表1のとおり、都内各地や近県住民を主とする来街者と近隣区民では、浅草寺と上野公園／動物園に次ぐ第三位に評価されているアメ横が、区民や区内経営者においては、上野の中では公園関連のイメージに大きく水をあけられ、下位に沈んでいる（台東区 2003b より筆者作成）。

田中美子は、数多くのイメージ・シンボルのうち、地域住民にとって魅力的で理想的な自己像であり、かつ外界から肯定的な評価を受けたものが選択され、住民の間で広く共有されることによって、自己組織化的に地域アイデンティティが結晶化してゆくという、洗練された地域イメージ形成におけるイメージ・ダイナミクスモデルを提唱している（田中 1997: 44-47）。この図式で上記の表を解釈すれば、台東区民や区内経営者は、肯定的な対内的イメージとしてアメ横を選択することを躊躇しているということになる。

本章が描こうとしているのは、圧倒的な知名度と吸引力を保つのみならず、人々に確固としたイメージを喚起し、商店街の衰滅がデフォルトとなっている時代になお個人商店の集積として成り立っている、全国的にもイレギュラーとしかいいようのない街のモノグラフである。まずアメ横の形成史と周囲の商店街との緊張関係を確認して（第2節）、その関係性の重要な背景となっているアメ横成立期からの多様性（第3節）と、「売れるものを売れるときに売る」と称されてきた絶え間ない変化（第4節）を追っていき、そのうえでなお、何らかの「オーセンティシティ」を継承していくあり方を確認していく（第5節）。このように、成立以来特異な街であり続け、周囲からも常に異質なものとしてまなざされてきたアメ横の来歴とアイデンティティ形成を、あくまでそのローカリティに照準して描き出していく本章は、現代の都市空間に一般化可能な知見を性急に導き出そうとするものではない。ただ、流動性と多様性を増す現代の中で、特定の都市空間にあるユニークな営みが営まれ続けていくことの意味と諸条件を、戦後史の鬼っ子のように生まれながら日本で一番有名な「商店街」であり続けている、この特異点を見ていくからこそ浮かび上がるもののもあるだろう。

2　アメ横における「歴史の不在」

アメ横には歴史がない――アメ横でさまざまな人に話を聞くと、しばしば耳にする言葉だ。

これは少し奇妙な認識に聞こえるだろう。ヤミ市由来の商店街であるアメ横はすでに、七〇年を越える歴史を持っている。年長世代にとっても既に遠い記憶の中にあり、若い世代にとっては映像や漫画の中でしか知らないヤミ市は、間違いなく「歴史」の領域に入っている。それは、昭和三〇年代を対象とすることが多いノスタルジー・ブームよりもさらに前の時代であり、その痕跡を色濃く残す東京圏で唯一の大規模な商店街であるアメ横は本来、半世紀以上の特異で固有な歴史性を備えた、十分にノスタルジックな街歩きの対象ともなりうる場所だからだ。

しかし当のアメ横のほとんどの経営者の自意識はそれとはほど遠く、観光産業などの中で実際にアメ横がノスタルジックな視線と結び付けられることも、奇妙なほど少ない。これは、前述した上野地区の中でのアメ横の位置づけを理解する上で、決定的に重要なポイントである。

この意識を理解するためにも、ここでアメ横の成立の経緯を簡単に振り返っておきたい。上野は徳川家の菩提寺である寛永寺の門前町として発達し、一九世紀中ごろには、既に江戸を代表する盛り場のひとつとしての地位を確立している。その中で、現在アメ横としてにぎわっている地は、戦前からの商業集積地ではなく、薄暗い人家の密集地帯であった。そして、その傍らの鉄道ガード下に鉄道省の変電所があったために、戦時中の一九四四年には、空襲時の変電所への類焼を避ける目的で周辺の人家の強制疎開・立ち退きが行われた（塩満 1982: 2; 原 1999: 96）。結果としてこの地は終戦時に、上野駅という大ターミナルから至近の場所の大きな空き地となっており、そこにきわめて自然な流れとしてヤミ市が形成された。「外地」から帰還した引揚者が中心となっていたそのヤミ市は、当時は貴重だった芋アメなどの甘味が多く売られていたことで、一九四七年秋ごろからアメ横と呼ばれるようになった。その後、朝鮮戦争が始まるとそこに、米軍からの放出物資が売られる「アメリカ横丁」という意味も加わり、「腹を満たす」ものを求めて人々が殺到したヤミ市から、舶来品が何でも見つかるマーケットへと移行し、アメ横はさらに隆盛を極めてゆく。

アメ横の商店主たちの口から「アメ横には歴史がない」という言葉がしばしば聞かれるのは、ヤミ市ができる以前にはこの場所が商店街として成立しておらず、上野の中では最も新参者の商店街であるという、この成立の経緯に由来するところが大きい。自己アイデンティティがそうであるように、自らの地域を語る言葉や意識は、対象項となる周囲の他者との関係性の中で構築される以上、江戸時代から今につながる上野に位置するアメ横では、七十有余年の積み重ねが「歴史」と意識されることがあまりないのだ。

アメ横は「歴史がない」と言明されるのには、もう一つ理由がある。ＪＲのガード下を中心とするアメ横は、その成立当初から、その場に住んでいる人はごく例外的な、純粋に商売のための街である。上野をはじめとした「下町」地域の商業地では、商売に立脚する商店街組織と居住に立脚する町会とが、メンバーをかなりの部分ダブらせながらも、双方とも大きな存在感を持っている。上野では、職場と一体化した住居に住んでいる商店主はもう長いこと少数派であるが、それでもその多くは商売を営んでいる上野で町会に参加して、実際に居住しているところに対して以上の愛着を上野に持っており、子供を上野近辺の小学校に越境入学させるような経営者も多い。

そうした上野の「旦那」たちにとっては、居住地ではない上野における町会活動の中核をなすのが、下谷神社、五條天神社などの祭礼である。しかし、純粋な商売の街であるアメ横には、祭礼の神輿がない[1]。この地域では、年に一度の祭礼を中心に町内の濃密な社会関係が存在し、商品化された「下町」イメージにおいても、威勢のいい神輿担ぎをはじめとした祭礼文化は重要な位置を占めているが、「下町」

を代表する繁華街である上野の街の「顔」にあたるアメ横は、実は氏神のない真空地帯なのだ。それは、単にこの地区には戦前に遡れる老舗が存在しないというだけでなく、上野に盛り場が形成される以前から継承されている土着的な地域の核が不在であるという意味でも、「アメ横には歴史がない」という意識を生んでいる。

こうした意識は、上野全体で行われるイベントへの、街の「顔」であるはずのアメ横のいまひとつ消極的な姿勢にもつながっている。(2)

商店街連合会はね、上野公園の文化の香りとか、歴史の流れとか、そういったことをコンセプトに、いろんな仕掛けを企画していますよね。その中でアメ横は、一番後発でスパンが短いわけです。集まってる人たちも、利益があるからここに入ってきた人たちです。それで、上野の街の施設とかそういうのの恩恵を受けるといったようなこととか関わりなく、この場所は繁栄してきたわけですから、認識は周りと違いますよね。歴史、文化といったことを商売につなげるというのが、今ひとつピンと来ないというところがあります（二〇〇四、化粧品、一九五〇年代生まれ）。

言うなれば、「下町」の大衆性を体現する存在として認識されがちなアメ横が、「下町」という商品のもうひとつの大きな軸である歴史性とは距離をとろうとしているわけだが、ここで同時に、アメ横が周囲の商店街からどのようなまなざしを向けられてきたのかに触れなければ、アンフェアだろう。

「アメ横には歴史がない」という意識は、彼らの自画像の中だけではない。周囲の商店街の商店主からも、アメ横の非歴史性はしばしば言及されてきた。むしろ、そうした周囲からの視線との相互行為の中で、アメ横の自意識が形成されてきたといったほうが実態に近い。

一定の年代以上のアメ横の商店主たちは、寛永寺の広小路だった時代からの歴史を有し、その後も上野の「旦那衆」の中心であり続けた中央通りを、「表通り」と呼ぶ。そして歴史のないアメ横が、「表通り」から一線を引かれ、さらには「新参者」として一段下に見られてきたという意識を、アメ横第一世代の商店主は根強く持っている。

だから、要するにアメ横っていろんな人の集まりだったんですよ。アメ横で代々いるっていう人いないもんな。あそこらは全部マーケットだもんね。

（中略）

だって一切そういうしがらみないんだから。うちは何代目だとか。

（筆者：だから、逆にそういうしがらみの多いまわりの商店街からしてみると……）

すごい反発くったんですよね（笑）。僕なんかずいぶん言われたもんね。仲通りとか広小路の人に。「なんだアメ横は」って。うちがアメ屋横丁ってつけたときに、闇市みたいな名前つけたって、散々言われたんだ。で、ガード下って馬鹿にされてたんだ。ガード下って。当時はだって、どれ見たって老舗ばっかだったもんね。広小路とか。昔はね（二〇〇五、元衣料品、一九二〇年代生まれ）。

スタートが違うから、こうやって「君らとはちょっと違うんだよ」っていうことなんだよね（二〇〇五、食品、一九四〇年代生まれ）。

住民でもない「新参者」であり、ヤミ市に由来する歴史のないアメ横が、狭い店舗ながら坪あたりでは都内随一とも言える売上を叩き出し、上野を象徴する商店街として広く認知されてゆく。そのことが、寛永寺の門前町からの由緒を誇る「表通り」などの商店街にとって、面白くなかったことは想像に難くない。そうやって周囲から「一段下」の歯がゆい存在として見られ、それに対して反発するアメ横の商店主たちが、自分たちこそ上野で一番人を集め、稼いでる「商売の街」なんだと胸を張るという構図は、ヤミ市時代が終わってなお、しばらくは上野にくすぶっていた。その七〇年の歴史の蓄積から見れば不自然なまでに自他ともに認める、アメ横には「歴史がない」という言明には、そうした背景がある。

ここは強調しておきたいが、現在はもはやこうした意識を、ある世代以上の人の「回想」以外の形で表立って聞くことはない。こうした確執が解消されてゆく一つの契機は、当初の発表（一九七一年）では東京駅を起点として上野を素通りするはずだった東北・上越新幹線の工事計画を、熱心な誘致によってひっくり返した上野駅始発実現期成同盟だったと懐古する経営者たちは多い。ヤミ市というアメ横の出自がかなり薄まっていた時期にあたる一九七〇年代に、上野地区の商店街が利害を共有する形で一丸となり、周辺住民まで巻き込んで大きな目標を達成した、この経験が上野にもたらした一体感は確かに大きなものだったという。

そして、このわずか五〇〇メートル四方でしかない上野地区において、アメ横を含んだ商店街を束ねる上野商店街連合会が結成されたのは、都営地下鉄大江戸線の開業をきっかけとした二〇〇一年のことである。そして、戦後期に犯罪の巣窟と目された「汚名返上」を目的とした上野鐘声会を前身にもち（上野観光連盟 1963: 240）、伝統的に上野地区の「表通りの老舗」の経営者たちが役員を歴任してきた上野観光連盟においても、二〇〇三年にアメ横の経営者が会長となったことは、「表通り」とアメ横の関係性が完全に変わったことを、上野の街の人々に強く印象付けた。こうして、アメ横がすでに上野の「顔」となっていた時期になってから商売を受け継いだ世代へと、上野の経営者の中核世代が代替わりした二〇〇〇年代に至り、ようやく上野全体を包括する恒常的な商店街組織ができあがり、上野全体としてのイベントなども頻繁に試みられるようになってゆく。

どのように元来の成り立ちの違うアメ横と、一体になったまちづくりを進めていくべきか。上野の団体の役員を数多く務めるある物販店店主が、上野で生まれ育った店主のいないアメ横を「外様」としたうえで語る以下のような言葉は、現在も続くその模索をうまく言い表わしている。

外様なんだけど、プライドは高いんですよ。で、上野と言ったらアメ横以外は商店街じゃないぐらいのプライドを持ってる人たちなので、逆に言うと、その性質を捉えてしまうと意外と仲間にしやすいんです。立ててあげればいいいんです。

（中略）やっぱり外様ですけれど、利にはさといです……そこらへんをうまく使い分けていくと仲間になってくれて、なおかつ仲間になると今度は強力な戦力になってくるんですよ。そういうふうに利にさとい人たちですから、儲かるんだったら何でもやるよっていうノリで皆さん動いてくれますんでね（二〇一二、服飾、一九五〇年代生まれ）。

3 「アメ横商法」とエスニシティをめぐる視線の交錯

しかし、アメ横が長年にわたって「一段下」に見られがちだったことを、単にその歴史の「浅さ」だけで説明することは難しい。その要因となったアメ横に固有の事情を掘り下げるには、その起源となる戦後期に遡って、このヤミ市に集まり商売を始めていったのはどんな人々だったのか、いま一度みていく必要がある。

そもそも、ヤミ市時代の上野が轟かせた評判は、決してポジティブなものとはいえない。現在のアメ横に至る地区は、一九四九年に閉鎖された上野広小路の露店街とあわせてノガミのヤミ市と呼ばれていたが、そこでしばしば起こる物騒な経済警察とのいたちごっこや露天商どうしのいざこざは、同じく隆盛した新宿、新橋、渋谷などのヤミ市での事件とともに、当時の限られた新聞紙面をたびたび賑わせていた。

アメ横が、戦後の物資の欠乏期に食料と生活必需品を供給し、多くの国民が生き延びるよすがとなったヤミ市（塩満 1982: 65）の中でも、東京で最重要なものの一つであったことは間違いない。しかしその一方で、当時「悪の巣」と呼ばれた上野地下道の「浮浪児」や「愚連隊」、血桜組に組織された上野公園の街娼たちとともに、戦後の社会悪を象徴する存在として言説化されていったのもまた事実である。

そして、注意しておかなければならないのは、こうした記事にはしばしば在日外国人、とりわけ在日コリアンが登場することだ。原は、こうした戦後期の露店で商売をしていた主力は、旧植民地出身の朝鮮人、中国人、台湾人であり、中でも上野のヤミ市では関西方面から上京してきた朝鮮人が主体であったと指摘している。日本のヤクザ、テキヤといった人も出入りするアメ横では、「日本人と第三国人《ママ》とのイザコザは、しょっちゅう」であり、昼も銃声が聞こえるような状態だったという（原 1978=1999: 97–98）。

文京洙は当時の状況を、「敗戦直後の日本社会の湿った空気」の中で、ひとり旧植民地出身者のみが意気軒昂であり、彼らがヤミ市を含むあらゆる場面で解放された民族として振る舞うことで、気圧された日本人も少なくなかったはずだと描写する（文 1996: 174）。文も指摘するように、そうした行動は同胞の信用を失墜させるものだという在日内部の声も当時から強かった。しかし、これまで見下していた旧植民地出身者の一部が「やりたい放題」しているように見えることへの敗戦国民の反発が、現在の一群の反韓レイシズム言説の底流となる、「ヤミ市の無法な朝鮮人」という像を固定化させてしまったのも事実である。たとえば一九五六年には、『白い手黄色い手』という、在日外国人や外国資本の脅威を読者に煽り、大きな反響を呼んだという毎日新聞の記事をまとめた書籍が出版されている[3]。全国的に流布したその神話の形成に、こうしたアメ横での事件報道も一役買ってしまっていた。同書に所収された「朝鮮手品」という記事の扉には、「朝鮮財閥の生まれる上野付近のマーケット」というキャプションが付された写真が掲載されている。

諸説あるその経緯の詳細を現在はもう辿ることはできないが、混乱をきわめる上野の露店市場「正常化」の第一歩として、実業家の近藤広吉と下谷区長、上野警察署が協力する形で、のちにアメ横センタービルとして建替えられる（一九八二年）ことになる場所に、一九四六年に近藤産業マーケットが開設されている。その大きな目的は、露店市場からの悪質なヤクザ集団や「よそ者」の締め出しにあり、ここを締め出された朝鮮人のグループの一部は、現在は東上野のキムチ横丁として知られる昭和通りを隔てた地に、「国際親善マーケット」を建設して集住した（塩満 1982: 107–108）。ただ、一九六八年版の『商店名鑑』には、「第三《マ》国人《マ》がバラックの仮店舗を張り、三五年頃まで人をあつめ賑わいをきわめた」（台東区商店街連合会 1968: 33）とあるように、その後もアメ横では、在日韓国・朝鮮人に若干の在日華人もあわせて、いわゆるオールドカマー外国人の商店主の割合が、上野の各商店街の中でも常に高い。通名使用の比率も高いために、韓国・朝鮮人もしくは華人と思しき姓の商店主が目立つ各年代のアメ横の商店街名簿からその比率を正確に推し量ることはできないが、アメ横の商店主に聞き取りすると、商店街構成員の三分の一ほどが外国籍者ないしは帰化者ではないかという推測でおおむね一致している。

このように、草創期の闇市時代のアメ横には、エスニシティにもとづく深刻な対抗関係が存在し、それこそが、近藤マーケットの建設と一部の朝鮮人の東上野への離脱の契機となった。しかし、筆者が聞き取りをする範囲では、アメ横二世世代の経営者のみならず、戦後の混乱期に自ら商売を始めいまは引退している一世世代も、この街は外国人に対して以前からオープンだったと口を揃える。実際に、アメ横商店街連合会の支部の中には、一九六〇年代に既に在日韓国・朝鮮人が役員になっているところも存在していた。済州島出身で、大阪経由で戦後上野に出てきたその元役員は、「オマンマを食わしてもらっている」上野への愛着を語り（二〇〇五、サービス業、一九二〇年代生まれ）、地域社会に貢献することを考えてきたと強調する。そして、アメ横の中には偏見を持っている人はいなかったときっぱりと言いきり、ごく早い時期からさまざまな地域有力者からの商売上のサポートが得られたと語っている。

ただ、終戦後から、上野が全体として外国人に開かれた姿勢だったとは言いがたい。現在の上野の街の中核となっている一九五〇年代生まれ以降の経営者たちは、在日コリアンの人たちと子供のころから街で一緒に育ち、一緒に街を担ってきたという感覚が強く、上野の街で確固とした地歩を築いてきた在日コリアンの人たちには優秀で働き者の人が多いと、高い敬意を払っている。しかし戦後直後の時期からそうだったわけではない。現在の上野の若手・中堅も、自分たちと親世代の感覚は違ったようだとしばしば語るとおり、戦後ある時期までの「表通り」や、その他のアメ横以外の商店街からの在日外国人への目線は、かなり排除的なものであった。たとえば一九六三年に上野観光連盟が編纂した『上野繁昌史』では、戦後の上野広小路を懐古して以下のように描写されている。

確かにドサクサに儲けたのは見得も外聞もなく、これはと思う商売を次からつぎへ手がけてゆくことのできる人達だけだった。三国《ママ》人経営の店が都内各所にみられるようになったのもこの頃からで、上野もその例外ではなかった。「汚い商売ほどよく儲かる」という教えをさながら地でいった時代である（上野観光連盟 1963: 234）。

こうした空気の中で街に受け入れられようとした、親世代の苦労を目の当たりにしてきた在日コリアンの経営者の思いは、やはり複雑なものがある。たとえば次に挙げるのは、現在は上野二丁目で手広く店舗を経営するとともに地域内外で各種の役員も歴任し、上野の「旦那衆」の一人と自他ともに認められているある在日コリアンの経営者の語りである。彼ら二世が社会人になった時期にあたる、韓国が経済発展してきたソウル五輪のころ以降は、「色眼鏡でみられる」ことはなくなっているとしたうえで、「同世代の（日本人の）経営者たちは上野をオープンな街だという意識が強いが」と水を向けた筆者に、一世の父が警察や消防への協力など街に認められる多大な努力をしてきたことを強調して、こう語気を強めた。

親父をね、上野が認めてくれたんじゃないよ、認めさせたんだよ。上野の町が最初っからオープンでウェルカムって手を差し伸べてきたわけじゃない。そこんとこは絶対違うよ。絶対貸さない、って言う人もいた。そこを親父は、何ていうか、結局商売は資本主義社会じゃないですか。その中の競争で、努力して勝ち残ってきたんだ。それでこの街に認めさせたんだよ（二〇〇四、飲食店、一九六〇年代生まれ）。

同様に現在は上野二丁目を中心に手広く事業を営み、上野の街で確固とした地域を築いている別の在日コリアンの経営者も、先の経営者の語りと同じような感覚を示す。そして、かつてははっきりと存在していた狭い上野内部の地域性の違いを、以下のように語る。

今の○○（筆者注：店舗名）のあるところ、池之端仲町。ここは昔はそこまでにぎやかなところじゃなかった。それから末広町、上野広小路。この三箇所が寛永寺の門前町で一番古い街なんです。歴史がありましたし、特に池之端仲町は昔の文豪や有名画家が通う花街だったのです。だから、古い感覚はありましたよね。朝鮮人に対しても。だから、最初は上野町のほうが、古い街よりも入り込みやすかった。アメ横とか、四丁目ですね。あっちは新しいところですから。一度入り込んである程度店ができていけば、あとは二軒三軒と増やしていくことは楽でした（二〇〇四、サービス業、一九五〇年代生まれ）。

この地域的傾向は、滋賀県立大学の朴慶植文庫で閲覧できた一九六一年の『東京都朝鮮人事業所名簿』からも、ある程度――在日コリアンの一方の団体である総連系の事業所名のみのデータだが――確かめられる。まだ旧町名で表記されている在日朝鮮人の事業所所在地のうち、上野町に五一軒が集中するのを筆頭に、アメ横の西側と上野中通りにあたる上野四丁目（上野町・三橋町・五条町）に五五軒が集積しており、アメ横の東側とそこに隣接する現上野六丁目エリア（仲御徒町三—四丁目、下谷町）にも、五四軒（うち仲御徒町三丁目だけで四八軒）が集積している。これは、現在では「キムチ横丁」と呼ばれる、国際親善マーケットが築かれた御徒町三丁目とその周囲の二六軒の集積をも大きくしのぐ数字である。一方で、上野の「表通り」にあたる上野広小路には一軒の立地もなく、現在は在日コリアンの焼肉屋やニューカマー韓国人のコリアンパブも多い歓楽街、上野二丁目地区（池之端仲町、数寄屋町、元黒門町、北大門町）には、当時はわずか五軒しか在日朝鮮人の事業所が存在していないのだ。

ここで注目したいのは、前節にみたような周囲の商店街からアメ横にかつて注がれていた白眼視と、アメ横がその起源から多文化的な構成であったこととのあいだに、本質的な関係性があったように見受けられることである。

筆者は別稿（五十嵐 2010）で、上野では、「向こうの人」たちが戦後の混乱期に始めた「下品な商売」への反感が、エスニックな他者に対しての排除的な語りとして結晶化することがあることを論じた。直截にいえばこれは、「安かろう悪かろう」品も含めて威勢よく「叩き売る」という、闇市に始まる「アメ横商法」を指している。戦後に流入した「向こうの人」たちが上野のよき伝統を壊し、あまつさえそれによって大いに繁盛している「問題地区」としてのアメ横。先に、「三国人《ママ》」の「見得も外聞もない商売」を苦々しく懐古した『上野繁昌記』の記述を紹介したが、左記は一九五九年に行われた中通りの商店街診断の「現状分析」である。中央通りとアメ横のあいだに立地する中通り商店街では、「向こうの人」たちや、彼らと結び付けられるアメ横への反発は「表通り」より露骨で、伝統ある商店街に忍び寄る「アメ横的なもの」の侵食に対しての強い危機感を感じさせる。

> 冒頭にも述べた如く当商店街の歴史は古く、戦前は呉服類の専門店街であったが、戦災により戦後は、様相が一変し、戦前より住みつきの店舗は約三〇％である。残る七〇％が所謂新興勢力であって、これら一群の新興勢力は戦後直ちに露天営業を行い、最近にいたつて店舗を構えたような状態であり、その実権は第三《マ》国《マ》人によってしめられ、業種としては、飲食店、パチンコ遊技場等に変り、このラインが一部アメヤ横丁に結びつかれているともいわれ、現況にあっては往年のせんい品商店街としての姿は望めない（東京都台東区役所 1959: 3）。

こうした周囲からの視線に対して、アメ横の商店主たちはもちろん強く反発してきた。そして、「ここはほかとは違う」というその周囲への反発こそがきっかけとなって、自らの商店街の寛容さやアンチレイシズム的な気質が、アメ横のアイデンティティとして言及されていく。初期からのアメ横の立役者の一人であり、東京輸入雑貨卸商協同組合の設立に奔走した長田昭は、著書『アメ横の戦後史』の中で、一九六四年の同組合結成当時を振り返ってこう強調している。

「朝鮮の人も集めて、長田は何をやろうとしてるんだ」という声があちこちで聞かれました。自前のビルの建築を進めている「東京輸入雑貨卸商協同組合」へのそれは強い関心、それと羨望のようなものです。

組合員の数は確かに三分の一が在日の韓国と北朝鮮の人で、アメ横の成り立ちからは当然のことです。アメ横はユナイテッド・ネイションズだと、私はいつも言っていました。民族差別の傾向を私は持ちません。少数ですが中国・台湾の人もいる多国籍の組合を、だから無理なくまとめていくことができました（長田 2005: 109）。

ある物販店の二代目経営者も、筆者のインタビューに対して、以下のようにアメ横の地域特性を語る。

通常、こんな狭いところに外国人のお店ができるっていうと、まあいろいろあるんだろうけど、ここは外国人のお店が入ってきてどうこうっていうのは一切ないですね。そういうところはすごいですよ。誰が何をしようが迷惑をかけない限りはいい、っていうところですから。みんな顔をあわせて、ヨーなんて言って案外馴染んじゃうんですよね。そういうところは、住んでいるバックボーンがある上野のほかの商店街とは違う気質でもありますよ（二〇〇四、化粧品、一九五〇年代生まれ）。

こうした意識の背景として重要なのは、前節でも見た「アメ横は商売の街」だという自己認識である。歴史や「格式」を誇るがゆえに閉鎖的だった「表通り」から、安売り・叩き売りの「アメ横商法」を白眼視されながらも、驚異的な坪当たりの売り上げを誇り、上野のシンボルと目されるまでの対外的知名度を獲得してきたんだという自負。そのずば抜けた活力の背後には、まだ在日コリアンへの差別と偏見の激しかった時代から、彼らとともに街を築き上げてきたアメ横特有のオープンな気風があった。そんな状況の中で、アメ横流のある種の「共生」は、周囲からの白眼視に対抗する矜持として生きられていったのではないか。この街には格式もタブーもない、迷惑をかけずに商売をする者であれば、最初っから誰でも受け止め結束してきたんだ――そんな「商売の街・アメ横」という誇りとして。

戦災で広大に広がった駅前の空き地に形成された「ノガミの闇市」には、生活のために、あるいは一旗あげようと、その後のアメ横の中心となっていく外地・戦地からの引揚者や復員兵に、周辺農漁村からのかつぎ屋、地回りのヤクザ衆、そして旧植民地出身者が、いわば「横一線」で流入してきた。多様な人々が同時期に入ってきた新開地であるアメ横には、商売最優先のやり方で隆盛を誇ってきたからこその周囲からの危険視・白眼視と、それへの反発として芽生えた出自を問わないオープンさと共生の誇りがある。こうしたアメ横の地域意識の形成史は、多文化化する地域での人種意識の構築過程という、エスニシティ研究の重要課題においては、きわめてローカルな歴史的文脈にわけいっていくことが欠かせないということを、強く示唆しているだろう。(4)

4 変わり続ける「商売の街」

ところで、アメ横は確かに周囲の商店街と違って、戦後にゼロから築かれた商店街だが、歴史がないと語られる割には、実は戦後期から現在まで続いている店舗は少なくない。アメ横が混乱と激しい流動性に彩られたヤミ市期をすでに終えた一九六四年と、約四〇年後の二〇〇五年の住宅地図を、各年代の商店街名簿を参考にしながら比較してみると、一九六四年の住宅地図上に確認できた二四六店のうち三六％にあたる八九店舗が、高度成長期からバブル崩壊までの四〇年を越えて残存している。これはたとえば、第2節でみた「表通り」である中央通りを同様の方法で推定した、一九六四年と二〇〇五年のあいだの残存率二八％よりも、皮肉なことにむしろ高い。

ただポイントとなるのは、上記のような観測方法で推定される地図上の残存率は、「屋号」ベースのものであるということだ。過去半世紀以上の環境変化の中で、中央通りの経営者たちの多くは、高い家賃を払いうる金融機関やナショナルチェーンの飲食店、コンビニやカラオケ店にテナント貸しをする不動産業に転じながら、「旦那衆」の一員でありつづけている。こうした形で「表通り」でかつての屋号が地図から激減していく一方で、入れ替わりがありながらも現業の営みが続いているアメ横では、代替わりをした屋号が引き継がれている。ただし、それは、一般的に想起される意味での「老舗」が、アメ横にはかなり残っているということを必ずしも意味しない。なぜならアメ横の最大の特徴は、「高度成長期にゴルフブームが始まって、売れるとみれば一夜にしてゴルフ用品店を扱う店が通りに並んだ⑤」というような、大胆で急速な業態転換にほかならないからである。

「儲かるモノを売る」「売れるモノを売れるときに売る」のがアメ横の商売人であり、「何を売るか」にはさほどのこだわりがない一方で、「儲けること」にはプライドを持っているというような言葉を、アメ横ではしばしば耳にする。時代と客のニーズの変化を的確にとらえて対応する、その変わり身の早さがヤミ市時代からアメ横の活力の源泉であり、その商品と業態の転換はしばしば顧客層のシフトと連動して行われた。たとえば一九八〇年代後半以降、アメ横センタービルの地下食品街にはアジア各地やアフリカの食材や雑貨を扱う店が増え、買い出しをする関東一円の定住外国人で賑わっている。ただ、ここはしばしば、ニューカマー向けのエスニックショップ街と誤解されるが少し違う。確かに二〇〇〇年代に入ってからは新華人系資本の進出も目立っているが、一九九〇年代までの段階で「エスニック食品」を売っていたのはすべて従来の食品店であり、オープン時には、「アメリカ横丁」時代以来の「舶来品が何でも手に入る」食品街という位置づけであった。しかし、輸入食品が郊外のスーパーでも買えるようになると、その市場は先細りになっていく。そこを埋めたのが、バブル景気に向かって人手不足が深刻化するこの時期に流入した、多様な国籍の外国人労働者をはじめとする定住外国人の需要である。たとえば、日本のスーパーでは一般的でない部位の品ぞろえで有名な、センタービル地下のある精肉店で長年働いていた従業員は、内臓肉を欲しがる外国人の顧客の要望に応えていくうちに、「どこにでもあるような普通のお肉屋さん」から次第に商品ラインナップが切り替わっていったと語った（二〇一一、食品、一九六〇年代生まれ)。

やはり「アメ横の歴史は業種転換の歴史」と強調する島田隆司は、著書の中で、「第一期：アメ菓子がヒットしたヤミ市時代(一九四五―五〇年)」「第二期：朝鮮戦争勃発後に米兵からの物資が大量に流入したアメリカ横丁期(一九五〇―七一年)」「第三期：商品構成や業種が多様化していった転換期(一九七二―八二年)」「第四期：アメ横センタービルが完成し世代交代が進んだそれ以降(一九八三年―)」の四期に、九〇年代までのアメ横の半世紀を整理している(島田 1994: 101, 174-184)。筆者が聞き取りしたアメ横の商店主たちの実感とも符合する適切な時期区分だが、島田の整理から二〇年たったいま、もう一つの時期区分を付け加え、二〇〇二年ごろ以降をアメ横の第五期とする必要があるだろう。

島田が同書を出版したのは、アメ横の各種カジュアル衣料品店が『mono magazine』などの雑誌に頻繁に取り上げられ、若者のあいだでアメ横ブームが起こっていた一九九四年である。島田も同書で強調するように、一九九〇年代には若者向け衣料品という「売れるモノ」へと大胆に業種転換した店が、アメ横の賑わいを牽引していた。しかしそのブームにも終わりは来る。アメ横の店舗が一斉に店頭に並べた最後の売れ筋商品は、九〇年代後半からクロムハーツを筆頭にした男性向けシルバーアクセサリーだったという言葉を、筆者はアメ横の複数の経営者から耳にした。そして、木村拓哉らがトレンドリーダーとなったシルバーブームが終焉した二〇〇〇年代初頭以降は、これを置けば売れるというキラーコンテンツがなくなり、何を売ったらいいのかという模索が続いていると。

確かに、筆者がアメ横に関わるようになった二〇〇〇年代以降、物販店が一斉に大規模な商品構成の転換をするような事例は見かけなくなった。デフレ下でのいわゆる「価格破壊」と言われた動向の中で、安売り・叩き売りというヤミ市以来の「アメ横商法」の根幹をなす方法論が無意味化し、アメ横の物販店の経営者たちは、〇〇年代中盤には既に「電車に乗って運賃かけてきてもらえる」魅力を作っていく必要性を語っていた。

そうした中で、「ここに行けば何でも手に入る」というアメ横のもうひとつのストロングポイントを持つ、狭い間取りに所狭しとニッチな品揃えを充実させたり、ハイエンドな商品に特化してきたりしたタイプの店舗は、実はロングテールなマーケットを得意とするネット通販と相性がいい。ステージ衣装などの特殊な商品を扱う衣料品店、高級志向の化粧品店、品ぞろえ豊富な乾物店などの中には、試着や試用のニーズに応えるためにアメ横の実店舗をショーケース的に残し、ネット検索のSEO対策においてもアメ横という「ブランドは非常に大きいので、それはすごく効いて」（二〇一二、衣料品、一九七〇年代生まれ）いることを自覚しながらも、売り上げの中心をEコマースに移行させている店舗も存在する。

しかし、こうしたネット空間への移行は、〇〇年代以降のアメ横の物販店における全般的な動向ではない。「第五期」のアメ横を特徴づけるのは、買い物の街から観光の街への移行だ。より直截に言えば、（特に二〇一二年頃以降はインバウンド客のブームも追い風となって）人通りは増えていくのに、多くの物販店では売り上げは伸び悩む時期、と位置付けることができる。こうした中で、この時期のアメ横の空

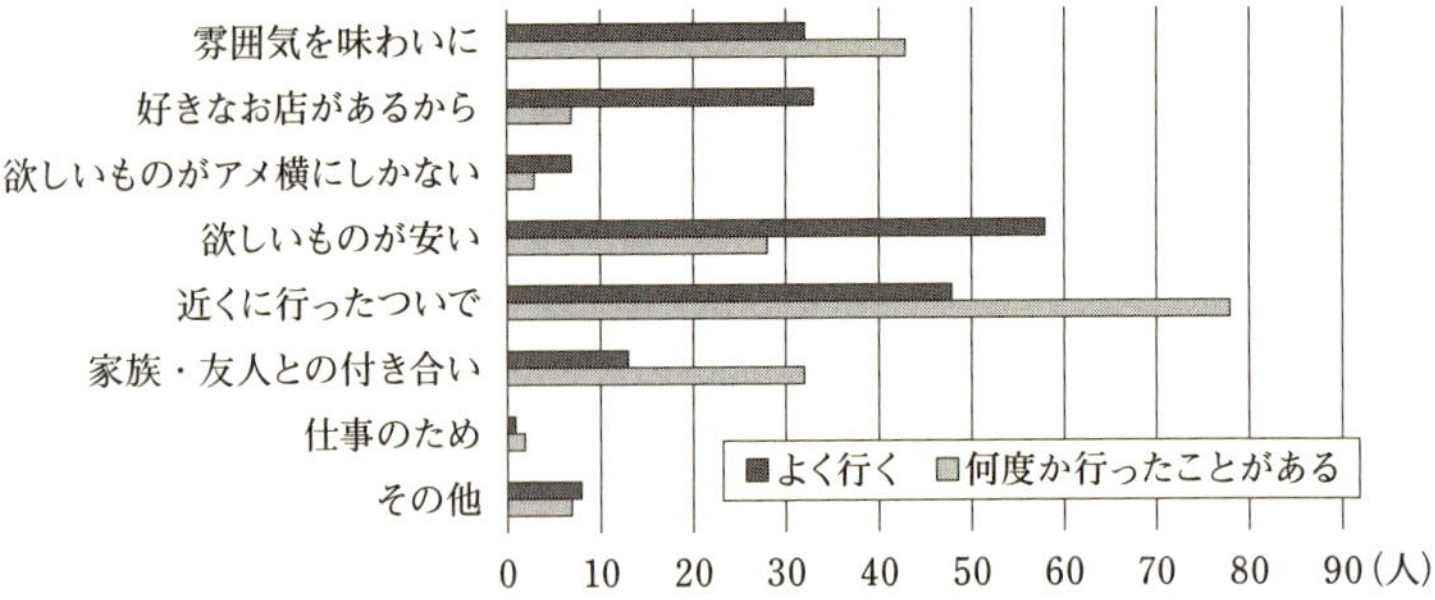

図1 来街頻度別 アメ横への来街目的（単数回答）

間的な変化として強く感知されるのは、もともと飲食店が非常に少なかった商店街に急増する、ドネルケバブ、焼き小籠包、海鮮丼など、食べながら歩き回れるメニューや、そうでなくともごく安価なファストフードを提供する飲食店だ。こうした店舗の中には、いまや平日は外国人客が七―八割を占めるという場合も多いという。

面白いデータがある。二〇一二年に筆者が筑波大学のゼミで行った計量調査では、それぞれ二〇〇名ずつを割り付けたアメ横に「よく行く」グループと「何度か行ったことがある」グループのあいだで、購買行動やさまざまなアメ横への評価を比較した[6]。その中で、**図1**のアメ横への来街頻度と来街目的の関係が興味深い結果を示している。数回しかアメ横に訪れたことのない層では、「近くに来たついでに」という消極的な動機が突出していることを別にすれば、「雰囲気を味わいに」という目的が多く、これは頻繁に訪れる層では、「欲しいものが安い」という「アメ横商法」に照準した来街目的が多いことと好対照をなしている。

長引く不況と消費行動の変化をうけて、消費社会論やマーケティング論で二〇〇〇年代以降提唱されてきた「モノ消費からコト消費へ」

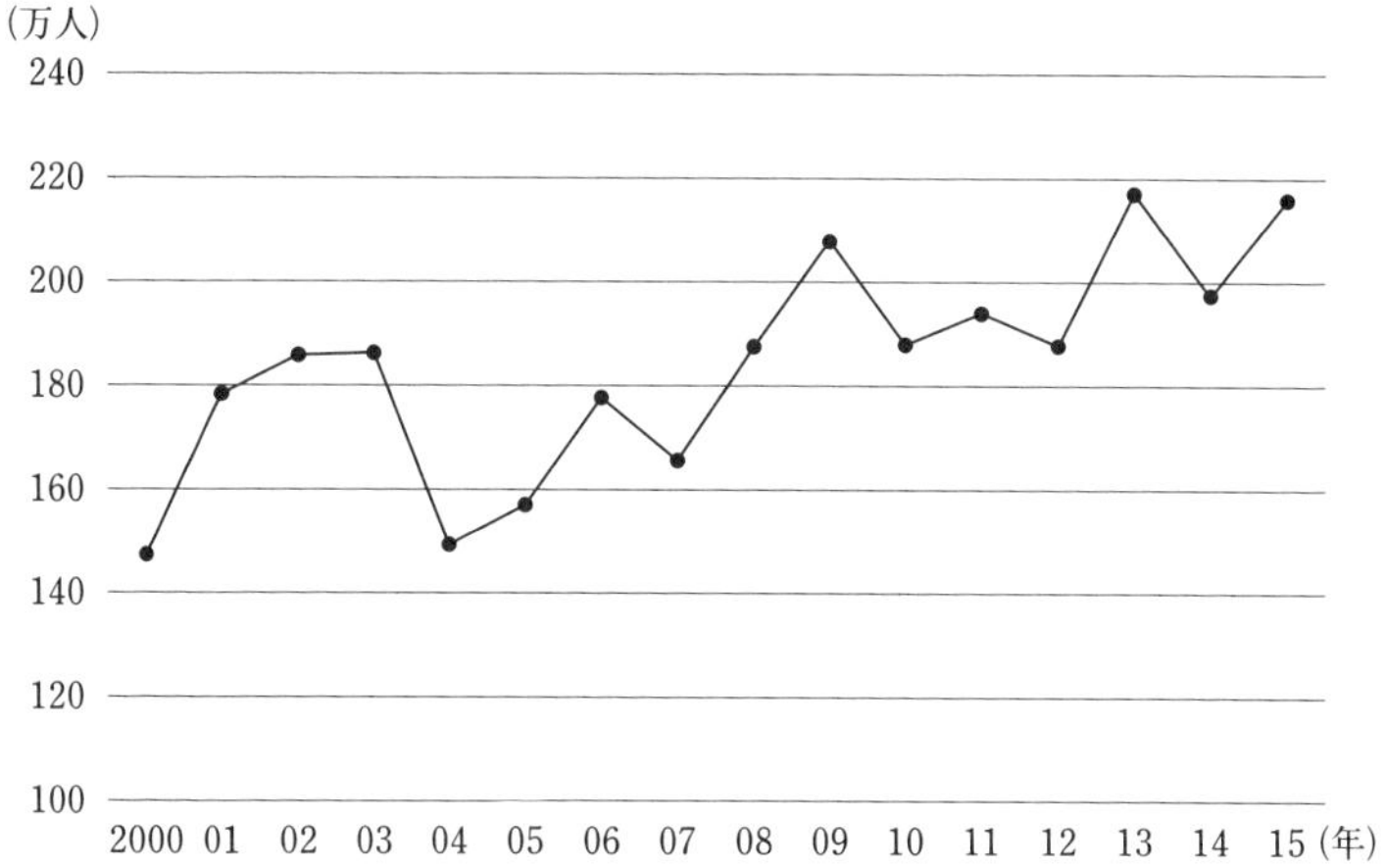

図 2　アメ横への年末（12 月 27-31 日）の人出の推移

というキーワードは、いまや一般的な小売店の現場でも完全に定着した指針となっている感があるが、まさにアメ横は叩き売りや客の値切りといった「アメ横商法」が、一つの体験型消費の受け皿となり、買い物目的ではなくアメ横の「雰囲気を楽しむ」来街者が近年増えてきていると考えられる。街をぶらぶらしながら食べ歩けるケバブや小籠包は、彼らにとってうってつけのスナックであろう。上野駅中央口にJRが設置した案内板『まちあるきBOX上野』に「アメ横：海産物から衣料品まで、見るだけで楽しい。食べ歩きもおススメ」と端的に示されているとおり、現在のアメ横は各国のファストフードを食べながら「見て歩く」街になっているのだ。

こうした傾向の延長上にあるのが、メディアを通して多くの人に強く印象付けられている、あの年末の人出である。**図 2**に示したアメ横商店街連合会発表による年末（一二月二七―三一日）のアメ横来街者の推移をみると、アメ横の年末の人出は、インバウンド観光客が増え始めるよりずっと以前の、二〇〇〇年代後半から一貫して上昇傾向にあることが見てとれるだろう。アメ横が「ニッポンの歳末」の光景となっていったのは、高度成長期の暮れに帰省する地方出身者たちが、上野駅での切符発券を待っている間に、アメ横で新巻鮭を買って行ったことが始まりだと言われるが、いまのアメ横にはそうした位置付けはないし、ましてや正月用品は郊外のスーパーマーケットですべて揃ってしまう。にもかかわらず、「ニッポンの歳末」を味わうイベントとして、その雰囲気を味わいに――帰りの電車に生臭い海産物を持ち込むことは必ずしもせずに――、ますます多くの人々が年の瀬のアメ横を訪れる。これは、売り上げ増が伴わない皮肉な形ではあるが、二〇〇五年に前述の食料品店の店主が模索していた、アメ横の「電車に乗って運賃かけて来てもらえる何か」が、近年ますます人々に――航空券代かけても来てもらえる人々も含めて――価値として浸透しつつあるとも言える。「ショッピングモーライゼーション」（速水 2012）と言われるような、商業空間の均質化・効率化・透明化が郊外のみならず都心部でも進む中で、そのシステムの外部にあるアメ横の希少性は確かに高まっている。

5　「商売の街」を継ぐということ

このように、わずか数十年の間に業種や業態が大きく変わりつつも、アメ横はその独特な「何か」が人々を惹きつけ続けている。それはまさに、シャロン・ズーキン（Zukin 2009=2013）のいう都市の「アウラ」であり、資源としての「オーセンティシティ」にほかならない。ズーキンは、ニューヨークのハーレムやイーストヴィレッジといった、かつては治安が悪く、外からの来訪者などいなかった地区は、ミドルクラスの観光客たちが刺激と消費を求めてわざわざ訪れたくなるような、「文化的な目的地」として再生されてきたと論じる。しかし一方で、こうした都市再生では、「オーセンティシティ」が演出されて街の価値を高めていく過程で起こる地価高騰によって、街に根を下ろした文化の担い手だった当の低所得の住民たちが住めなくなる。その結果、家族経営の商店がなくなってチェーン店ばかりとなってしまい、「アウラ」が喪失していくことをズーキンは問題視する。だが、もともと居住と経営が分離している商店街だったアメ横では、家賃相場がきわめて高いレベルで高止まりしているにもかかわらず、衰えない客足と高度化が不可能なガード下という立地のために、事情が異なる。個人商店が現業をやめて貸しビル化し、ナショナルチェーンにテナント貸しするという一般的な現象が発生せずに、個人商店が軒を連ねる街の形状が今のところ保たれており、それがさらに独特な「雰囲気」を味わいたい観光客を増やすという好循環があるのだ。これは、遊興飲食店を中心とした歓楽街や土産物屋街と化した大観光地の門前町などを除けば、全国的にみても稀有な事例である。

それでは、このアメ横をアメ横たらしめ、買い物という明確な都市機能を超えて、「文化的な目的地」として人を集めている「アウラ」ないし「オーセンティシティ」とはそもそも何なのか。その問いはそう自明ではないが、確実に言えるのは、現在の賑わいの上にのみ成立しうる「商売の街」というアイデンティティは、あくまで現在形でしか定位できないということだ。「売れるものを売れるときに売る」「変わり身の早さ」をもって、アメ横は、ある特定の過去を参照点として資源化するという形での歴史化から、自ら距離をとってきた。そういった意味において、確かにアメ横には「歴史がない」し、より強く言えば、「歴史化しない」ことを選択してきた街でもある。だとすれば、世界各地で地域の魅力を再発見しようとするワークショップが試みているように、アメ横の「オーセンティシティ」を生み出す何物かを、その「起源」やある特定の「黄金時代」を固定化・特権化するような形で、「歴史」に求めることはあまり得策ではない。

アメ横に人を吸引し続ける「オーセンティシティ」をあくまで現在形で考えたとき、重要な参照点となりそうなのが、広田康生による「その都市が持っている独特の歴史や特徴、アイデンティティとそれに関する人々の認識や合意を指す」（広田・藤原 2016: 41）という、このズーキンの概念の再解釈である。都市エスニシティを分析対象とする広田は、流動性の高い都市において、「差異に開かれた」形で場所が形成されていく過程に注目する。若林幹夫のいう共異体＝共移体（若林 1999: 113）という都市観にも通じる、担い手が移り変わりながら不断に合意されるものとしての「オーセンティシティ」概念は、その成立当初からの激烈な流動性と担い手の多様性のなかで、ある強烈で特有な都市アイデンティティを保持し、人々を吸引し続けてきたアメ横を捉える視角にふさわしい。

では、その不断に合意されていくアメ横の「オーセンティシティ」の内実とは何か。筆者が聞き取りをした二〇名のアメ横の経営者や店舗の店長、そのほかインフォーマルに接してきた多くの人々が、例外なくアメ横の特徴として口を揃えるのは、「対面販売」「人の魅力」である。アメ横内外の役員を歴任してきた経営者（二〇一六、食品ほか、一九五〇年代生まれ）は、アメ横の対面販売の魅力を、「お客さんに得した感じにさせるおまけのサービス、お客さんとの値切りの掛け合い、まあやりすぎの部分もあるけど言葉遣いの悪さ。この三つだね」とまとめるが、業態、年齢、経営者か従業員か、創業者か二代目以降かを問わず、アメ横の本質がその特徴的な対面販売にあるという意識は共有されている。

そして、そうしたアメ横の接客に魅力を感じて、隣あったわずかな間口の店舗どうしがシャッターを共有しているような、きわめて条件の悪い物件に驚くほど高額な家賃を払ってなお、アメ横に店舗を開こうとする若者もいる。大学院卒業後に決まっていた大手企業の就職先を蹴ってアメ横の鮮魚店に就職し、その後独立してガード下に小さな店舗を構えている若手経営者は、そもそもアメ横の魅力に憑りつかれるきっかけとなった年末のアメ横でのアルバイト経験を、こう振り返る。

年末のアメ横は圧倒的にステージなんですよね。売るっていうよりパフォーマンスです。まさに祝祭的空間。本当に驚かされました。ここでしか見たことがないパフォーマンスでした（二〇一六、生鮮、一九七〇年代生まれ）。

アメ横の「雰囲気」を楽しみたい国内外の来街者を惹きつける「オーセンティシティ」が、その独特な対面販売にあるのだとすれば、そこへの「合意」はこうやって、アメ横に新しく出店する経営者や店長たちからも、不断に調達されてゆく⑦。もっと平たい言い方をすれば、あまりにも独特な――その象徴に、ヤミ市という起源以来眉をひそめられてきた「アメ横商法」の叩き売りがある――商習慣に何らかの魅力を感じた者だけが、厳しい賃借条件というハードルを越えてこの街での営業を選び、その結果として、担い手や業態を変えながらも街の性格が継承される。

いまやアメ横名物の一つとしてメディアで取り上げられることも多いケバブ店の、経営者であるガーナ出身の男性は、アメ横の魅力を自らにとって一番大事な「freedom」があることと即答し、その母国のマーケットにも通じる「freedom」として、やはり客との掛け合いに言及する。

アメ横は好き。Freedomあるね。渋谷とかいろいろ行ったら、ちょっと静かでしょ。日本人はうるさいのヤじゃない？　アメ横は違う。ここは大きな声出してもいい（二〇一六、飲食店、一九七〇年代生まれ）。

特に東日本大震災以降、屋台形式の飲食店やヒップホップ系の衣料品店を中心に、アメ横では外国人の出店ラッシュ――中国、タイから、トルコ、アフリカまで――が続いている。これは、決して条件は良くない物件の家賃が高止まりしているアメ横で、リスクを負って出店し、貪欲に稼ごうとする人たちに、外国人が目立つという意味でもある。そして、いまや観光客が「食べ歩き」ながら「雰囲気を楽しむ」街になっているトレンドを、確実にとらえ、いまのアメ横のあり方を創り出している存在でもある。そういった意味では、貪欲に、オープンに、「売れるものを売ってきた」ヤミ市以来の「商売の街」としての伝統を、いま最もプリミティブな形で体現している存在と言えるかもしれない。

しかし、こうした外国人の店舗に対するアメ横内外の経営者の目線は、概してきわめて厳しい。街路に極端に張り出す形で客が座るベンチを置き、さらにその先に店員が立って来街者に声をかけているケバブ店や小籠包店は、現在のアメ横で最大の「問題」とされているのだ。間口の狭い店舗から街路に張り出して商品を陳列し、客との距離を縮める商習慣が、確実に街のひとつの魅力となっているために、一概に道路交通法で取り締まることもできないアメ横では、二〇〇〇年代に入ってから道路に出巾の限界を黄色い線で示した自主ルールを設けている。しかし、それ以降にアメ横に進出した外国人の店舗は、こうした自主ルールの存在を完全に無視し、それがためにアメ横全体の出巾営業に対する警察の取り締まりの強化も呼び込んでしまっている。実際に、本章執筆に関する聞き取り調査を行っていた二〇一六年には、懸念されているという段階だった警察の取り締まりの強化が、二〇一七年に入ってからは急速に本格化し、自主ルール線までの出巾さえも対象となってきた。出巾取り締まりを含む警察との関係については終章で考察を深めていくが、これが上野警察署長の人事などによる一時的な傾向なのか、二〇二〇年オリンピック・パラリンピックを睨んだ中長期的なものになるのかはまだわからない。しかしその見通しはともかく、「やりすぎた外国人の店舗」がこのような規制強化を招いたという語りのリアリティは、この街でますます強化されていく。そして残念ながら、これらの外国人商店主と、既存の商店街との対話の機会とチャンネルは、現在のところほぼ存在していない。

確かにアメ横は、高度にシステム化されてゆく商業空間の外部として、そこで商売する人々にとっても「自由」な領域がまだまだ残されている稀有な商店街である。しかし、あらゆる人々が「横一線で入った」ヤミ市時代は、遠い過去のことだ。その後、この特異な「商売の街」を守っていくためにこそ、アメ横の人々は結束して自浄作用を発揮し、激烈な流動性に彩られたヤミ市から脱却して安定した商店街組織を作ってきた。出巾営業でいえば、道路交通法では縛りきれない商習慣を街の魅力としているからこそ、むしろ地域の「オーセンティシティ」を、防災・バリアフリーなどほかの重要な課題と調整しながら守っていくという、地域内での高度に自治的な「合意」が必要となる。「商売の街」という矜持の重要な要素であったオープンさを手放してしまったとき、アメ横はアメ横であり続けることができるだろうか。

「横一線」ではなく新たに入ってきた外国人に対して、いかに対話と交渉の回路を開き、高度な自治への「合意」を取りつけていくのか。商業空間としての成立から七〇年。来街者も担い手もこれまでとは段違いにグローバル化しているいま、「商売の街」が試されている。

(1) もちろん、個人的に近隣の町会の神輿担ぎに継続的に参加しているアメ横の商店主はいるが、アメ横地区としての神輿などは存在しないという意味である。

(2) 以下の記述では、二〇〇四年から二〇一六年にかけてアメ横内外の経営者等に継続的に行った、インタビュー調査からの聞き取りデータを引用する。筆者の分析では調査対象者の生年時期が重要な要素になるが、調査実施時期が一〇年以上にわたっているため、調査対象者の属性を示す付記には、年齢の表記ではなく（インタビュー実施年、業種、〇〇年代生まれ）という表記法を採用した。

(3) なかでも特に、日本人より生活保護費をもらっている、不正に医療扶助を得ているというような、現在まで根深く残る定番の在日コリアンへの非難が、この時期には既に出揃っているのには驚かされる（毎日新聞社 1956: 20-26）。

（4） 紙幅の関係で詳細は紹介できないが、このアメ横の分析にあたって大いに参考になった先行研究として、地域の形成過程の異なる南ロンドンの二つの地区における人種関係と人種をめぐる語りを比較検討した、Back（1996）を挙げておきたい。

（5） 山口桂造上野観光連盟常任顧問による講演「上野商業盛衰史」（国立科学博物館、二〇〇六年一月）より。

（6） クロスマーケティング社へのインターネット委託調査により、二〇一二年八月に実施。

（7） さらに、一見アメ横的な対面販売から「撤退」したと目されがちなネット通販においてさえ、Eコマースに売り上げの大半を移行したある経営者が、ネット上の価格競争に埋没せずに顧客のロイヤリティを高める戦略で成功しているのは、アメ横の店頭での豊富な接客経験で培った独自の商品説明を、そのままネット上に表示することが強みになっている、と語っていたのは非常に興味深い（二〇一三年、化粧品、一九六〇年代生まれ）。

【文献】

Back, Les, 1996, *New Ethnicities and Urban Culture*, London: UCL Press.

原正壽、一九九九、「上野・アメ横」猪野健治編『東京闇市興亡史』ふたばらいふ新書、九五—一一九頁（初版：草風社、一九七八）。

速水健朗、二〇一二、『都市と消費とディズニーの夢』角川書店。

広田康生・藤原法子、二〇一六、『トランスナショナル・コミュニティ』ハーベスト社。

五十嵐泰正、二〇一〇、「『地域イメージ』、コミュニティ、外国人」岩渕功一編『多文化社会の〈文化〉を問う』青弓社、八六—一一五頁。

毎日新聞社、一九五六、『白い手黄色い手――日本の財布は狙われている』毎日新聞社。

文京洙、一九九六、「戦後日本社会と在日朝鮮人　第1回」『ほるもん文化6』新幹社、一六四―一七九頁。

長田昭、二〇〇五、『アメ横の戦後史』ベストセラーズ。

島田隆司、一九九四、『ヤングでよみがえる　アメ横超繁盛の秘密』実業之日本社。

塩満一、一九八二、『アメ横三十五年の激史』東京稿房出版。

台東区、二〇〇三ａ、『上野地区商店街診断報告書』。

台東区、二〇〇三ｂ、『台東区の将来像のための基礎調査報告書』。

台東区商店街連合会、一九六八、『商店名鑑'68』。

田中美子、一九九七、『地域のイメージ・ダイナミクス』技報堂出版。

東京都台東区役所、一九五九、「上野仲通り共栄会診断勧告書」『台東区商店街診断の実態』一―二七頁。

上野観光連盟、一九六三、『上野繁昌史』。

若林幹夫、一九九九、『都市のアレゴリー』ＩＮＡＸ出版。

Zukin, Sharon, 2009, *Naked City*, New York: Oxford University Press（内田奈芳美・真野洋介訳、二〇一三、『都市はなぜ魂を失ったか』講談社。）

5章 誰が自治体再編を決めるのか

「平成の大合併」における住民投票の再検討

砂原　庸介

1 はじめに

二〇〇〇年代、日本では「平成の大合併」と呼ばれる大規模な自治体の再編が行われた。一九九九年の合併特例法（市町村の合併の特例に関する法律）の改正によって、国は市町村の合併を推進する立場をとり（山崎 2003）、一九九九年四月現在で三二二九あった市町村の数は、「平成の大合併」が一応の区切りを迎えた二〇一〇年三月までに一七二七にまで減少した。この間、市の数は六七一から七八六へと増加する一方で、町の数は一九九〇から七五七に、そして村の数は五六八から一八四にまで減っている。この変化からわかるように、「平成の大合併」においては小規模な町村の数を減らして、市を中心としたより大きな自治体への統合が進められたのである。

「平成の大合併」が進められた原因としてしばしば指摘されるのは、一九九五年以降本格化した地方分権改革による地方自治体の機能拡大への要請である。それまでの中央集権的な統治機構に対する強い批判と、一九九〇年代前半の政権交代が相まって地方分権改革が進展した。一九九七年の地方分権一括法によって、それまで国が地方自治体の意思決定を縛る手段とされてきた「機関委任事務」が廃止され、都道府県を中心に地方自治体の裁量が広がるなかで、さらなる地方分権として都道府県から市町村への権限移譲が重視されるようになったのである。ところが、特に小規模な町村では、地方分権の担い手として十分にその機能を発揮することが期待しにくい。そこで、市町村の規模を拡大することで、行政能力の向上を進め地方分権の「受け皿」とする市町村合併が進められることになった①。

地方自治体の能力拡大のために合併が志向されるのは、日本に限った話ではない。戦後のヨーロッパやアメリカでも、地方自治体の能力向上を目指す中央政府が主導するかたちで合併が目指された例があるし（Melignara 2004）、冷戦終了後の中東欧においても、社会主義から民主主義へという統治機構の変化に伴った地方分権改革と、それを支援するドナーの後押しを受けながら地方自治体の合併が試みられたところもある（Swianiewic 2010）。しかしながら、これらの諸外国の経験から明らかになっていることは、合併による地方自治体の規模拡大、能力向上が極めて難しいということである。合併によって、地方自治体の能力向上や行政サービスの効率化を図ることができたとしても②、規模の拡大はもともと小さい領域で行われていた地方自治体の自己決定を阻害するという批判を受けることになるからである。そのため、合併の成否をめぐっては、国・地方を通じて政治的リーダーが地元の有権者の要求を受け入れつつ、巧みに問題をコントロールして合意に導いたかどうかが強調されやすい（Paddison 2004, Baldersheim and Rose 2010）。

国が主導する形での合併を地方自治体に押し付けるのが困難だとしても、「平成の大合併」の場合、国が合併することによる「アメ」としての合併特例債と、合併しない小規模地方自治体に対する財政的な圧迫という「ムチ」を用いたことで、地方自治体がやむを得ず合併を選択したということが強調されてきた（町田 2006）。しかし他方で、どのような能力が最低限必要になっているのか、どのような規模であれば十分なのかは明らかにされることはなく（金井 2007）、合併するかどうかは最終的に地方自治体の判断にゆだねられることになった。

そこで、なぜある合併は成功し、ある合併は起こらないかということを、地方自治体の特性と結びつける形で説明し、合併しやすい地方自治体の条件を議論する研究が蓄積されている。広田（2007）は、法定協議会の設置と実際の合併という選択を分けたうえで、財政的なメリットによって自治体が合併を望んで法定協議会を設置する一方、実際に合併しているのは高齢化率の高い自治体であることを指摘している。次に、城戸・中村（2008）では、どのような地方自治体の組み合わせで合併が成功に至ったのかを分析し、個々の自治体にとって財政力が弱いという条件が重要であることに加えて、周辺にリーダーとなるべき突出した自治体が存在することが合併を導くと主張した[3]。また、同様に地方自治体の合併行動を検証した中澤・宮下（2016）も、国による財政的なコントロールが地方自治体の合併行動に大きな影響を与えたことを示したうえで、比較的規模が大きく合併において中心的な役割を果たすことになる市と周縁的な町村では、合併を選択するときに考慮する条件が異なることを示唆している。

これらの研究は、長と議会によって構成される地方自治体を、合併という意思決定の主体としてとらえて、どのような地方自治体が合併を行うか、言い換えれば合併を迫られるかを分析したものである。しかし、「平成の大合併」を考えるときに見逃せないのは、意思決定主体としての住民である。以下本章で述べていくように、「平成の大合併」では、住民が合併に向けた発議を行うことが認められていたほか、多くの市町村において合併するべきかどうかを住民に問う住民投票が行われている。このような住民投票がどのような効果を持ちえたのか、先行研究では、住民発議が合併の成否に積極的な影響を与えたことを認めていないが（城戸・中村 2008、中澤・宮下 2016）、特に住民投票に注目してその意義を議論した研究は少ない。それに対して本章では、合併における住民投票の意義を整理したうえで、どのような地方自治体において住民投票が実施され、それがどのような効果を持つことになったかを検討する。

2 「平成の大合併」における住民投票の位置づけ

(1) 財政的な不利と地方議員の反対

市町村合併を推進するにあたって、最も大きな難点とみなされていたのは、合併によってそれまで存続してきた小規模自治体が非常に不利な立場に置かれること、そしてとりわけそのような自治体を代表する地方議員による反対であった。小規模自治体が周辺の自治体と合併しても、全体の人口がそれほど増えるわけではないために、合併後の自治体にとって財政的なメリットは薄い。そのために、以前の小規模自治体に対して十分な配慮をするとは限らない。小規模自治体からみれば、合併して財政的なメリットが奪われる上に、地域を代表する議員の数も減らされて、新たな地方自治体での意思決定に関与するのが難しくなり、衰退の度合いが激しくなることが懸念された。

このような懸念に対応して導入されたのが、地方交付税の合併算定替という制度である。この特例は、合併後一〇年間は旧自治体が存続したものとみなして交付税を計算し、その後五年間かけてそれを漸進的に縮減させるものである。④合併してひとつの自治体とみなされるとその人口や面積に応じた地方交付税しか受け取ることができないが、合併せずに存続していれば、地方交付税のさまざまな補正によってそれよりも多くの地方交付税交付金を受け取ることができる。この特例によって、本来ならば受け取ることができないはずの国からの交付金を受けて、それをいわば「手土産」として合併できるようになった。それを利用する合併後の自治体に対しても、それまでの小規模自治体に対して一定の配慮がなされることが期待されたのである。そのように、国は合併しても少なくともしばらくの間はそれまでと同様の交付金を保障しつつ、他方で合併しなければ交付金が先細りになるという不安を与え、多くの小規模な地方自治体が合併に導かれたのは、先行研究が示してきたとおりである。⑤

合併の促進策としては、地方自治体に対して財政的な保障を行うだけではなく、それを決める地方議員に対しても優遇措置ともいえる制度が導入されていた。市町村議会の議員は、市町村を選挙区として選出されるが、単記非移譲式の選挙制度であるために、実際にはより限定された地域を代表する性格が強く、同じ議員が長く務めることが多い。合併を推進するにあたっては、現に地方議員という立場を持ち、しかも多くの地方議員が容易に再選を続けることが可能であるという選挙制度のもとで、地方議員が自分たちの立場を守ろうとして市町村合併に反対することが予想され、そのための対策が意識されていたのである。

そのような制度として導入されていたのが、合併における議員の在任特例と定数特例である。前者は、合併によって選挙が行われるところ、特例によって二年以内（新設合併）あるいは議員の残任期間（編入合併）の在任を認めるというものであり、後者は新しい地方自治体の議員を選ぶ選挙において、特例的に地方議会の定数の拡大を認めるものである⑹。本来であれば、合併によってその職を失うであろう議員であっても、これらの特例によって数年間は議員としての職を続けることができるのである。これらの特例が、どの程度地方自治体の選択に影響したかを検討した Hirota and Yunoue (2014) は、選挙によらずに議席を維持することができる在任特例が多くの地方自治体に採用されており⑺、しかも小規模な地方自治体による採用が多かったことを示している。大規模な合併が行われ、リーダーになるような地方自治体が強いと、その影響力を弱める在任特例は採用されにくいと考えられるが、地方議員にとっては職の維持がやはり一定の重要性を持っており、それが可能な状況ではできるだけ追求されるということを意味していると考えられる⑻。

このように、地方自治体レベルでの財政的な保障を行い、さらに地方議員に対しても一定期間の身分保障と呼べるような措置までしても、合併をスムーズに進めることは難しい。そこで、「平成の大合併」では、合併自治体への支援としての合併特例債の発行や、合併がなければ地方議員の退職年金の在職期間（一二年以上）の要件を満たすこととなる議員について年金受給資格を認めるなどの措置が追加されている。このような措置からは、地方自治体の意思決定にかかわる地方議員を何とかして動かそうとする国の意思が見て取れるだろう。

(2)　二種類の住民投票

前項で述べたように、基本的に小規模自治体とその意思決定に携わる地方議員は、合併に対して否定的な立場をとることが予想されていた。そこで、地方議員の意思にかかわらず合併を促進する手段として導入されたのが、合併特例法における住民発議制度である。住民発議制度とは、地方自治体の有権者の五〇分の一以上の署名をもって、法定の合併協議会の設立を請求する制度である。これが設立されたからといってすぐに合併が決まるわけではないが、任意で設置される合併協議会よりも踏み込んだ議論が期待され、合併に向けた重要な一歩となる。この請求を受けた市町村長は住民発議を議会に付議し、可決された場合に合併協議会が設置されることになる。この住民発議制度のもとでは、合併の対象となる自治体の議会が合併協議会の設置を可決しているにもかかわらず⑨、請求が行われた地方自治体の議会が設置を否決したときは、市町村長が合併協議会の設立を住民投票に付することが可能とされており、そしてもし市町村長が住民投票に付さない場合には、有権者の六分の一以上の署名をもって住民投票を行うように請求することができることとされた。なお、このように法律で手続きを定められた住民投票は、この合併特例法によるものが初めてとなっている。[10]

総務省によれば、一九九九年四月から二〇〇六年三月までの間に住民発議が行われた件数は三八五件であり、このうち関係する全ての地方議会で付議が認められ、合併協議会が設立されたのは五七件にとどまっている。合併協議会が作られなかったもののうち、一五五件は請求された市町村長以外の、合併協議会に参加することを求められた市町村長がその議会に付議しなかったことによるものであり、一七三件は付議を受けた議会によって否決されている。このうち六六件については、直接請求を行った地方自治体において、六分の一以上の有権者の署名が集まり住民投票が行われることになったが、三八件は反対多数であり、二八件が合併協議会の設立につながった。このような手続きで設立された八五（五七＋二八）の合併協議会のうち、三五件の合併が行われている。[11]

当初市町村合併を促進する手段として設定された住民発議制度は上記のようなものだったが、平成の大合併が進んでいくにつれて、もうひとつの住民投票制度が追加されていく。それが条例による住民投票である。条例による住民投票は、国が作る法律で規定されているものではなく、文字通り、地方議会による条例に基づいて住民投票を実施するものである。条例制定のための住民による直接請求をもとに住民投票条例が策定されることもあれば、長や議会が主導して策定されることもあった。いずれにしても、議会によって条例が制定されることが前提となり、そのうえで住民の意向が問われることになっている。

条例による住民投票の場合、同じ住民投票であっても合併協議会設立のための住民投票とは異なる効果を持つことがある。すなわち、合併協議会設立であれば合併を進めることを目的として直接請求が行われ、その是非を問うものになるが、条例による住民投票の場合には合併を阻止する目的で直接請求が行われ、合併に対する住民の拒否権を行使しようとするものもありうるのである。その他にも、合併についての検討がそれほど進んでいない段階において、どの市町村との合併を進めるべきかという「枠組み」について住民に問うかたちの住民投票もしばしば行われている。

総務省が二〇〇六年に行った調査によれば、一九九九年四月一日から二〇〇六年三月三一日までの間に、条例に基づく住民投票が行われた市町村の数は三五二であり、そのうち合併の是非を問うものが三〇五、枠組みを問うものが四七とされている⑫。さらに三〇五の是非を問う投票のうち、賛成多数となった市町村が一七五、反対多数となった市町村が一二〇あるという。残りの一〇市町村については、あらかじめ開票の条件として設定された投票率に満たなかったなどの理由で未開票となっている。注意すべきは、賛成多数となった一七五の市町村で、全て合併が行われたわけではないということである。この中には、住民投票によって賛成とされたにもかかわらず、関係する市町村で行われた住民投票の結果が反対ということで合併が進められなかった事例は少なくない。さらに、少数ではあるが、議会が合併に対して最終的に反対の意思を譲らずに否決された事例もある。

このような住民投票の結果について検討を加えた研究は多いとは言えない。武田（2004）が二〇〇四年八月までの住民投票について整理し、一般に住民投票で出された結論に従ったかたちで意思決定が行われている傾向を示しているほか、個別の事例研究でも基本的には住民投票で出された意向に沿って意思決定が行われることが示されている[13]。今井（2008）では、合併協議会設立の住民投票と条例による住民投票を分けた類型別の分析が行われているが、いくつかの論点の整理と、合併協議会設立の住民投票が、合併賛成側の住民からしか提起できないことについての批判にとどまっている。

例外的に、住民投票を体系的に分析した研究で、平成の大合併における三〇八の住民投票での賛成率を分析したMiyazaki（2014）があるが、この分析では、将来における自治体運営コストが高くなると予想される小規模自治体や、合併によってリーダーシップを握ることができる比較的規模の大きい自治体で住民が賛成に回るという指摘がなされている。これは、自治体レベルの意思決定に焦点を当てた城戸・中村（2008）や中澤・宮下（2016）の結論に近いものであると評価できるだろう。合併した（1）かしていない（0）かという二値変数で評価される自治体レベルの分析とは異なって、賛成率を用いることで住民がどの程度合併を望んでいるかをより多様な形で分析することができるものだが、住民投票自体が合併にどのような効果を持っていたのかを答えるものとは異なっている[14]。

3　住民投票の分析

（1）イニシアティブとレファレンダム

「平成の大合併」における二種類の住民投票は、合併協議会設立の住民投票が「イニシアティブ」、条例による住民投票が「レファレンダム」と呼ばれる住民投票に対応していると考えられる。イニシアティブとは、住民が自ら提案する条例の制定などについて直接請求を行い投票に付すものである。合併特例法では、「関係する地方自治体と合併協議会を設立する」という内容についての限定を前提として住民が直接請求を行い、関係する地方自治体が賛成しているにもかかわらずその自治体の地方議会が反対した場合に住民投票が行われるという手続きになっており、まさに住民によるイニシアティブを念頭に置いているものであると考えられる。

イニシアティブは、基本的に意思決定の初期の段階に行われるために、住民投票が決定そのものにつながるわけではない。しかも、合併特例法が想定しているケースのような場合には、意思決定に大きな影響力を持つ地方議会が反対していることが前提となって住民投票が行われることになる。実際、すでに述べたように、行われた住民発議のうち半数が議会によって否決されている。仮にそのような否決を経たうえで実施された住民投票で賛成多数であり、それが議会の決定として読み替えられたとしても、もともとその合併を好まない議会が積極的に合併交渉を進めることは期待しにくい。イニシアティブによって特定の行動を定められたとしても、積極的にその行動を行うかは、政治家に委ねられているのである。

レファレンダムは、イニシアティブに比べて多様でありうる。「平成の大合併」における条例による住民投票は、住民からの直接請求に基づくものや、選挙で公約した長が主導して条例制定にこぎつけたものも少なくはないが、最終的に地方議会の判断が決定的となる。極端な例でいえば、二〇〇五年三月に行われた青森県浪岡町の住民投票のように、町長の専決処分というイレギュラーなかたちで住民投票が行われ、大差で合併賛成側が敗れるような状況でも、地方議会が住民からの度重なる直接請求を否決していれば合併に持ち込むことも可能になる(15)。

議会における条例の可決がない限りは住民投票ができないことを踏まえて、なぜ議会が住民投票を認めるかということを考えると、住民投票による反対を受け入れることができる状況にあることが推測できる。なぜなら、どんなに住民が反対していても議会が最終的に認める限りは合併が可能なため（浪岡町の例を想起）、地方議会が真に合併を志向しているとすれば、条例による住民投票をなしで済まそうとすると考えられるからである。仮に、住民の直接請求や長の請求、議会少数派の請求などによってレファレンダムが可能になるとすれば、長が議会多数派を動かす手段として用いたり（Tridimas 2007）、少数派が多数派と交渉するための手段として用いたりする（Hug and Tsebelis 2002）可能性が指摘できるが、前提となる条例を制定するために議会の議決を経なくてはならない以上、合併に対する議会の選好が強く反映されると考えることができるのである(16)。

このような議論を踏まえて、以下では合併協議会設立の住民投票と条例による住民投票を分けたうえで、それらの住民投票がどのような地方自治体によって実施されたのか、そして住民投票と実際に合併するかどうかの意思決定がどのようにリンクしているのかを検討する。本章では、そのためのデータとして、前節でも触れた、総務省が二〇〇六年に都道府県を対象として行った住民投票の調査を用いる。このデータは、一九九九年四月一日から二〇〇六年三月三一日までに行われた四〇七の住民投票（六六の合併協議会設立の住民投票と三四一の条例による住民投票）に限定されるが[17]、総務省の別の調査によれば二〇一〇年一〇月までに行われた合併に関係する住民投票は全部で四四五件であるとされ[18]、その多くを網羅していると考えられる。次に、この三四一件の条例による住民投票は、合併の賛否を問うものと、枠組みを問うものに分けられる。合併の賛否を問うということは、基本的にすでに枠組みが定まったものについて住民の意思を問うということになり、比較的話が進んだ段階における住民投票となりやすい。このような住民投票は全部で二七九件となっている。他方、枠組みについて問う場合は、必ずしも明確な交渉相手がいない初期の段階で住民投票が行われやすいと考えられる。合併の具体的な提案というよりは、これから進めるにあたってどこを選ぶかの調査という性格を持つのである。このような住民投票は、六二件を数えることができた。

（2）合併協議会設立の住民投票

すでに述べたように、合併特例法に基づいて合併協議会設立の住民投票が行われたのは六六件である。ただしこのうち、鹿児島県祁答院町《けどういんちょう》では二回の住民投票が行われているために、住民投票が行われた地方自治体の数は六五ということになる。人口別の内訳は**表1**に示されているとおりであり、そのほとんどが人口三万人未満の小規模な地方自治体となっている。人口の五〇分の一の署名とはいえ、最低でも二回の直接請求を行わなくてはならないことを考えると、規模の大きい自治体で直接請求を行って住民投票を行うのが容易ではないことが確認できる。

表1　合併に関する住民投票を行った地方自治体の人口規模

人口	合併協議会設立の住民投票	条例による住民投票	
		賛否投票	枠組み投票
-5000	8 (12.1%)	48 (17.2%)	15 (24.2%)
5000-10000	20 (30.3%)	74 (26.5%)	18 (29.0%)
10000-30000	31 (47.0%)	105 (37.6%)	25 (40.3%)
30000-50000	4 (6.1%)	24 (8.6%)	1 (1.6%)
50000-	2 (3.0%)	28 (10.0%)	3 (4.8%)
合計	66 (100%)	279 (100%)	62 (100%)

さらに、先行研究を通じて合併の選択に強い影響を与えると考えられてきた、財政力指数（一九九九年度）、人口規模（二〇〇〇年）、高齢化率（二〇〇〇年）に加えて、合併に関係する市町村数、想定される合併自治体に占める人口比率、住民投票のための直接請求が行われたかどうか（ダミー変数）を独立変数として用意して、住民投票における投票率と賛成率との関係を調べたのが**表2**である。この回帰分析の結果から読み取れることは、まず地方自治体の財政力と投票率が負の関係にあることである。財政力が低い自治体と比べて、財政力が高い自治体では合併がそれほど切実な問題として扱われていないことがうかがえる。

賛成率についての回帰分析は、修正済み決定係数やF検定の結果を見ると、投票率ほどにあてはまりのよいモデルとは言えないが、合併において人口比率が大きくなる地方自治体ほど賛成する人々が増えることを示している。したがって、合併によって相対的に有利な地位を得ることができると考えると賛成する傾向が生まれると指摘できる。(19)そして興味深いのは、直接請求の影響である。住民投票の直接請求がなされるということは、合併協議会の設立に向けた住民投票を積極的

表 2　合併協議会設立の住民投票の投票率・賛成率についての回帰分析

従属変数	投票率	賛成率	賛成率
財政力指数	-0.364 **	0.062	-0.088
	-3.65	0.43	-0.56
人口（対数）	-0.013	0.001	-0.004
	-0.53	0.02	-0.13
高齢化率	-0.274	0.221	0.108
	-1.00	0.55	0.28
関係市町村数	0.011 +	0.007	0.012
	1.76	0.81	1.31
人口比率	-0.091 +	0.200 **	0.162 *
	-1.79	2.69	2.2
住民直接請求	-0.014	-0.099 **	-0.105 **
	-0.60	-3.03	-3.29
投票率			-0.412 *
			-2.24
定　数	1.031	0.393	0.818
	4.25	1.11	2.09
N	66	66	66
F	10.27	2.98	3.44
Prob>*F*	0.000	0.013	0.004
Adj. *R*2	0.461	0.154	0.208

注：下段は *t* 値.
　**は 1% 水準，*は 5% 水準，+ は 10% 水準で有意な結果を示した変数を表す.

に推進するグループが存在したことを示すものであり、賛成が増えそうだと考えられるが、結果はそのような予想とは異なり、むしろ直接請求が行われた地方自治体では賛成率が低く、町長の請求で住民投票が行われた地方自治体のほうで賛成率が高い傾向にある。六分の一という非常に多くの署名を必要とするために、住民投票の問題が政治化することになり、反対する勢力を刺激して活発に活動させているとすれば、総務省が当初想定していたような、

表3　合併協議会設立の住民投票の賛否と合併行動

合併行動＼住民投票結果	賛成多数	反対多数
旧法期限内に合併せず	12（42.9％）	14（36.8％）
旧法期限内に合併	16（57.1％）	24（63.2％）
住民投票の枠組み	9（32.1％）	2（5.2％）
住民投票と別の枠組み	7（25.0％）	22（57.9％）
合　計	28（100％）	38（100％）

注：反対多数で旧法期限内に合併しなかった地方自治体のうち，4つがその後合併を選択した．

合併推進のための住民発議制度はむしろ推進とは逆効果を持っていたと指摘できるだろう。さらに、このような政治化の激しさと賛成率の関係を確認するために、投票率を独立変数に加えて回帰分析を行うと、投票率の高さは賛成率に対して有意に負の関係を持つことが示される。

続いて、住民投票を実施した地方自治体のその後を確認する。住民投票が実施された後、その結果は必ずしも拘束力を持って地方自治体の意思決定を縛っているわけではないため、住民投票で賛成多数となった地方自治体においても、必ず合併が成功するということにはならない。実際、賛成多数となった二八の地方自治体のうち、認められた住民投票の枠組みをもって、合併特例法の期限切れである二〇〇五年度中に合併の申請にこぎつけたのは九自治体に過ぎない。それ以外の自治体は、合併を行わないか、行うとしても住民投票で認められた合併協議会とは異なる枠組みを選択することとなった[20]。

他方、反対多数となった三八の住民投票を見ても、二八もの自治体が住民投票の結果にもかかわらず最終的に合併という決定を行っている[21]。反対多数となって合併協議会が設立されなかったものの、多くの自治体は他の枠組みを選択して合併を決定していくことになったのである。そして例外的に、合併特例法の期限内に、住民投票で否定されたはずの枠組みで合併した自治体として福岡県宮若市がある。また、合併特例法の期限が切れてから、群馬県吉井町と熊本県植木町が、それぞれ住民投票で否定された枠組み（高崎市・熊本市への編入）で合併を行っている。

以上の経緯をまとめたものが**表3**である。この表を見ると一目瞭然だが、住民投票で賛成が多数派であった地方自治体において、必ずしも合併行動が促進されたわけではなく、しかも可決された住民投票の枠組みでの合併が実際には困難であったことがわかる。住民投票で反対が多数となった自治体のほうが、住民投票で提案されたのとは別の枠組みで速やかに合併を決定しているのである。このような結果は、合併推進にあたって期待されたような住民発議の機能が働かなかったことを意味している。直接請求で住民投票が行われた自治体で賛成率が低いということも示すように、特定の枠組みで住民から合併を発議させることによって、自治体の内部での紛争が激しくなったことが一つの要因ではないかと推論できるだろう。

(3)　条例による住民投票――賛否を問う住民投票

合併協議会設立の住民投票と同様に、まず条例による住民投票を行った地方自治体の人口規模を確認する。**表1**からわかるのは、賛否を問う住民投票が、比較的規模の大きな自治体でも行われていることである。これは、自治体の領域をどのように設定するかという問題について最終的に住民の意思を問うというタイプの住民投票が、比較的大きな規模の自治体でも可能であるからに他ならない。規模の大きな自治体では、すでに述べた合併協議会設立の住民投票のように直接請求を必要とするものがそもそも難しいのは言うまでもないが、枠組みを問う投票についても行われていないのは、その点については長や議会を中心とした政治家によって決めるという傾向が強いからではないかと考えられる。

次に、賛否を問う住民投票について、やはり合併協議会設立の住民投票と同様に、財政力指数、人口規模、高齢化率、合併に関係する市町村数、想定される合併自治体に占める人口比率、住民投票のための直接請求が行われたかどうか（ダミー変数）を独立変数として用意して、住民投票における投票率と賛成率との関係を調べた(22)。さらに、賛否を問う住民投票については、合併を予定している複数の地方自治体が同じタイミングで住民投票を行うことがあることに注目し、それが投票率・賛成率にどのような影響を与えるのかを検証するためのダミー変数を設定した。

この回帰分析の結果は、**表4**に示されている。ここから読み取れることは、まず投票率について、人口が少なく高齢化が進んでいる自治体において高くなる傾向があることである。さらに、合併の枠組みにおける人口比が少なくなると投票率が高まる傾向も示されている。高齢者が多くて過疎に悩む地域が合併をするかどうか、というようなときに多くの人々の関心を集めて投票率が高まるというイメージであろう。そして興味深いのは、他の自治体での同日の住民投票の実施が投票率と負の関係を持っていることである。他の地方自治体で同時に住民投票が行われることで、仮に自分たちの自治体で賛成多数でも他の自治体で反対多数であれば合併は行われなくなってしまう。そういった環境のもとで、あらかじめ投票を棄権した有権者が多くなっていることは、住民投票制度を設計するときに注目すべきポイント

表 4　条例による住民投票（賛否投票）の投票率・賛成率についての回帰分析

従属変数	投票率	投票率	賛成率	賛成率	賛成率
財政力指数	0.003 0.09	0.002 0.07	-0.171 * -2.61	-0.171 ** -2.61	-0.170 ** -2.63
人口（対数）	-0.055 ** -5.91	-0.054 ** -5.86	0.029 + 1.68	0.029 + 1.69	0.010 0.55
高齢化率	0.425 ** 3.36	0.404 ** 3.21	0.152 0.65	0.148 0.63	0.273 1.16
関係市町村数	-0.004 -1.21	-0.003 -1.06	0.004 0.69	0.004 0.70	0.003 0.58
人口比率	-0.091 * -2.6	-0.066 * -2.11	-0.076 -1.29	-0.074 -1.22	-0.094 -1.6
住民直接請求	0.021 + 1.65	0.021 1.66	-0.012 -0.51	-0.012 -0.51	-0.005 -0.21
同日住民投票		-0.028 * -2.41		-0.005 -0.22	
投票率					-0.326 ** -2.75
定　数	1.122 11.50	1.122 11.60	0.286 1.59	0.286 1.59	0.661 2.95
N	279	279	270	270	270
F	49.28	43.81	2.01	2.34	2.82
Prob>F	0.000	0.000	0.055	0.032	0.005
Adj. $R2$	0.510	0.519	0.026	0.029	0.051

注：下段は t 値．

**は 1% 水準，*は 5% 水準，＋は 10% 水準で有意な結果を示した変数を表す．

賛成率のモデルでサンプルサイズが小さいのは，「投票率 50%」などの開票条件のために，住民投票を行っても未開票となった自治体が存在するからである．

表5　条例による住民投票の賛否と合併行動

合併行動＼住民投票結果	賛成多数	反対多数	未開票
旧法期限内に合併せず	43（27.6%）	95（83.3%）	3（33.3%）
その後合併	12（7.7%）	13（11.4%）	1（11.1%）
合併せず	31（19.9%）	82（71.9%）	2（22.2%）
旧法期限内に合併	113（72.4%）	19（16.7%）	6（66.7%）
住民投票の枠組み	104（66.7%）	10（8.8%）	6（66.7%）
住民投票と別の枠組み	9（5.8%）	9（7.9%）	0（0%）
合　計	156（100%）	114（100%）	9（100%）

注：賛成多数で住民投票の枠組みで合併したものの，旧法期限内の合併ではない唯一の事例として，栃木県河内町がある．

のひとつだろう。

賛成率について確認すると、財政力指数が高い自治体で反対が多くなるという傾向が見て取れる。財政力指数が高い自治体が低い自治体と合併すると、これまでにない負担が迫られる可能性があるために反対するという傾向が生まれると考えられる。ただし、この分析の際に注意が必要なのは、分析対象とする自治体の中に他と比べて極めて財政力の高い自治体として大阪府田尻町が存在することである。一九九九年度における田尻町の財政力指数は一・六二であるのに対して、田尻町を除いて分析対象となった地方自治体の財政力指数の平均は〇・四〇程度であるため、その数値は際立って高い。これを外れ値として分析から外すと、財政力指数の効果は非常に弱まることを留保しておく必要がある[23]。さらに、合併協議会設立の住民投票と同様に、住民の関心の高まりと賛否の関係を確認するために、投票率を入れたモデルを分析すると、同じように投票率が高い自治体で賛成率が低くなるという傾向が確認された。議論が盛り上がることによって、変化への反対が強まり現状維持志向が強くなると指摘することができるだろう。

住民投票を実施した地方自治体のその後を確認すると、栃木県河内町の事例を含めれば、賛成多数となった一五七の地方自治体のうち、一〇五の自治体が住民投票によって示された枠組みで合併していることがわかる。それに対して、四三の自治体が投票結果に反して合併せず、合併特例法の期限内に合併していない。しかし、そのうち住民投票を行った自治体の議会が最終的に反対することによって合併を断念したのは一三に過ぎず、三〇自治体は合併相手の自治体が住民投票で反対多数になるなどして破談になったものである[24]。そして、残りの九自治体についても、議会の反対や相手の変更などで枠組みを変えながら、合併特例法の期限内に合併を選択している。他方、反対多数となった一一四自治体を見ると、反対を押し切って住民投票で提案された枠組みで合併に至ったのは例外的な事例である浪岡町も含めて一〇自治体に過ぎない。枠組みを変えて合併特例法の期限内に合併した自治体を含めても一九である。九五自治体は住民投票の結果を受け入れてそのまま合併を取りやめ、そのうち合併特例法の期限切れ以降まで含めても、合併に至った自治体は一三にとどまっている[25]。

以上の経緯を**表5**のようにまとめると、合併評議会設立の住民投票とは異なって、条例による住民投票の場合には、基本的に住民の意思が反映されるかたちで合併・非合併の選択が行われていることがわかる。反対多数となった場合には、その枠組みで合併が強行されることは難しくなるというだけでなく、その後の合併自体行われにくくなっていることがうかがえる。それに対して、賛成多数の自治体の場合には、基本的にその枠組みで合併が行われているだけではなく、合併相手の自治体の都合で合併が流れた場合にも、異なる枠組みでの合併が模索されている傾向にあると言えるだろう。なお、投票率が議会の設定した条件を満たしていないということで未開票となった九自治体のうち、合併を選択した七自治

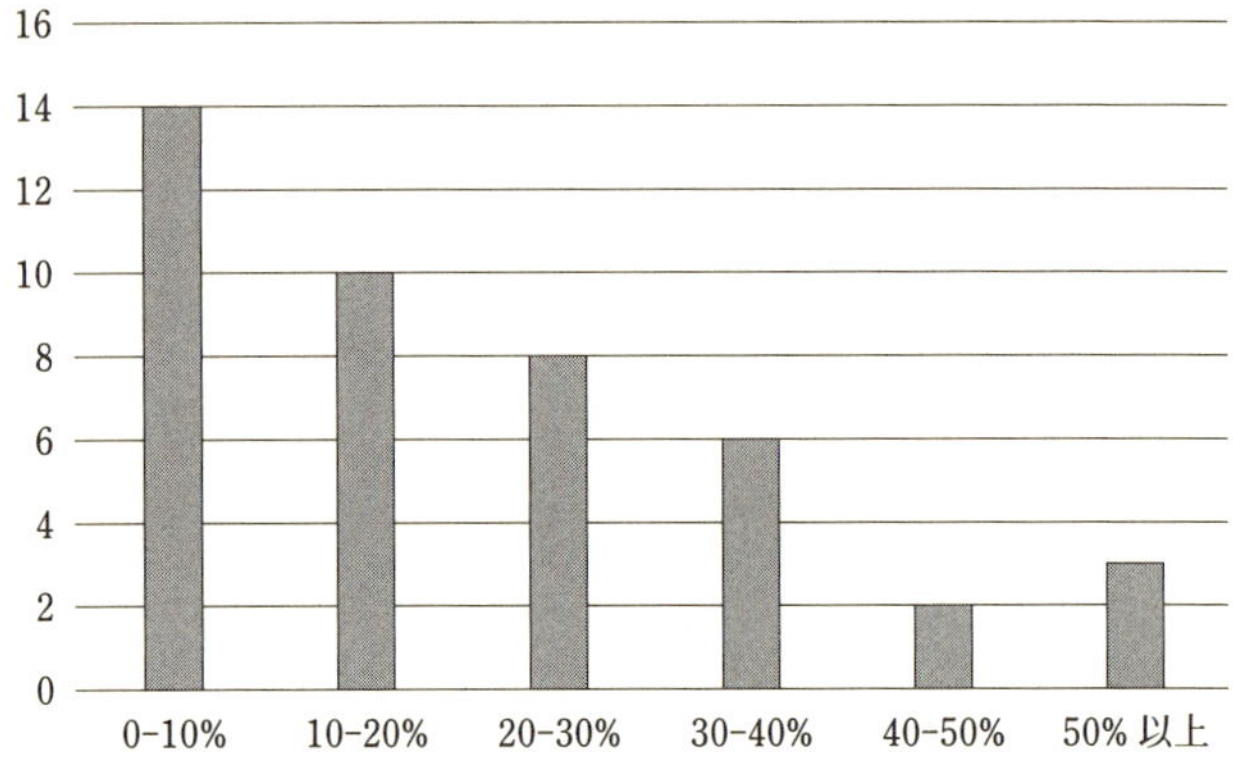

図 1　枠組み投票における「現状維持」の得票率

体は全て住民投票で提示された枠組みで合併を行っている。

（4）条例による住民投票——枠組みを問う住民投票

最後に、条例による住民投票のうち、枠組みを問う住民投票について検討する。枠組み投票の最大の特徴は、それが極めて多様性に富んでいるということである。選択肢の数についても内容についても、それを設定する自治体に委ねられるからである。六二の枠組み投票のうち、最大では五つの選択肢から選ぶことが可能とされていたが、五つの選択肢を唯一用意した佐賀県北方町では、投票率（四九・九八％）が開票条件（五〇％）を満たさずに開票されていない。それ以外では、四つの選択肢を用意したのが五自治体、三つの選択肢を用意したのが三八自治体、最小の二つの選択肢を用意したのが一八自治体となっている。

まず注目すべき点は、合併せずに自治体を存続させるという現状維持を選択することができるかという点である。この選択肢を用意したのは北方町も含めて四四自治体であり、一八自治体はそもそも現状維持という選択肢を用意していない。そのため、住民は自治体の側が用意した合併の選択肢からどれかを選ぶことを強いられるのである。さらに興味深いのは、その現状維持の選択肢がある場合でも、その人気が高いものではないことである（図1）。過半数を超えるような得票を獲得することは非常に稀であり、逆に一〇％の得票も集められないようなケースが多くなっている。

次に、枠組み投票の投票率と、現状維持の得票率がどのように決められるかを検討するために、合併協議会設立の住民投票・賛否を問う投票と同様に、財政力指数、人口規模、高齢化率、住民投票のための直接請求が行われたかどうか（ダミー変数）を独立変数として用意した。(26) 枠組み投票であるために、合併に関係する市町村数、想定される合併自治体に占める人口比率を独立変数として設定することはできず、その代わりに現状維持の選択肢があるかどうか（ダミー変数）と選択肢の数を新たな独立変数として用意した。さらに、現状維持の得票率についてはこれまでの分析と同様に投票率を独立変数として追加することとした。

この回帰分析の結果は、**表6**に示されている。投票率については、賛否を問う住民投票と同様に、人口が少なく高齢化率が高い自治体において高くなる傾向が確認できる。それに加えて、選択肢が多いこと、現状維持の選択肢がないことが投票率を下げる傾向にあることがわかる。どれを選んでよいかわからない、あるいは選びたい選択肢（＝現状維持）がない、というときには住民が投票しない傾向が強まると理解できるだろう。

議論すべきは現状維持の得票率である。選択肢が多くなるとそこに流れて得票率が低くなる傾向があ

表6　条例による住民投票（枠組み投票）の投票率・得票率についての回帰分析

従属変数	投票率	現状維持得票率
財政力指数	-0.026 -0.37	0.171 1.01
人口（対数）	-0.076 ** -4.43	-0.073 -1.56
高齢化率	0.316 1.61	0.158 0.30
住民直接請求	-0.036 -1.49	-0.037 -0.49
選択肢の数	-0.095 ** -3.68	-0.133 + -1.69
現状維持の有無	0.080 * 2.07	
投票率		-1.135 ** -3.41
定　数	1.575 8.47	1.998 2.77
N	62	43
F	17.47	3.15
Prob>*F*	0.000	0.014
Adj. *R*2	0.618	0.235

るほか、投票率が高くなると現状維持が選ばれにくくなっているのである。合併協議会設立の住民投票や賛否を問う投票の場合は、投票率が高くなると反対（＝現状維持）が増えていたのに対して、枠組み投票の場合にはそれとは逆の傾向になっているのである。これは、二択の投票が現状維持という「守るべきもの」を焦点化させるのに対して、枠組み投票の場合には、現状はどうあれどこと一緒になるかという相手先が焦点化されるからではないかと考えられる。議論のフレームの作り方によって、現状に対する態度が変わり

うることを示唆しているのである。

枠組みを問う住民投票において、合併しないという現状維持の選択肢が多数を占めたのは、四自治体に過ぎない。この四自治体はいずれも最終的に合併せず存続することとなった。現状維持と未開票の合計五自治体を除いた五七自治体では、一応合併という方向が示されることになり、そのうち四三自治体（七五％）が合併特例法の期限内に合併を実現した。三三自治体は住民投票の意向通りであり、一〇自治体は合併対象となる自治体の反対などもあって枠組みを変更しつつも合併を選択している。このような結果は、合併協議会設立の住民投票と比較すると驚くべきものがある。直接請求という住民の負担が極めて大きい活動が前提となる住民投票では、必ずしも賛成多数となるわけではなく、しかもその提案通りの合併が行われるのが一〇％程度であるのに対して、枠組みを選択する住民投票では、現状よりも枠組みの選択が優先されがちで、しかも多くが合併という結果に到達している。これは結局のところ、議会の許容という要因が極めて大きな意味を持っていたことを改めて示すものであると言えるだろう。

4　おわりに

本章の結論は、「平成の大合併」における住民投票はひとくくりにできるものではなく、住民投票を求める制度や選択肢の設定の仕方によって異なる理由で行われ、全く違う効果を持つということである。まず合併協議会設立の住民投票の分析からは、住民が積極的に発議していくことで合併は促進されるであろうという直観とは異なって、長や議会が消極的な中で住民が合併を求めても、合併が必ずしも進んでいないことが示された。議論の初期の段階で、特定の選択肢をめぐって自治体内で激しい紛争が生じると、住民投票の結果いかんにかかわらず合併が困難になることを意味すると考えられる。対照的に、やはり初期の段階に行われることもある枠組みを問う住民投票では、そこで合併が否定されれば議論が打ち切られる可能性も大きいが、現状維持かどうかではなく合併の枠組みを問うというかたちで議論を設定するために、「どこと一緒になればよいか」という検討をうまく盛り上げることで、その後発展的に合併が促進されやすいと理解できるだろう。

住民の意思とその後の自治体の決定が実質的につながるかたちで機能したのは、レファレンダムとして扱うことができる、賛否を問う住民投票であると言える。この住民投票で賛成多数となれば、基本的に設定された枠組みでの合併が進展し、反対多数となれば明確にその合併は行われなくなるし、仮に合併するとしてもそこから交渉をやり直すなどして非常に時間がかかることになる。このタイプの住民投票は、反対によってその合併に対する住民の拒否権を発動させるというかたちで機能したと考えることができるだろう。長や議会によって基本的に合併の方向性が決められたうえで、いわば民意を確認する意味で住民投票が行われることになったと考えられるのである。

そうであるとすれば、考えなくてはいけないのは、誰の発議によって住民投票を実施することができるかという点だろう。「平成の大合併」の場合には、議会が認めることで住民投票が行われていた。そのため、民意を問う気がない議会は初めから住民投票をすることはなく、合併反対派が議会において一定の勢力を占める議会において実施されたと考えられる。だからこそ、反対が多数を占めた場合にその意見が強い正統性を持ち、合併を断念することにつながったという面もある。

この点は、合併問題のみならず、住民投票全体を考えるうえでも重要だろう。浪岡町の例が示すように、住民の多数が反対するのは、必ずしも反対が議会で一定数を占める自治体だけではない。自治体の合併のように重要な問題を決定するときには、長や議会の少数派からの発議をより容易にすることや、一定の条件を満たした場合に必ず住民の意思を確認するという住民投票の手続きを制度化することも検討されるべきだろう。しかし、合併協議会設立の住民投票の事例が示すように、住民投票で地域社会の意思が表されたとしても、それだけでは実際の意思決定には結びつかないことは留意しなくてはならない。どのように住民投票を利用するとしても、住民の意思とすでに選ばれている代表の意思が乖離してしまうと、自治体を再編するという意思決定はできないのである。

【謝辞】　本稿の作成に当たって、貴重なデータをご提供いただいた総務省自治行政局市町村課に心よりの感謝を申し上げたい。また、関連する論文をご紹介いただいた広田啓朗先生（武蔵大学）にも感謝する。なお、本研究は科学技術研究費補助金（研究課題／領域番号 16K03470）の成果の一部である。

（1）　もちろん、国が地方自治体の合併を推進するのは、このような機能的な理由のみではない。たとえば、地方分権改革によって権限が増大した都道府県知事を政治的なライバルとみなす国会議員が求めるという主張（真渕 2001、西尾 2007）や、一九九八年の参議院通常選挙で敗北した自民党が、都市住民の支持を得るために非効率な町村を整理しようとしたという主張（加茂 2003）がある。また、実際に市町村合併という政策を主導する官庁である自治省（総務省）のアイディアの変化を強調する議論もある（木寺 2012）。

（2）近年のより精密に因果関係を検討する実証研究によれば、実際はこのような効率化も期待しにくいという（Blom-Hansen *et al.* 2016）。

（3）その他近年における同様の研究として、小規模自治体が含まれる任意に選ばれた二つの自治体の組み合わせのデータを用いて、人口規模が近い自治体同士が合併しているものの、財政的な格差がある自治体同士では合併していないことを示すものがある（Yamada 2016）。ただし、実際の合併は必ずしも二つの自治体の組み合わせで行われているわけではないので、やや解釈が難しい。

（4）合併特例法の期限切れ以降の合併については、一〇年とされていた期間が段階的に縮減されつつも、制度は維持されている。

（5）地方交付税交付金の先細りという点に関しては、地方財政ショックとも呼ばれた二〇〇四年の地方交付税（とりわけ臨時財政対策債）の削減が、多くの小規模地方自治体を合併に向かわせたことが指摘されている。

（6）新設合併の場合は、設置選挙において法定定数の二倍以内の定数が認められる。編入合併の場合は、元の地方自治体で特例的に選挙区として増員選挙を行うことが認められる。

（7）Hirota and Yunoue（2014）で分析対象となった五四九の合併自治体のうち三一三である。

（8）ただし、在任特例もあまりに度を超えると問題になることがある。二〇〇三年に四町二村の合併によって設立された山梨県南アルプス市では、法定定数の上限が二八人のところ、在任特例によって九五人もの議員を擁することになり、住民の激しい批判を浴びた。そのため、最終的には在任特例によって許された期間を全うすることなく、議会が自主解散に追い込まれている。また、今井（2008）では、在任特例の採用が時系列的に減少していることをもって、議員の在任特例に対する批判が強まっていることが論じられている。

（9）合併の対象となる地方自治体において、市町村長が議会への付議を行わなかったり、議会によって合併協議会の設置が否決されたりすると、その手続きは終了となる。

(10)　このほかに法律で規定される住民投票は、「一の地方公共団体のみに適用される特別法は、法律の定めるところにより、その地方公共団体の住民の投票においてその過半数の同意を得なければ、国会は、これを制定することができない」とする憲法九五条の規定に沿って行われる住民投票と、二〇一二年に制定された大都市地域特別区設置法に基づく住民投票のみである。

(11)　以上については、総務省（2010: 18）を参照。

(12)　後述するが、本章ではこのデータを用いて分析しており、総務省の分類についてそのまま従うものではないが、ここでは総務省による数字を示している。

(13)　たとえば照屋（2005）など。特に合併に対して住民の反対の意向が示されることが、地域における自主決定権のあらわれとして評価されるべきという見解は少なくない。

(14)　Miyazaki（2014）はあくまでも住民が合併を望む程度として住民投票の結果を分析しているために、合併協議会設立の住民投票と条例による住民投票を十分に区別していない。

(15)　浪岡町では、住民からの直接請求によるものも含めて、住民投票の議案が五回否決されており、この間に合併を推進する町長が別の直接請求によって解職されて、その後の町長選挙で合併反対派の町長が当選した。最終的にこの町長が専決処分で住民投票の実施を決定し、合併賛成一〇九七票に対して反対が六八四五票に上ったが、その三カ月以上前に青森市との合併が告示されており、住民投票が実施された二〇〇五年三月二七日の五日後の四月一日に青森市との合併が行われた。

(16)　この点でも浪岡町の住民投票は極端な事例を提供している。前町長の解職後に当選した町長は、議会の議決によらず専決処分によって住民投票を実施した。これは、合併をめぐる議論について定められた手続きから逸脱したものであるといえる。

(17)　すでに述べたように、総務省はこの間の条例による住民投票として三五二件を数えている（総務省 2010）。

しかし、この中には、ダブルカウントが一件あるほか、小学校五年生から高校三年生までを投票者とした北海道奈井江町の住民投票、競艇事業の存続と合併をまとめて尋ねた群馬県笠懸町、合併に関わる町長の解職請求の住民投票がカウントされている長野県真田町、合併の賛否と枠組みを同時に尋ねた群馬県吉井町、高知県中土佐町、高知県大野見村の事例と、選択肢を賛否にも枠組みにも分類できない岐阜県美濃市と広島県府中町、枠組みを設定せずに賛否を尋ねた長野県平谷村と奈良県山添村の計一〇事例を除いたため三四一件となった。

(18) 地方行財政検討会議第一分科会（第七回）資料三―一「住民投票の実施状況等」による。

(19) 財政力指数、人口、高齢化率を同時に投入したモデルではこのような結果が出るが、相互の相関関係が強いために、いずれかを真の要因であると考えることには留保が必要である。

(20) 残りの一九の地方自治体のうち、合併特例法の期限内に合併しなかったものが一二、異なる枠組みで合併したものが七である。

(21) この中には二回住民投票を行って、二回とも反対多数となった祁答院町も含まれる。また、合併特例法の期限切れ後に合併した地方自治体が四つあり、合計二八となる。

(22) 投票率については、青森県西目屋村、茨城県美浦村、新潟県六日町・大和町のデータが総務省調査でカバーされていなかったため、選挙管理委員会や新聞で発表されたデータを用いて補完した。

(23) 田尻町の次に財政力指数が高い自治体は大阪府高石市（一・一一）であり、財政力指数が両者の間で、かつ住民投票を行った自治体がないために、田尻町が単に外れ値であると言えるかどうかはわからないと考える。

(24) なおこの三〇自治体のうち、埼玉県騎西町、高知県春野町、宮崎県南郷町、鹿児島県蒲生町・屋久町は、合併特例法の期限切れ後に結局住民投票の枠組みで合併している。

(25) このような自治体は、基本的に以前と合併の枠組みを変えているが、合併特例法の期限切れ以降で、住民投票と同様の枠組みで合併に至った例外的な自治体として、山梨県増穂町がある。

(26) 投票率については、長崎県口之津町と南有馬町のデータが総務省調査でカバーされていなかったため、新聞で発表されたデータを用いて補完した。

【文献】

Baldersheim, Harald and Lawrence E. Rose, eds., 2010, *Territorial Choice: The Politics of Boundaries and Borders*, London: Palgrave-Macmillan.

Blom-Hansen, Jens, Kurt Houlberg, Søren Serritzlew and Daniel Treisman, 2016, "Jurisdiction Size and Local Government Policy Expenditure: Assessing the Effect of Municipal Amalgamation," *American Political Science Review*, 110 (4): 812-831.

広田啓朗、二〇〇七、「市町村の選択行動と合併要因の検証——平成の大合併を事例として」『計画行政』三〇（四）、七五—八一頁。

Hirota, Haruaki and Hideo Yunoue, 2014, "Municipal Mergers and Special Provisions of Local Council Members in Japan," *The Japanese Political Economy*, 40 (3/4): 96-116.

Hug, Simon and George Tsebelis, 2002, "Veto Players and Referendums around the World," *Journal of Theoretical Politics*, 14 (4): 465-515.

今井照、二〇〇八、『「平成大合併」の政治学』公人社。

加茂利男、二〇〇三、「『平成市町村合併』の推進過程——政策論理・推進手法・政治力学」『都市問題』九四（二）、二五—五一頁。

金井利之、二〇〇七、『自治制度』東京大学出版会。

木寺元、二〇一二、『地方分権改革の政治学』有斐閣。

城戸英樹・中村悦大、二〇〇八、「市町村合併の環境的要因と戦略的要因」『年報行政研究』四三、一一二—一三〇頁。

真渕勝、二〇〇一、「地方分権改革と政党」村松岐夫・水口憲人編著『分権——何が変わるのか』敬文堂、九一—一一二頁。
町田俊彦編著、二〇〇六、『「平成大合併」の財政学』公人社。
Meligrana, John, ed., 2004, *Redrawing Local Government Boundaries: an International Study of Politics, Procedures and Decisions,* Vancouver, Toronto: UBC Press.
Miyazaki, Takeshi, 2014, "Municipal consolidation and local government behavior: evidence from Japanese voting data on merger referenda," *Economics of Governance,* 15: 387–410.
中澤克佳・宮下量久、二〇一六、『「平成の大合併」の政治経済学』勁草書房。
西尾勝、二〇〇七、『地方分権改革』東京大学出版会。
Paddison, Ronan, 2004, "Redrawing Local Boundaries: Deriving the Principles for Politically Just Procedures," in John Meligrana, ed., *Redrawing Local Boundaries: An International Study of Politics, Procedures, and Decisions,* Vancouver, Toronto: UBC Press.
総務省、二〇一〇、『「平成の合併」について』(http://www.gappei-archive.soumu.go.jp/heiseinogappei.pdf)。
Swianiewic, Pawel, ed., 2010, *Territorial Consolidation Reform in Europe,* Open Society Institute.
武田真一郎、二〇〇四、「市町村合併をめぐる住民投票の動向と問題点」『月刊自治研』五四一、四五—五三頁。
照屋寛之、二〇〇五、「市町村合併と住民投票——伊良部町と多良間村の住民投票の事例研究」『沖縄法學』三四、一一三—一四四頁。
Tridimas, George, 2007, "Ratification through referendum or parliamentary vote: When to call a non-required referendum?" *European Journal of Political Economy,* 23: 674–692.
Yamada, Kyohei, 2016, "Crucial Decisions by Small Towns and Villages: Why Did Some Municipalities Choose to Merge Bus Others Did Not During the Nationwide Wave of Municipal Mergers in Japan?" *International Journal*

of Public Administration, 39(6): 480-491.
山崎重孝、二〇〇三、「基礎的地方公共団体のあり方」『自治研究』七九（一〇）、三—六四頁。

6章 「素人」の笑いとはなにか
戦後日本社会とテレビが交わるところ

太田　省一

1　はじめに

テレビにおいて「素人」という表現は独特の意味合いを持つ。

一般的な意味では、素人は玄人と対になる言葉である。その場合、素人は玄人、すなわち専門家やプロよりも当該分野において下位に位置づけられる。どんな職業や専門分野であれ、基本的に素人が玄人に勝ると考えられることはない。誰かを玄人と呼びうるには、十分な訓練や経験を経て相当の水準に達した知識や技芸が必要であり、素人はそのレベルにそう簡単に到達できるものではないと信じられているからである。

ところがテレビ、とりわけ笑いということになると、少し事情は異なってくる。

テレビの「素人」は、〝素人／玄人〟の一般的図式に還元されない意味合いを担っている。「素人」は、プロのお笑い芸人もかなわない面白さを秘めたものととらえられる。確かに訓練や経験を積んだ芸人のほうが技術的には優れているし、狙い通りに他人を笑わせることもできる。実際、寄席やライブなどにおいてのお笑い芸人は、そういうものとして期待されている。

だがテレビという場になると、「素人」にしか出せない面白さがあるという認識が確実に存在する。言い方を換えれば、「素人」は、それ自体で独立したカテゴリーをかたちづくっているのである。

たとえば、玄人にはなかなか出せないものとして「ユルさ」がある。笑いには呼吸や間（ま）が大切だとしばしば言われるが、それを心得ていない「素人」は、往々にして玄人が想定する呼吸や間からずれた反応をする。その意図せざるタイミングのずれを近年は「ユルい」と称するようになった。だがそれは単なる〝失敗〟ではなく、むしろ玄人には起こせないタイプの笑いを生むことがあるものとしてポジティブにとらえられるようになった。現在のテレビのバラエティ番組では、そうした「ユルさ」を演出意図として狙ったものも珍しくない。

また「素人」ならではの「お約束」の無視も、笑いにつながるひとつのかたちである。たとえば、テレビのなかの笑いのスキルのひとつとして「リアクション芸」と呼ばれるものがある。激辛料理を食べたり、熱湯風呂に入ったりする際、「辛い」とか「熱い」といった反応を、大げさだが思わず笑ってしまうような身体表現で見せる芸である。ところが「素人」は、そうしたパターン化されたリアクションを無視して（あるいは知らずに）平気な顔をして激辛料理を食べたり、熱湯風呂に何事もないように浸かったりする。ただそれも、お笑いの常識を外したところに生まれる笑いとして逆に肯定的に評価される。

現在、そうした「素人」の面白さを前面に出したバラエティは、各テレビ局で制作されている。だがなかでも「素人」が出演する番組の面白さに一日の長があると評価されているテレビ局が、テレビ東京である。

お笑いコンビ・さまぁ〜ずが毎回ひとつの街や場所をぶらぶら歩きしながら地元の人々と交流する『モヤモヤさまぁ〜ず2』、一般の外国人に空港で来日の目的を尋ね、その旅に密着取材をする『YOUは何しに日本へ?』、終電を逃がした一般の人々に帰宅のタクシー代を払う代わりに家のなかを見せてもらう『家、ついて行ってイイですか?』など、現在局を代表するバラエティ番組の多くが「素人」を主役にした番組である。

なるほど、「素人」が主役の番組はテレビ東京の専売特許ではない。歴史的に見ても、テレビは「素人」とともにあったと言える一面を持っている。

後述するが、たとえば敗戦直後ラジオで始まった『NHKのど自慢』（開始当初の名称は『のど自慢素人音楽会』）は、テレビにも受け継がれ現在も続く長寿番組の代表格だ。ほかにも六〇年代に落語家の先代・林家三平が司会で人気を博した『踊って歌って大合戦』（日本テレビ系）、六〇年代の終わりから七〇年代にかけて関西のテレビ局制作で全国的に人気を博した『プロポーズ大作戦』（朝日放送）、『パンチDEデート』（関西テレビ）、『ラブアタック!』（朝日放送）など、視聴者参加番組はテレビの歴史の重要な一角を占めるジャンルである。

だがテレビ東京は、そうしたテレビと「素人」の関わりに新たな一面を付け加えた。それは、先述したように、玄人（プロ）との対比ではなくそのものとして独立した存在であることを明確にしたということである。

では、なぜテレビ東京は、そうした「素人」主体の番組を数多くつくるようになったのか？　以下では、まずテレビ東京というユニークなテレビ局の歴史をたどりながら、同時にテレビのなかの「素人」の位置づけの変遷についてひとつの見取り図を得る。そしてそのうえで、戦後日本社会においてテレビというメディアが果たした役割について「素人」という側面から考察を加えてみたい。

2　テレビ東京から見る戦後

テレビ東京の愛され方

テレビ東京にまつわる半ば笑い話的なエピソードがある。

世の中を揺るがすような大きな事件や事故などがあると、テレビ局は予定された番組編成を変更して一斉に長時間の特番を組む。ところが首都圏にあるキー局のなかで、テレビ東京だけが何事もなかったかのように番組表通りアニメやB級映画を放送している。すると逆に「ああ、日本はまだ安心だ」と視聴者はホッとする、という話である。

現実にはテレビ東京が他局と同じように臨時特番を放送することもないではない。だが相対的に見て、テレビ東京だけがそうした場合に平常通りの放送をしていることが多いというのは確かだろう。

そこにはきわめて現実的な理由がある。テレビ東京は、在京キー局としては最後発で、比べると系列局も少ない五局のみ。全体でカバーする視聴可能世帯は全国の約七〇％にとどまっている（テレビ東京の公式HPより）。そのため、全国に支局や系列局を持つNHKや他の在京キー局に取材体制の面で後塵を拝することも多い。したがって、臨時特番を放送しようにもそう簡単にはいかない。裏を返せば、番組制作側にそうしたくてもできない事情があり、積極的に独自路線を選択しているわけではないということだ。

同じことは、予算面からも言える。『モヤモヤさまぁ～ず2』のプロデューサーである伊藤隆行によれば、テレビ東京の番組制作予算は、「ゴールデンタイムの番組だと他局の半額以下、場合によっては三分の一ということも」ある（伊藤 2011: 30）。したがって、他局であれば帯の情報番組やニュースを生放送している昼間や夕方には洋画やドラマの再放送、アニメを放送していたりする。その結果、なにか大きなニュースがあってもすぐに対応できないことになってしまう。

だが、先ほどふれたエピソードには、そのことを非難する側面は薄い。むしろそこには、「テレビ東京にはそうあってほしい」という視聴者の願望が見え隠れする。先ほどの言い回しを使えば、テレビ東京というテレビ局自体のそうした「ユルさ」、他局が緊迫した雰囲気であるところにひとりのんびりした空気感を醸し出していることを視聴者は好ましいものと見ている。そういうかたちでテレビ東京は、視聴者から〝愛されて〟いるのである。

とは言え、そうした評価を得るに至るまでには、テレビ東京が味わってきた苦難の歴史があった。

「東京12チャンネル」の誕生

テレビ東京が「東京12チャンネル」として開局したのは、一九六四年四月のことである。

日本のテレビ本放送が始まったのが一九五三年で、その年開局したのがNHKと日本テレビであった。次いで一九五五年にはラジオ東京テレビジョン（現・TBSテレビ）、一九五九年にはフジテレビが開局を果たした。

一方で、後でもふれるが、テレビを教育のために活用しようという動きがあった。その先鞭となったのが、フジテレビと同じく一九五九年に開局した日本教育テレビ（NET）（現・テレビ朝日）である。NETは、局名からもわかるように教育専門局として始まった。郵政省（当時）からの免許交付にあたっては、教育番組を五〇％以上、教養番組を三〇％以上という条件が課せられていた。

そして一九六四年、つまり東京オリンピック開催の年に同じく教育専門局として開局したのが東京12チャンネル、現在のテレビ東京であった。

ただ東京12チャンネルがNETとも違っていたのは、設立の主体が民間企業ではなく財団法人だったことである。政財界の後押しを受けて一九六〇年に発足した日本科学技術振興財団がそれである。そのなかのテレビ事業本部が、郵政省からの免許交付の対象であった。その条件は、科学技術教育番組が六

○%、一般教養番組一五%、教養・報道番組二五%というものであり、NET以上に教育専門チャンネルとしての性格が強かった。

そこには、その当時の時代性が感じられる。

「12チャンネル」というチャンネルは、それまで在日米軍がレーダー用として使用していたものであった。それが返還され、教育放送にあてられることになったわけである（注：地方では、12チャンネルはNHK教育テレビにあてられることが多かった）。

なかでも、日本科学技術振興財団が同時に開設した科学技術学園工業高等学校の授業としての役割があったことは特筆すべきだろう。この高校は通信制であった。当時の日本社会は高度経済成長期を迎えていたが、そのなかで不足しがちな労働力の有力な供給源となっていたのが、中学を卒業してすぐに集団就職で都会へやってきて働く若者たちであった。通信制高校は、そうした若者たちに働きながら高卒の資格が得られるよう設置されたものであった。

そのため、当初の東京12チャンネルは、民間放送でありながらCMを流さなかった。その分を埋め合わせるものとして財界からの協力金が当てにされたがそれも見込みほどには集まらず、さらに開局前の財界からの拠出金も財団が科学技術館や前出の工業高校の校舎の建設を優先したためにテレビ局舎建設のための借入金も重なり、開局直後から経営は苦境に陥った（テレビ東京25年史編纂委員会編 1989: 105）。

その結果、開局二年後の一九六六年には、最初は一二時間以上だった一日の放送時間が早くも五時間半となり、日によっては四時間までに減少した。それに伴い全社員の四割に及ぶ人員整理も行われた。

開局当時からの局員である石光勝が「開局して二年経つと、東京12チャンネルはもう死に体。開店休業の惨状でした」と述懐するほどの危機的状況を迎えたのである（石光 2008: 29）。

いくつかの再建案がその時点で検討され、最終的には一九六九年に日本経済新聞が経営参加することになった。それが大きな変化の第一歩となった。

日本経済新聞のバックアップを得た東京12チャンネルは、七三年には財団法人から株式会社になる。同時に放送免許も科学技術教育放送局から一般総合局になった。平たく言えば、既存の民放テレビ局と同様の〝普通〟のテレビ局になったのである。

さらに七五年に新社長となった日本経済新聞出身の中川順《すなお》は、就任早々「新社名」「新社屋」「新ネットワーク」という三つの目標を掲げた。そして七九年に経営の「再建完了」が宣言され、八一年には「テレビ東京」への社名変更、八二年には大阪と名古屋でのネット局開局による都市型ネットワークの構築、八五年には新社屋の完成と当初の目標を次々と達成していった（石光 2008: 36）。

「番外地」の制作スタイル

だが視聴率の面で他局に大きく後れを取る状況は、経営再建が成ってからも変わることはなかった。八〇年代のテレビ業界には、その状況を言い表す「三強一弱一番外地」なるフレーズがあったと言う（石光 2008: 9）。民放の平均獲得視聴率の順位を表したもので、「三強」が日本テレビ、TBS、フジテレビで「一弱」がテレビ朝日、そして「一番外地」がテレビ東京を指す。要するにテレビ東京は、他のテレビ局にとって視聴率争いのライバル以前の存在だったのである。

もちろんテレビ東京の制作現場はそのポジションに甘んじていたわけではない。視聴率という結果を欲する気持ちは他のテレビ局と変わらない。だが後発局であることや経営面での苦境から、他の民放と同じタイプの番組を作っても、ヒト、カネ、モノすべての面において不利であることは否めない。したがって、勢い他局ならあまりやらないような番組、「番外地」というポジションを逆手に取った番組に活路を求めることになった。

評論家の田原総一朗は、東京12チャンネル開局と同時に入社したひとりである。彼はディレクターとして数々の実験的かつ過激なドキュメンタリー番組を制作した。たとえば、「日本の花嫁」（七一年）という作品は、フリーセックスを信奉する元全共闘の集団の結婚式に入り込み、ディレクターの田原自らが全裸で花嫁とセックスをするというものだった。しかもこれは『金曜スペシャル』というゴールデンタイムの枠で放送された。

視聴率という結果も伴ったという点では、日本経済新聞が経営参加した一九六九年のドラマ『プレイガール』が挙げられる。お色気とアクションをふんだんに盛り込み、視聴率も二桁を記録したこの番組は、それまでの教育専門局のイメージとのギャップの大きさもあって、東京12チャンネルのパブリックイメージを変えるインパクトがあった（荒俣 1997: 357）。

さらにその方向性を決定づけたのが、翌七〇年に始まった『ハレンチ学園』である。永井豪の人気漫画が原作のこのドラマは中学校を舞台に生徒と教師がドタバタ劇を繰り広げるコメディであったが、

「スカートめくり」などのハレンチ描写がふんだんに盛り込まれていることでセンセーショナルな話題を呼んだ。ＰＴＡなどからは低俗と批判され「ワースト番組」にもなったが、最高視聴率二八・四％を記録するなど平均二〇％以上の視聴率を誇る屈指の人気番組になった（『テレビドラマ全史 1953～1994』1994: 201）。

このように、ドキュメンタリーやドラマといった既存のジャンルにおいて過激な企画で挑んでいく一方、他局にない新しいジャンルを開拓することにも熱心だった。

そのひとつが食、グルメである。

一九八三年にスタートした『クイズ地球まるかじり』は、食をメインにした番組として、初めてゴールデンタイムに登場した一時間番組だった（石光 2008: 48）。内容は、クイズ形式で世界各地の料理や食材を紹介するというもの。納豆など日本の食材を外国人にその場で食べてもらい、二度と食べたくないものを当てるクイズなど、食文化の違いを娯楽にしたパイオニア的番組であった。結局この番組は、一一年続く長寿番組になった。

テレビ東京のこうした番組制作の伝統を、前出の伊藤隆行は「最下位なりの勝ち方」と表現する。他局でもやっているような企画を放送しても、かけられる予算の差もあるので結局見劣りするものしかできない。だからそうした横並びの企画には目もくれず、インパクト重視のアイデア勝負、内容勝負の独自路線で挑むことが身についたスタイルになった、と伊藤は分析する（伊藤 2011: 24–32）。

3 「素人」という鉱脈

タモリのテレビ初出演と『所ジョージのドバドバ大爆弾』

では、笑いの分野においてテレビ東京はどのように独自路線を歩んだのか？

一九七六年には、『チャンネル泥棒！快感ギャグ番組！空飛ぶモンティ・パイソン』が始まっている。これは、イギリスのコメディアン・グループであるモンティ・パイソンの海外制作の番組を日本で放送したもの。彼らの笑いはイギリス流の知的ナンセンスと強烈なブラックユーモアにあふれたもので、それまでの日本のテレビの笑いにはないようなタイプのものだった。しかしそれもあってか、視聴率的には振るわなかった。

一方、この番組はタモリがテレビに初出演した番組でもあった。番組内に日本独自で制作されたパートがあり、そこにまだ福岡から上京して間もなかったタモリが登場し、得意ネタの「四か国親善麻雀」などを披露していた。

後にブレークしたタモリは、ビートたけし、明石家さんまとともに「お笑いビッグ3」と呼ばれるようになる。そのたけしとさんまも、まだ出始めの頃に東京12チャンネルに出演していた（石光 2008: 53-54）。

つまり、テレビ東京は、有望な新進お笑いタレント・芸人の登竜門的役割を担ったことになる。ところが、そうしたタレントや芸人は、売れっ子になるとともに他局の番組に移ってしまうということが当時から多かった。伊藤隆行が、「局とタレントの関係、予算、後発局で歩んできた歴史、チャンネルイメージなどなど、もろもろの要素」から、「テレ東の場合、どんなに情熱をこめて企画書を書いたところで、『その人は100％出ない』と言いきれてしまうタレントさんが結構いる」（伊藤 2011: 19）と現在も語る状況の発端である。

そうしたなか、存在感を発揮したのが「素人」だった。

一九七九年に当時人気上昇中であった所ジョージが初司会を務める『所ジョージのドバドバ大爆弾』が始まった。番組には毎回五組の一般人が登場してそれぞれ得意の一発芸や物まねなどを披露、その芸に審査員が付けた点数がそのまま賞金となる。そしてそこから番組が課すゲームをクリアすれば、最高一〇〇万円の賞金を獲得できるというものだった。出場者のなかには、まだプロになる前のとんねるず、野沢直子、春風亭昇太がいたことでも知られる。

視聴者参加番組という形態自体は特に目新しくはない。だがこの『所ジョージのドバドバ大爆弾』には、画期的とも言える部分があった。それはどういうことか、テレビと素人の関係史をたどりなおしながら、次項で明らかにしていくことにしたい。

笑いの民主化

『所ジョージのドバドバ大爆弾』は、公開生放送だった。毎週東京近郊の街に赴き、地元の市民会館などから放送された。そのスタイルには、『NHKのど自慢』を思い起こさせるものがある（高田・笑芸人編集部編著 2003: 205）。

前述の通り、『NHKのど自慢』は敗戦直後に企画され、一九四六年一月にラジオでスタートした。以後現在までテレビで続く長寿番組の代表格であると同時に視聴者参加番組の元祖的存在でもある。

番組を企画したのは、当時NHKにいた三枝健剛である。三枝は、この番組を「マイクの民主化」であったと述懐している。しかるべき訓練を受けていない素人の歌声が放送の電波に乗って流れることは、それまで非常識と考えられていた。したがって、「素人によるのど自慢」の企画に対して局内に反対の声も大きかった。しかし三枝は、その声を押し切って番組を実現させた（読売新聞芸能部編 1994: 341）。つまり、いまでこそ気軽に使われるようになっているが、「視聴者参加」という言葉は当初はきわめて大胆で、なおかつ新しい響きを持つものだった。

こうして歌の視聴者参加はいち早く実現した。だが笑いの視聴者参加は、なかなかそうならなかった。そこには歌にはない笑い固有の難しさがあると考えられる。歌に比べて笑いは、他者との関係性を前提にするからだ。

とりわけ日本の笑いは、室町時代の狂言以来二者間の掛け合いを中心とした「対の文化」として発展してきたという お笑い芸人・南原清隆の指摘もある（南原 2010: 100–103）。いまはその点についての歴史的検証は置くとしても、漫才という対の笑いへの注目を機に起こった八〇年代初頭の爆発的なマンザイブームが、現在の日本社会における笑いのひとつの原型になったことはおそらく間違いないだろう。

言い方を換えれば、日本社会において笑いはすぐれてコミュニケーションの側面を持つ。そうなると、そこには対人的な間や呼吸という問題も出てくる。そこには、上手か下手かということとは別に、個人の自己表現としてまずは成立する歌とは違った困難が伴うだろう。

しかし、それでも笑いの分野に視聴者が参加するにはどうすればよいのか？　その難題をクリアしてくれたのが、萩本欽一であった。

萩本は、坂上二郎とのお笑いコンビ・コント55号として六〇年代後半に一世を風靡し、世に知られるようになった。そしてその後、七〇年代になるとソロで活動するようになる。

その際、萩本が着目したのがプロではない「素人」の面白さであった。意図したものではない間や呼吸のずれは、プロの基準では〝失敗〟かもしれないが、その分意外性の大きさによってプロ以上の大きな笑いを引き起こすことがある。それを自分の司会する番組に登場した一般人で目の当たりにした萩本は、自分の企画・出演するバラエティ番組に積極的に「素人」を起用するようになる。そうして始まった『欽ちゃんのドンとやってみよう！』（フジテレビ系、一九七五年放送開始）をはじめとする「欽ドン！」シリーズや『欽ちゃんのどこまでやるの！』（テレビ朝日系、一九七六年放送開始）などはどれも高視聴率を挙げ、「素人」が続々と人気者になっていった。

ただし、その場には萩本欽一という笑いのプロがいることが大前提になっていた。たとえば、萩本が父親役となって子ども役に扮した「素人」に巧みに話（ネタ）を振り、それによって意外性のある反応を引き出すというかたちでこれらの番組の笑いは成立していた。いわばプロが「素人」をコントロールしていたのである。

『所ジョージのドバドバ大爆弾』が新しかったのは、そうしたプロのコントロールから「素人」を解放した点である。司会の所ジョージは、彼一流の軽い芸風で出場者を盛り上げることに徹し、批評的な言葉は口にしない。それは審査員も基本的に同様である。出場者によって点数の差はあっても、先述のようにそれはそのまま賞金になる。そのシステム自体が、「素人」を笑いの主役と認めるものだった。それは『ＮＨＫのど自慢』がもたらした「マイクの民主化」にならって言えば、「笑いの民主化」であった。

こうした流れは、八〇年代以降も引き継がれた。

たとえば、『天才・たけしの元気が出るテレビ‼』（日本テレビ系、一九八五年放送開始）は、ビートたけしが社長という設定の架空の商事会社が街おこしや視聴者の悩みを解決するバラエティだが、そのなかで番組が発掘したヘビメタバンドを組む独特の風貌の若者やちょっと変わったおじいさんなどが人気者になった。

また九〇年代に入ると、ドキュメンタリー要素を取り込んだドキュメントバラエティが新たなバラエティのトレンドとなる。そこでは、笑いの要素とともにドキュメンタリー的演出によって感動の要素が強調されるようになった。そのなかで、『進め！電波少年』（日本テレビ系、一九九二年放送開始）の「ユーラシア大陸横断ヒッチハイク」で人気者となった猿岩石のような若手無名芸人と並んで主役となったのが「素人」であった。不良の若者がプロボクサーを目指す姿をとらえた『ガチンコ！』（ＴＢＳ

テレビ系、一九九九年放送開始）の企画「ガチンコファイトクラブ」や一般男女の恋愛模様をドキュメンタリーとドラマを融合させた手法で描いた『ウンナンのホントコ！』（ＴＢＳテレビ系、一九九八年放送開始）の企画「未来日記」などが、その代表例である。

「素人」の〝凄さ〟の時代

とはいえ、そこにはまだ「素人」が独立した存在になりきっていなかった面もうかがえる。それは、「ガチンコファイトクラブ」にせよ、あるいは「未来日記」にせよ、「素人」の人生をゲーム化したものだったところである。そこには一定の期限までボクシングのプロテストに合格しなければならないとか、二人のあいだに本当に恋愛感情が生まれたとしても最後にはシナリオ通り別れなければならないとか、そうしたゲーム的なルールがあった。その点、「素人」は企画の主役ではあったが、自分の意思や欲望にまかせて振る舞うことは結局許されなかった。

ドキュメントバラエティの隆盛と同時期の一九九二年にテレビ東京で始まった『ＴＶチャンピオン』は、そこでも他と一線を画すものだった。

確かにこの番組も基本は競技形式で、その点ゲーム的であった。だがその競技性は、すべて「素人」の〝凄さ〟を見せるためのものであった点で、「ガチンコファイトクラブ」や「未来日記」とは区別しなければならない。言い方を換えれば、この番組は、拙さや失敗を面白がるのとは逆の方向性で、「素人」の持つ未知の力を浮かび上がらせるようなものであった。歴史的に言えば、〝主役は「素人」〟という『所ジョージのドバドバ大爆弾』のコンセプトをさらに発展させたものだったと言えよう。

たとえば、「素人」の〝凄さ〟の代表的なものは職人技である。寿司職人、和菓子職人といった伝統的な職人技から花屋や引っ越し業者といった身近な職業での技など、あらゆるタイプの職業にまつわる技が競い合われた。こうした各分野のプロがエンターテインメント的な演出のなかで新たに注目される流れは、一九九三年に始まり「鉄人ブーム」を巻き起こした『料理の鉄人』(フジテレビ系)にも通じているだろう。もちろんそうした人々は、それぞれの分野で抜きんでた技を持つ専門家ではあるが、バラエティという括りにおいては「素人」でもあった。

『TVチャンピオン』の場合、そうした職人的な技を競う企画にはもっと遊びに近いものもあった。レゴブロック、ダンボール、発泡スチロールなどを使って建築物、車や船、動物、有名人の似顔絵といった複雑な造形物や作品を作ったりするようなものがそれである。

もうひとつの〝凄さ〟の代表は、オタク的な分野での知識や技である。

そのなかには、いまあげた遊びのなかで発揮される職人技に該当するようなものもある。「プロモデラー王選手権」や「フィギュア王選手権」といった企画に登場する「素人」たちは、細部まで工夫を凝らした精巧なジオラマやフィギュアを制作し、その出来栄えで視聴者を感嘆させる。

とはいえ、典型的なのはマンガやアニメ、特撮ものに関する知識、すなわち「オタク文化」の中核をなすような分野についての知識を競い合うようなものである。この番組では、「アキバ王選手権」と題された企画が代表的なものだ。

二〇〇五年九月一五日に放送されたこの企画では、秋葉原の街中を主な舞台に声優、フィギュア、メイド喫茶などさまざまな得意分野を持つオタクたちが登場した。特定のアニメ作品の一場面における声優のセリフを当てるなどきわめてマニアックな問題に正解する彼らに対し、スタジオにいる出演者や観客は、好奇の目と賛嘆の念とが入り混じったような反応をたびたび見せていた。

ところで、同じようなオタク的知識を競い合う内容の先駆的な番組として、一九九一年から九三年にかけて放送されたクイズ番組『カルトQ』(フジテレビ系)がある。これは、従来の一般教養的な知識を競うクイズ番組の常識を覆し、ブラックミュージックや東京ディズニーランドなど特定のテーマについてのマニアックな知識を競う内容で大いに話題になった。そこでも少女マンガ、宝塚、ジャニーズなどについてのオタク的な知識を誇る「素人」が存在感を発揮していた。

しかし、『TVチャンピオン』と『カルトQ』には、見逃せない違いもある。それは、『カルトQ』がマニアックな知識の多寡に焦点を絞って見せようとしたのに対し、『TVチャンピオン』は、オタクたちの人となりまで見せようとした点である。たとえば、前述の「アキバ王選手権」では、出場者の自宅を訪れ、部屋を埋め尽くすほどのグッズのコレクションやマニアとしての独特のこだわりが紹介される。つまり、日常の暮らしぶりとオタク趣味の密接な関係を見せることで、彼らのキャラクターが浮かび上がる。そうした姿は趣味嗜好を共有していない人々にとっては異様にも映るが、他方で趣味を徹底して最優先した生活ぶりの〝凄さ〟によって感心してしまうようなものでもあった。

そして、こうした「素人」の〝凄さ〟を最も凝縮したのが、番組の代名詞的企画にもなった「全国大食い選手権」であろう。

競技に際し、テレビ番組にありがちな勝負の展開を盛り上げるための複雑なルールはない。ルールはいたってシンプル、一定時間内に同じメニューを誰が一番多く食べるかを競う。だがそれゆえに視聴者は、出場者の規格外の食欲に目を見張ることになる。

また出場者が食べるメニューがラーメン、寿司、ステーキといった私たちが日常よく食べるものがほとんどである点も忘れてはならない。そこには、私たちの日常の食生活がそのままスペクタクルなエンターテインメントに変貌していくような親しみやすさと興奮があった。

同時にその主役である出場者も、「大食い」と聞いて連想するプロレスラーや力士のような大きな体型ではなく、私たちのすぐ近くにいそうなごく普通の体型の人々であった。たとえば、デビュー戦でいきなり優勝し、のちにプロのフードファイターとなった小林尊は初出場時二〇代前半の細身の若者であったし、番組初期に「女王」の異名をとった赤阪尊子は、三〇代後半の小柄な女性であった。

要するに、そこには「素人」であることが強調される要素にあふれていた。そして「食べる」という日常の最も基本的な行為の延長線上にその〝凄さ〟が現れるという構図があった。

そこに視聴者は、現実的なものと超現実的なものが接続する快感を得ていたと言えるのではあるまいか。テレビが日常のなかにエンターテインメント性を求め、生み出していくメディアであるとすれば、この大食いの「素人」たちは期せずしてそうしたテレビの本質を端的に示していたのである。

多様化する「素人」へのアプローチ

こうして九〇年代から二〇〇〇年代にかけて、テレビは「素人」のメディアとしての性格を強めていった。冒頭にもあげた現在のテレビ東京を代表するバラエティ番組は、まさにその流れがあって初めて生まれたものだと言える。ここで改めて詳しく触れてみよう。

二〇〇七年放送開始の『モヤモヤさまぁ〜ず2』（以下、『モヤさま』と表記）は、お笑いコンビ・さまぁ〜ずが、街歩きをしながら地元の人々と交流する番組である。普段あまりテレビでは取り上げられない街や有名な街でも流行から少し外れたところへ行くというのがコンセプトで、そうした際に生まれる微妙な感覚が「モヤモヤ」と表現される。

それを体現するのが、番組に登場する「素人」たちである。この番組が人気を得た大きな理由のひとつは、日常のままの「素人」がそこにいるようなリアリティがあったからである。さまぁ〜ずが出会う「素人」の多くは、ボケとツッコミのパターンのようなテレビ的笑いの常識を意に介さない。ただし、それは敢えてそうしないのではなく、自分たちの暮らしのなかの行動規範にただ自然に従っているだけなのだ。

それは、テレビ的な笑いのパターンを熟知しているプロの芸人であるさまぁ〜ずにとっては奇妙であり、かつ新鮮でもある。だから二人は、そうした「素人」の振る舞いに対して即座にツッコんでパターン化された笑いにするのではなく、その「モヤモヤ」した雰囲気をむしろ増幅させようとする。そこに生まれる笑いは、従来のバラエティに慣れきった視聴者にとっても新鮮なものであった。そこに感じられる面白さは先述したように「ユルい」という表現で呼ばれ、新しい笑いのかたちとして市民権を得るようになった（太田 2013: 217）。

一方、二〇一四年に始まった『家、ついて行ってイイですか?』のような「素人」へのアプローチもある。終電を逃がした一般人に声をかけ、帰りのタクシー代を出す代わりに家のなかを見せてくれるようスタッフが頼む。そして了承した相手の家の様子や室内にある品物などをきっかけに、その人となりが明らかになっていく。

つまり、この番組もまた、『モヤさま』と同じく日常のなかにいる「素人」をそのままの姿でとらえようとする。ただし、さまぁ〜ずのようなプロの芸人はその場にいない。質問をするスタッフと思しき人間の声が聞こえるのみである。だから笑いを生むことが第一の目的なわけではない。日常と非日常の狭間にある真夜中というエアポケットのような時間が「素人」の意外な告白を引き出し、その人の抱えた様々な事情や紆余曲折のあった人生を一瞬浮かび上がらせる。『モヤさま』の街なかで出会う人たちはまだどこかよそゆきの顔をしているが、ここでは番組は、「素人」のより内面的な部分に入り込もうとするのである。

また『YOUは何しに日本へ?』も、「素人」の描き方として注目に値する。二〇一三年からレギュラー化したこの番組は、主に外国人の「素人」を主役にしている。来日したばかりの外国人に空港でスタッフが訪問の目的を尋ねる。そしてその内容が興味深いものであればその場で密着取材を申し出、承諾を得れば滞在中の様子が番組中で流される。

来日する外国人たちの目的は実にさまざまだ。「日本のアニメやアイドルが好き」といったオタク趣味が高じて訪れる人も少なくないが、ラーメン好きで食べ歩きのために自転車で日本中を回るという人、日本のハンコに魅せられて自前のハンコを作りたいという人など想像もつかない目的で訪れる人もいる。そこには当然、外側から日本を美化するエキゾチシズムのまなざしも含まれているが、『モヤさま』や『家、ついて行ってイイですか?』とはまた一味違う角度から私たちが当たり前に思っている日常の姿を照らし出し、再発見させてもくれる。

こうしたテレビ東京的な「素人」への多彩なアプローチは、いまやテレビ全般に浸透している。その好例は、マツコ・デラックスの出演する一連の番組だろう。

マツコの番組にも、実にたくさんの「素人」が登場する。むしろ「素人」の存在がメインだと言ってもいい。『月曜から夜ふかし』(日本テレビ系)は株主優待券で生活するプロ将棋棋士の桐谷さんという「素人」の〝スター〟を生んだが、それ以外にも街頭インタビューに多くのユニークな「素人」が登場する。ほかにも『マツコの知らない世界』(TBSテレビ系)に出演するさまざまな分野のマニアの「素人」、さらに『夜の巷を徘徊する』(テレビ朝日系)で街歩きをするマツコが商店街や飲食店で出会う「素人」など、その存在抜きに番組は成立しない。逆に言えば、マツコ・デラックスというタレント自体が「素人」の代表であり、「素人」のメディアとしてのテレビが生んだ象徴的存在という見方もできるに違いない。

4 社会的存在としての「素人」

「一億総白痴化」論の文脈

では結局、「素人」とは社会的に見てどのような存在なのだろうか?
それに答えるにはまず、戦後日本におけるテレビ、社会、そして「素人」の関係を簡単に押さえておく必要があるだろう。

日本でテレビの本放送がスタートした一九五三年の九月、開局したばかりの日本テレビで始まったのが『何でもやりまショー』である。司会はテレビタレント第一号とされる三国一朗。番組の内容は、アメリカの当時の人気番組『Beat the Clock』を参考にした視聴者参加型のゲーム番組、つまり「素人」が主役の番組であった。

番組中のゲームは、スタッフが考え出したユニークなものが多かった。たとえば、「公明選挙」をもじった「高迷先居」は六尺棒を立ててその上に座布団をどれだけ多く乗せるかを競うゲーム、同じく「乱反射」をもじった「卵反射」はピンポン玉をバウンドさせて卵の殻で受け止めるゲームであった(高田・笑芸人編集部編著 2003: 86)。

こうしたネーミングセンスやゲーム内容を見てわかるように、そこにはくだらないことを真剣にやるといういたずら精神が根底にあった。それは、現在のテレビバラエティにも脈々と流れているものでもある。

ところが、そうしたいたずら精神の追求が、あるとき大きな物議を醸すことになった。一九五六年、視聴者に向けて番組からあるゲームのお題が出された。それは、「野球の早慶戦の試合中、早稲田側の応援席で慶応の旗を振って、『フレーフレー慶応！』と三度連呼する」というものであった。そして、それに応じたひとりの一般視聴者（注：三国一朗が後に明らかにしたところによれば、実際は万が一騒ぎになったときのことを考えてスタッフが仕込んだ俳優であった（北村 2007: 28））が実行し、見事賞金五〇〇〇円を獲得した。ところが、そのことを知った六大学野球連盟が態度を硬化させ、翌日予定されていた日本テレビの早慶戦中継を拒否したのである（北村 2007: 18-29）。

この騒ぎにいち早く反応したひとりが、評論家の大宅壮一である。番組放送から四日後の一九五六年一一月七日付の『東京新聞』に、大宅は「マス・コミの白痴化」と題されたコメントを寄せた。「最近のマス・コミは質より量が大事で、業者が民衆の最底辺をねらう結果、最高度に発達したテレビが最低級の文化を流すという逆立ち現象——マス・コミの白痴化がいちじるしい。（略）恥も外聞も忘れて〝何でもやりまショウ〟という空気は、いまの日本全体が生み出しているものだが、新聞も時々〝白痴番組一覧表〟をつくって、それらが物笑いの種になるような風潮にしたい」（北村 2007: 34 より引用）。

これが後に有名になった「一億総白痴化」論の始まりとされる。『何でもやりまショー』は、それ以前から大宅をはじめとして多くの識者から指摘されていたテレビの娯楽偏重傾向、そこから生まれる退廃的気分への批判的まなざしの格好の標的になったのである（北村 2007: 89-103）。

つまり、大宅の「一億総白痴化」論は、テレビをめぐる議論のより大きな文脈に位置づけてみる必要がある。佐藤卓己によれば、それは、教育専門局の新設、テレビ放送免許条件における「教育・教養」番組比率の設定という新たな流れを引き起こした。一九五七年、チャンネル割り当ての増加とテレビ局の新設への要望が高まるなかで、政府は「教育専門局」設置の方針を打ち出す。そこから生まれたのが先述したようにNHK教育テレビとNETであった（佐藤 2008: 116-122）。

笑いの社会教育

このように跡づけてみると、テレビにおいて教育的機能と「素人」が担う娯楽性とは対立するもののように見える。繰り返しになるが、一九六四年に科学教育専門局として開局した東京12チャンネルの草創期の苦闘も、両者のジレンマによるものという解釈が可能だ。

しかし、他方で大宅壮一は、「一億総白痴化」論が教育専門局設置の方便に使われることには「テレビの〝白痴化〟も困るが、テレビの〝教育化〟もこれまた困りものである」と異を唱えていた。そして、「テレビによって、民衆の、社会教育を行う」ことによる「一億総利口化」を唱えていた（佐藤 2008: 114-115にある大宅の発言より引用）。

そうした〝民衆の社会教育〟がどのようなものでありうるかはさまざまだろう。だが、その実践のひとつが、実は笑いの教育であり、その立役者となったのが先にふれた七〇年代後半における萩本欽一だったのではあるまいか。言い方を換えれば、ここまで「素人」と呼んできたのは、笑いの社会教育を受けた民衆のことに他ならない。

一九七八年に萩本欽一が総合司会を務めたチャリティ番組、第一回の『24時間テレビ「愛は地球を救う」』（日本テレビ系）は、そうした民衆の存在が可視化された瞬間であった。このとき集まった募金総額は当初の予想を大幅に超える一一億九〇〇〇万円余り、平均視聴率も一五・六%という高いものだった。その理由のひとつが、番組中各所に出向いて募金を呼び掛けた萩本の存在にあったことは疑いない。

この番組を企画したプロデューサーである井原高忠は、後にこう回想する。「おそろしいと思いませんか？　欽ちゃんが、寝ないで呼びかけただけで、日本中の子供が、貯金持ってかけてくるっていうのは。ヒットラーの時代にテレビがあったら、もっとすごかったろうってよく言われるけど。彼が演説始めたら、あのベルリンの広場が『ハイル・ヒットラー!!』で揺れた、というんだから、もしあれを、テレビで世界中に流したら、世界中で『ハイル・ヒットラー!!』になっちゃったのかもしれない」（井原 1983: 230–231）。

確かにその光景は、井原から見れば戦後民主主義が理想とした市民社会の姿からはかけ離れたものに映ったかもしれない。分別のある自立した市民、つまり大人であれば、相手がテレビの人気者というだけで無条件に募金をすることはないはずだ、という考えが、「日本中の子供」という表現からも読み取れる。

しかし、募金に集まる一般視聴者を単純に「扇動される大衆」に重ね合わせることには疑問がある。というのも、萩本欽一によって笑いの教育を受けたような「素人」は、そもそもその教育者の予想を超える振る舞いや言動によって本領を発揮するものだったからだ。だから『24時間テレビ 愛は地球を救う』で「素人」は、チャリティの趣旨に賛同すると同時に、萩本や制作者側の予想を超えて、二四時間眠ることのないテレビの〝祭り〟にノッて見せたと考えることができる。その意味において、「素人」は少なからず主体的でもあったのではあるまいか。

テレビという「社会」

そのときテレビは、ある種の「社会」になったと言えるかもしれない。

一方でそれは、いわゆる世間に近いものである。〝以心伝心〟と表現されるような阿吽の呼吸でコミュニケーションが反復される空間としての世間。そのコミュニケーションのひとつの要素が笑いであることは言うまでもない。とりわけ七〇年代後半の萩本欽一に始まり、八〇年代のタモリ、ビートたけし、明石家さんま、さらには九〇年代のダウンタウンといった存在を通じて私たちは一種の〝教養〟として笑いの約束事を学び、それを実践することに喜びを見出すようになった。「ボケとツッコミ」「フリ」「ウケる」などといった「笑い」のボキャブラリーが、いつしか私たちの日常会話のボキャブラリーに収まった事実が、そのことを物語る。

ただしもう一方で、ここで言う「社会」とは、二者間の関係性、あるいはそれを制御する集団の規範が優先する世間とは異なり、個が尊重される空間でもある。

そのことを示す表現が、「キャラ」と「素」である。この二つは、現在の笑いのコミュニケーションにおいて、個に関わる二つの重要な要素である。

〝キャラクター〟の短縮形として定着した表現である「キャラ」は、その人の個性であると同時に、他者との関係において演じられるものである。

たとえば、メガネをかけていればその人は「メガネキャラ」が個の属性になる。だが同時に、そこから連想する「がり勉」であるとか「運動が苦手」とかいったステレオタイプなイメージに合った行動や発言を期待され、その通りになったとき笑いが生まれる。

しかし、日常の現実においてそれはずっと完璧に演じきれるものではない。必ずどこかでイメージにそぐわない地の部分が露呈する。だがその部分は「素」としてツッコミの対象になり、それもまた笑いにつながる。

このように、「キャラ」と「素」は多くの場合連動する。むしろ両者の往復運動が現在における笑いの主たるパターンとも言えるだろう。そこにおいてコミュニケーションと個の自己主張が両立する仕組みになっている。

その場合、「キャラ」と「素」の関係は、フィクションと現実のそれに置き換えることもできるだろう。現在の日本社会は、いわゆる〝疑似現実〟や〝シミュラークル〟のようにフィクションが貫徹する空間ではなく、外側の現実がいつの間にか入り込んでくるような曖昧さが笑いとして積極的に肯定される空間のように見える。

言い方を換えれば、それは、「ユルさ」が単なる偶然の産物ではなく、作為的に追求されるものになった空間である。たとえば、笑いが起きないことを前もって予測しながらあえてギャグをする「すべり芸」が近年認知されるようになったことなどには、そうした側面が強く感じられる。そこでは、〝失敗〟があらかじめ仕組まれたものになっている。「すべる」ことと「ウケる」ことがもはや等価になっているのである。

たとえて言うなら、「素人」は、笑いという社会的コミュニケーションの基礎を教育されるだけでなく、〝応用問題〟をこなすようになった。テレビは少なくともその点において、大宅壮一が望んだように一般視聴者を「利口」にしたのである。

5　おわりに

ここまで、戦後日本社会とテレビの関係を考える手がかりを「素人」という存在に求め、その固有のあり方について述べてきた。

では、今後「素人」はどのようになっていくのだろうか？

そこでひとつ思い浮かぶのは、インターネットの動画共有サイトに自作動画をアップしている少なからぬ人々の存在である。そのなかには何百万回、何千万回という再生数を獲得する「ユーチューバー」のような有名人も生まれているのは、よく知られる通りだ。

それは、表現の媒体としてはすでにテレビではない。そこに当然、「テレビからインターネットへ」

という時代の大きな変化を見ることも可能だろう。

しかし、そうした人々の動画を見ると、自己主張と承認欲求の入り混じったようなパフォーマンスが繰り返されながら、動画へのコメントを書き込む視聴者も含めた〝ユルい世間〟が形成されているのがわかる。そこには紛れもなく、戦後日本社会とテレビが育てた「素人」の系譜が見て取れる。言い換えれば、〝素人／玄人〟の図式に収まらない「素人」の最新版のひとつがそこにある。

この変化と継承のなかでいまなにが起こっているのか？　その検討については今後の課題としたい。

【文献】


荒俣宏、一九九七、『TV博物誌』小学館。

井原高忠、一九八三、『元祖テレビ屋大奮戦！』文藝春秋。

石光勝、二〇〇八、『テレビ番外地――東京12チャンネルの奇跡』新潮社（新潮新書）。

伊藤隆行、二〇一一、『伊藤Pのモヤモヤ仕事術』集英社（集英社新書）。

北村充史、二〇〇七、『テレビは日本人を「バカ」にしたか？――大宅壮一と「一億総白痴化」の時代』平凡社（平凡社新書）。

南原清隆、二〇一〇、『狂言でござる――僕の「日本人の笑い」再発見』祥伝社。

太田省一、二〇一三、『社会は笑う・増補版――ボケとツッコミの人間関係』青弓社（青弓社ライブラリー）。

佐藤卓己、二〇〇八、『テレビ的教養――一億総博知化への系譜』NTT出版。

高田文夫・笑芸人編集部編著、二〇〇三、『完璧版　テレビバラエティ㊅笑辞典』白夜書房。

テレビ東京25年史編纂委員会編、一九八九、『テレビ東京25年史』テレビ東京。

読売新聞芸能部編、一九九四、『テレビ番組の40年』NHK出版。

一九九四、『テレビドラマ全史 1953～1994 TOKYO NEWS MOOK』東京ニュース通信社。

7章 でも、社会学をしている

立岩 真也

1 それでも社会学をしていると思う1

私はこれから社会学について書くことがあるだろうか。またできるだろうか。長く社会学者が書いたものを勉強していないから、その意味では書けないように思える。山本泰先生がその最終講義で、普通の社会学（者）についての講義をきちんと学生にしてきたことがよくわかって、立派だと思った。そのようなことは私にはできない。

ただそれでも私は社会学をしていると思っているし、肩書のところには社会学者と書いてもらうし、これからもそのように言おうと思う。それは一つに、社会学に定義がないからだ。例えば（近代）経済学者にはある範囲の知識があり手法を使うことが必ず求められることになっているのと違って、何が社会学であるかは不明であり、それで何をしても自由だということであった。社会学者だと名乗ったところで何も言ったことにならないが、だからこそよいというのである。ただもう一つある。私は本当に社会学をしていると思っている。そしてそれを二つに分けることもできる。

一つめ。社会学は、近代社会がどんなものであるかを捉えようとする。そのまったく古典的な把握は、属性の社会から業績・能力の社会へというものだ。今さらそんなことは、学部向けの講義の初回ぐらいで簡単にふれてもあとはそのままということになっているのだろうが、それでも業績原理・能力主義はこの社会の最初にあって、おおまかには現在のものでもある。それについてとやかく言うのはまったく流行りではなかった。けれども私はそれが気になって、そのことについて考えて、ずっと書いてきた。最初の——一九七九年に大学に入ってから一八年経っていた——単著だった『私的所有論』(立岩 1997)という本はそんな本だった。初版はとても高い本であったにもかかわらずいっときけっこう読んでもらえたその理由はよくわからないのだが、「生命倫理的なこと」にその頃いくらかの関心が向けられていたことが関わっていたかもしれない。そんな雰囲気のなかで読まれ、その後その雰囲気はなくなったようだ。ただ私としては、それは題のとおり——「知的所有論」と読んでもらったことが幾度か、最近は英語版の表紙を見て「property」を「poverty」と思ったという人がいらしたが——所有についての本だった。学部の時の指導教員だった吉田民人先生の『主体性と所有構造の理論』(吉田 1991)以外そうした題の本は少ないのだが、所有とは、何に対して誰が権利や義務を有するかというまったく基本的な社会規範に関わる語なのだから、所有は社会学の基本的な主題ではある。そして近代化も、その規則、規則を巡る価値のあり方が変わったということだろう。その拙著で私は、ウェーバーもデュルケームもそれに関わる業績を残していると——デュルケームについてはやや強引に、だが——述べている。

そして私は、それを「規範論的」に考えてきた。よしあしの問題としてそれを考えてきたということだ。そのような道を行くのと行かないのと、どちらでもよいと思う。ただ社会学がその道を行ってならないというきまりはない。そして私の好みがそうだった。多くの社会学者は、屈折した、斜に構えた人であるかもしれない。実際にそうであるかはともかく、自分のことをそう思っているのかもしれない。ただそういう人も、しばらく長く生きていると、いろいろと腹の立つこともあり、なにか感じ入ることもあり、なにかを言いたくなる。そしてすこし偉くなると意見を求められたりする機会が増える。そうして「べき」を語る人たちの割合が多くなる。それも自由ではある。ただ、どうせ語るならば最初から種々考えて自分の立場を吟味しておいた方がよかろうとは思う。年をとってから「ケアが大切だ」みたいなことを人はしばしば言い、それはそれで間違いではないとしても、もうすこし前もっていろいろと考えてあって、それで言った方がよいだろうといったことである。

そんな先々のことを最初から思っていたわけではないが、ともかく私には最初からそういう志向はあった。山本先生——ここまで敬称あり、以下略——からいつどんな文脈であったかは記憶にないが、あなたには倫理的な嗜好（という言葉ではなかったと思うが）があるようだね、橋爪（大三郎）さんもそういうところがあるけど、といったことを言われたことがある。

2　そう思う2——社会の分かれ目について

二つめ。社会がいくつかの領域に分かれている、その諸領域の編成・境界設定がどうなっているのか（またどうあるべきか）という捉え方をし描き方をすること。これは私にとっては、一つめの主題の後にやってきた。一九九〇年に最初の共著の本『生の技法』を出してもらったのだが、その本になった調査をしているときにそのことを思った。学部の授業のその話の始まりなどでは、学生にわかってもらいやすいと思うから、その本に書いた話から始めることがあった。つまり、介助も必要でそれ以外にも暮らしていくためのものが必要な人たちがいる。その人たちは市場で自分の労働を売って必要なものをまかなうことができない。そうした人たちは、家族によって扶養・扶助されることになっていたし今でもおおむねそうなのだが、その家族を頼れない人頼りたくない人がいる。とくに頼れない人について、政府・政治が面倒を見るということになるのだが、そのために用意される施設がいやだという人がいる。そうして家や施設から脱走した人たちのことを私たちは調査したのだが、その人たちは当初、（介助については）ボランティアを頼った、しかし……という具合に話が続く。つまり市場、政治、家族、自発性の領域と社会は仕切られている。その仕切られ具合を見て、そのあり方を考えようというのだ。

私はそのように見ていくのもまた社会学の伝統に連なる道だと思う。政治学や法学は政治を対象にし、経済学は（主に市場）経済を対象にする。それはそれでけっこうなのだが、おもしろいのはそれらの間の境界、関係であり、社会学はそれを相手にすることができる。ただ四つという数が似ているというだけでないパーソンズの体系にもそんなところがあるだろう。ここでも一つ挿話。入学（一九七九年）したての一時、私はどんな性格のものであったのか記憶の定かでないゼミのようなものに出ていて、西部邁のグループ？にいてその話を聞いたことがある。彼は経済学の授業ももっていて板書している途中で数式がわからなくなったり学生の私語に怒って教室を出て行ったりという可愛いやんちゃな人でもあったが、パーソンズのことを口にしていた。『ソシオ・エコノミックス』（西部 1975）は一九七五年の出版。左翼をいくらかやり、近代経済学に移ったがそれにも馴染めなかった人が行く先としてそれはあっただろう。その後のことはよく知らぬこともあるゆえ略。その時にはそうおもしろいとは思わなかったパーソンズについても略。またやはり四の数になっているルーマンのメディア論と呼ばれるものも関係はしているはずだ。ルーマンは社会学者のなかでは数少なく人が既に知っていることでないことを言った人だと思うが、私にはすぐに必要になるとは思えなかったこと、そして当時（も今も）彼のことを研究する人は多く（私の同学年では奥山敏雄）、そうした人たちにまかせておけばよいと思って、自ら勉強することはなかった。自分でぼつぼつと考えていけばよいと思った。

九〇年に本が出た後、非常勤講師をしていた九二年頃、こんなことを考えていれば一生書くことには困らないにちがいないと思った。二〇〇頁ほどの『ＷＯＲＫＳ』という題をつけた資料を自前で印刷して配っていたのだが、それはそんな気持ちで作られたものだった。このことに関しては後で、「こうもあれることのりくつをいう——という社会学の計画」（立岩 2000）に書いて、それは中身はほぼそのまま副題を変えた「こうもあれることのりくつをいう――境界の規範」（立岩 2005）として書籍に収録された。けれども全体を総覧するような書きものはまだ書いていない。これは単純な構成の話でもあり、ざくっと書けるような気もするが、他方でいくらかでも本格的に取り組もうとすれば、前提的なことをいろいろと考える必要がある。例えば、市場においてもただで提供することは禁じられてはいない、するとと何が境界になるのか、「心性」なのか、といった問いがある。一つひとつ、それなりの分量を考えていく必要がある。私はそのなかの一つ二つから考えていくということになった。

そして、授業での受けを考えると、商品になるもの／ならないもの（なるべきでないもの）の境界という話をするのはよいと思って、その講義のための文章を書いたり、論文をいくつか書いたりした。具体的には「生殖技術」を扱うことになったのだが、その技術に切実な関心を有していたというわけではなかった。その論議は『私的所有論』に継がれている。そこでなされているのは、交換・分配の対象になるもの／ならないものについての議論であり、次に交換／分配の境界が議論の対象になる。するとそれは、市場／政治／それ以外の贈与の領域、その境界について書いたものということになる。

家族についての書きものはいま概略を述べたような関心の流れと、いくらか私的な事情とそしてその頃いくつか「理論的」な著作が出たことがあって書かれることになった。初めて（で今のところ最後に）『社会学評論』に投稿したのが「近代家族の境界」（立岩 1992）だった。そして上野千鶴子の『家父長制と資本制』は一九九〇年に出ている。私はその本が間違っていると思ったし、それ以前に様々よくわからなかった。それでようやく（九三年）就職した千葉大学の紀要に（四〇〇字詰）二二〇枚ほどの原稿を書いた（立岩 1994）。その前に日本社会学会と関東社会学会の大会で私はそこに書くことになったことの一部を報告した。その一つには上野と江原由美子も来てくれて、終わった後、会場だった東洋大学の白山校舎近くの喫茶店で話の続きをした記憶がある。また東京大学での上野の演習に呼んでもらったことがあるように思う。ただ、あることを言うと別の論点に流れていくといった具合で、論点を詰めて決着させるということにはならなかった。それからだいぶ経って、だいたいこのように考えればよいのではと考えたことを「家族・性・資本――素描」（立岩 2003）に書いた。それらは『家族性分業論前哨』（立岩・村上 2011）に収録した。その本は、（普通に）社会学をする人にもっと読まれてよい本のように私は思っているのだが、残念ながらそうはなっていない。私の仕事の出来不出来を棚に上げた上でのことだが、社会学をしている人に対する私のいささかの不全感はそんなところにもある。

二〇〇五年から始まった『現代思想』での「連載」は、当初はその話をもっときちんとしようと始まり、それで連載の題も「家族・性・市場」になっているのだが、一〇回ほどでそこから離れてしまった。そして、市場（経済）と政治（さらには家族、自発性の領域）の関係のあり方についての検討の方に移った。『私的所有論』の前からそろそろと、そしてその後、政治哲学と呼ばれる領域の様子がだんだんとわかった。そこでは政治経済の仕組みについての理論的な議論もいくらかはなされているようだった。その議論は所謂分配的正義を巡る議論であり、そんなこともいくらか受けて『自由の平等』（立岩 2004a）を書いた。そしてその時々に所得政策や労働政策にいろいろなことも起こり、いちおうのことを言っておくべきだと思ったこともあった。さきの連載がその方角に流れていくことになった。その頃私が勤める大学院にそういう方面に興味をもつ大学院生が複数いた——残念ながら今はとても少ない——こともあって、それらはその人たちとの共著になった。『税を直す』（立岩・村上・橋口 2009）、『ベーシックインカム』（立岩・齊藤 2010）が出ている。また『差異と平等』（立岩・堀田 2012）は、ケアの仕事が本来は無償の贈与としてあるべきだという堀田義太郎の文章と、贈与であることを認めた上で、義務としての贈与のために政治的再分配を支持するという私の原稿他でできている。ちなみにその連載は二〇一八年の二月号で一四二回になった。近年は医療や福祉に関わる現代史に関わることを書いている。そこも何冊かの本になったが、まだ本になっていない部分もたくさんある。かつてその雑誌に蓮實重彦——この人はよい映画を教えてくれる人であり、また思考の枠組みの違いのようなものによって一定気になる人だった——が「マキシム・デュカンあるいは凡庸な芸術家の肖像」という長い、いつ終わるかわからない連載をしていて、いったいこの人は…、と思ったものだが、それよりずっとどうしようもなく長い連載?をさせてもらうことになろうとは、もちろんその時には思わなかった。

こうしてこれまで書いてきたものをつなぎあわせれば、さらにそれに加えていけば、いくらか全体を描くものができていくかもしれない。ただその部分部分の全部を足したらひどく長くなるし、こうしていくらかは書いてきてもいるから、一つの本にするなら、「要するに」を並べたものになるだろうか。しかしそれははたして読んでおもしろいものになるのか。それ以前にわかる話になるのか。そして例えば労働の配分・分配と（労働以外の）財の配分・労働の分配をどう考えるか等、さきの「連載」にいくらか書いてはいるが、まだ本にしていない部分がある。結局そうした仕事を続けながら、ときどき、短い文章で、しかし本章よりは長い文章で、この本とこの本とはこんな具合に配置されているといったことを説明しお知らせするということになるかと思う。

3　社会的、はパスした

このように書けば、私がとても穏当な社会学者であると言い張れるように、私には思える。ただそうしてやってきたこと、あるいはやろうとしてきたこと、やろうとしていることは、その世界の流行というものからは離れたものであるようだ。

その間なにが流行っていたのか。私はほぼ知らない。知らなくともどうやらかまわないということがわかったというのが大学や大学院にいた収穫であったとも思う。学部のときは吉田民人のゼミにいた。大学院で山本泰を指導教員にした。山本ゼミの最初の大学院生ということだった。見田宗介を選ばなかったのには後述する事情もある。対して、山本の論文（山本 1977, 1979）は交信・交流についてより慎ましい認識を示していると思った。サモアのフィールドワークのことは後で知ったと思う。そして、議論をする場所としては言語研究会というものがあった。橋爪大三郎が中心にいた。私は何年かにその世話役のようなことをした。その前々の年が大澤真幸、前の年が宮台真司、頭がよく回り口の達者な人がたくさんいた。そこでだいたいのところがわかったような気がした。それで以後あまり勉強を足さなくてもよいように思った。

加えて私は、もうかなり長いこと大学院で働いているがそこは社会学の大学院というわけではない。それ以前は看護師などを養成する学校で働いた。それらでは普通の社会学を教えることは求められなかった。勉強せずにすんだのはそんな事情もある。

何が流行ったのだろう。例えばブルデューはだいぶ読まれたと思う。その人が言ったことについてとくに異論はない。ただそれは、おおまかにはみなが知っていることだと思った。その人に限らず、社会学者は、大きくは様々が「社会的」であることを言い続けてきたのだと思う。「構築（主義）」というものにしても、そんなものだ。ただ私はそれには、それだけであれば、あまり芸がないと思った。そのことを『社会学評論』の依頼原稿「社会的」（立岩 2004b）に書いた。

芸がないというその感覚は、より以前からあった、「主体性」を言うという立場からのものではなかった。主体性、そしてその語が流行らなくなると、今度は「創発性」だとかそんな言葉がそのときどきに現れた。そうしたものがあるかといえばある、と言ってよいのだろう。しかしそんなものがあると言ったところでどうなるのか。両陣営に分かれていると思っている人たちはそんな虚しさを覚えることはないのだろうか。そんなことを思っていた。

社会学全般においても、こうした仕方のなさの感覚もいくらか影響し、自己抑制が働くようになり、主体性など持ち出すのは素朴にすぎてよくないということになり、様々な場に社会的構築を見出すという仕事が多くなる。ただその人たちの多くはたんなる記述者ではない。構築されたものが、また構築されたことが気に入らないということがある。構築されていることを語ることは、他でもありうる（ありえた）ことを言うことだとなる。たしかに論理的には他の可能性があると言えることは多くあるだろう。ただ、その前に、どうして他のほうがよいのか、あるいはどのようにも規定されないことがよいのかである。そしてそれが言えたとして、どのような手があるかである。何かが作られるその成分を特定できるなら、その特定されたものに介入することによって、それを変えることができるということはありうる。しかしたいがい、そのような議論の手前にいてしまっているという印象を受ける。

例えば「再生産」の装置があるとしよう。ではその装置はどのようなものとしてあるのか。それを、世襲されるような属性がどうして業績の社会に入ってくるかという話であると解することはできる。さてその事実が明らかになったとして、なぜそれはあるのか。一つありうるのは、それで得をする人たちが利益を得ようとするからだというものだ。そのように言いたいのか。また再生産の装置をどうしたいのか。真正の業績原理を実現すればよいのか。そうでないとすると、では何を望むのか。そうした議論が少ないように思ってきた。

4　もっとよくできた話も結局パスした

わりあい早くからそんな気持ちになっていたのは、人間は社会的関係の結節点であるといった論を早くにずいぶん読むことになり、そのようにどうして言うのか、また言うことが何をもたらすかという思考にわりあい早くから曝されたことも関係するだろう。私は、それは多くの学友と同じでなかったが、学問というよりは「運動」のほうにいた。そのような場にいるから、最初にあげた所有についての、そして市場や国家についての議論をすべきだと思った。さきほどのは社会学の基本認識につながるという弁明・正当化だが、それは後付けの理由である。基本的な論点であるのにもかかわらず研究が少ない、すいている、だから学問の主題になる、なるからするというのも後付け的である。もっと単純にその問題は問題にされるべきだと考えた。

大学にはその時期に学生運動と呼ばれたような運動がまだ存在してはいた。所謂過激派が今よりも知られてもいて、実際いくつかの党派が構内に出入りするといったこともあり、各種集会でも見かけた。とくに学校に出入りする人たちは陰険な感じで、好きになれなかった。それらと距離をとりつつ、共産党の組織である民主青年同盟（民青）とは仲のわるい人たちがいた。駒場（教養学部）は民青が強かったが、それと仲がわるい人たちもいくらかはいた。文学部はその仲のわるい人たちが主導権をとっていた。私はそちらの側にいて、東大百年（祝賀）反対、とか、なんだかなあ（虚しいなあ）と思いつつも、間違っているとも思わなかったから関わっていた。その他、三里塚（成田空港反対）、赤堀（島田事件、赤堀政夫の無罪を主張）、狭山（狭山事件、石川一雄の無罪を主張）、種々の闘争があった。それらは、よくて無罪の人が釈放されるというぐらいのもので、資本主義だとか帝国主義だとかたいそうな言葉は被せられたが、個別のことを個別にやっていた。ただそれでも社会の全体は考えられていた。向かう方向は自由と平等、そして平和といった単純で明確なものに思われていた。そのための体制の転覆可能性といったわりあい真面目なことが考えられていた。それがなかなか支持されない、とビラを蒔いたりする人はたいがい思う。その鬱屈を実際あった東側の体制の崩壊に結びつける人たちもいる（多い）が、そうでもないはずだ。既に各種革命の後の国家がだめであることは十分にわかっていた。具体的にどんな具合にするかははっきりしないまま、どちらの方向に行くのかはわかっているように思い、その上で、人々はなぜそれを支持しないのかと思う。そうした発想は高慢だと嘲笑されるが、しかしこの問いはそう簡単に捨てられるものでもなく、また高慢であるからといってあらかじめ捨て去るべきものでもない。

一つに体制側の謀略にひっかかっているという説明がある、しかしそんなに単純なことでもないと思われる。騙されていると言うのだから、この説明はなお人々を見くびっているようにも思われる。すると単純に騙されているというのではない、人々の意識・選好の水準が問題にされる。そして、体制が、体制を支持するような選好を形成するという枠組みの話がなされる。真木悠介（見田宗介）の『現代社会の存立構造』は七七年に出されている。私が大学に入る二年前だったことになる。そのことに今はすこし驚く。その頃、後に堅実な社会学の業績をあげていく人たちが『ソシオロゴス』といった媒体に別様のものを書いている。例えば貨幣の廃絶の可能性を検討するという「マルクス的諸範疇の再定位」（福岡 1979）、「組織の存立構造論」（舩橋 1977）――ただ舩橋はずっと後に同じ語を含む著作（舩橋 2010）を発表し、初志からの連続を示した。

真木の本は、分業の発生と固定化、役割の固定化という道筋で、「所有個人主義」の現われ、業績原理が正しいこととされるに至る経緯を説明する。私の関心は最初からその所有（論）にあったから、それを読んで、卒業論文もその線で書いた。いっときそこそこに流行った社会学の「役割理論」というものを勉強してその論文にはそれらも使ったはずだ。

ただ、その道筋が当たっているとして、それは「実践」のためにものを読むという人には困ったことになる。つまり当該の体制において順応的な人に人間がなるなら、その体制もまた変わらないではないか。廣松渉――私は同じ時期、学部を終える前まで、やはり駒場のキャンパスにいたその人の著作を読んでいた――の「物象化」についての議論がマルクス主義者であり革命を支持することと辻褄があわないことはときどき指摘されてきたが、それと同じである。ただ、社会的であることと革命の可能性はたんに互いに相反するというわけではない。革命が成功し、社会が変われば、社会に人の意識は規定されるのだから、人が変わる。その後はうまくいく。まずそれは、具体的な道筋はよくわからないとしても、保証される。そのためには社会を、多くの人はその時には支持しないとしても、変える。それが革命だとなる。前衛主義が支持される。具体的ではないが筋は通っている。

ただそうすると、今度は革命がうまくいくか、どうもそう簡単なことではないということになる。なにか重苦しいからそれに効きそうな議論を求め、なかなかよくできている議論を読むのだが、結局重苦しい感じは残る。あるいはそこに作り出される。

こんなものに巻き込まれてしまった私は、うまく勘が働いていたとは言えないだろう。ただ、ややこしい話はそこで学習済みということにはなった。そこから離れることになった。回り路ということであったかもしれない。ただその過程で、「社会性」を言って廻ってもどうにかなるというものでないことはわかった。だからそれ以降さまざまに現れる、しかし大きくは同じ組み立ての話の限界というものはそれでわかったように思う。

5　代わりに

そうして私は、結局、普通に仕事をすることになった。ただその仕事の仕方はなかなか定まらなかった。

さきに社会的と言うことを続ける話が単純すぎるように思えたと述べたが、学部のときに勉強した議論の方がより立ち入った話をしていた。それはたんに社会的であることを言ってまわるというものではなかった。ことの因果を述べるものであった。ただそこには幾つか難点があった。その一部を前節に述べたが、さらに一つは、共同性をさきに立て、それをよいものとして後の話をしていこうという流儀だった。

分業の廃絶はそんなに悪いものではないし、とりようによっては極端に荒唐無稽というわけでもない。ただ廃絶された状態を起点におき、それを望ましい状態としたうえで、それが変化していくことによってよくない現状が現れるという筋の議論がなされる。思考の上に展開される疑似的な歴史、理論的に構築される自然史を逆に遡ることが道筋だと考えるなら、結局、個人を越えるのは共同・共働だというのである。共同性を否定する必要はない。それは事実存在し、また大切なものではあると思う。しかし共同・共働が十分な濃度で存在するときに労働や貢献の個別性が現れてこないという議論は、事実の水準において違っており、また規範的な主張をするに際しても採らないほうがよいと考えた。

それで、さしあたり手当たり次第に、私に発するものが私に還ってくるそのような構図ができていくことに関わる、またそれと別種の個人への種々の関与の実践についての歴史を見ていくという作業をすることになった。それは「個体の系譜」という修士論文になった（八三年提出）。勉強にはなったが、二年でそうたいした仕事はできなかった。風呂敷を広げすぎ、今にいたるもまだはっきりさせられないところもあった。罪の帰責と生産物の取得と、構図は似ているあるいは同じだが、いっしょではないそのいっしょでない所以については『私的所有論』で一通りのことを述べているが――贈与・交換の対象となるもの／ならないものという区分が、いっしょでないことに関わる――修士論文は両者についての記述が並べられているだけの不出来なものだった。覚えているのは、修士論文の審査の時、見田が珍しくその論文を批判したことだった。彼はそのような場では眠っているような位置取りをする人だったので、それは意外だった。ただ彼が何を気にしたのかそのときも私にはよくわからず、そしてそのままその記憶をなくしてしまっている。

それでも、そこから四つほどの論文はできた。論文として切り出すことはしなかった部分も含め、『私的所有論』の第6章・第7章に組み込まれた。修士論文で長々と書いたキリスト教の話が（長くはあるが）一つの註になっていたりする。本に組み込まれていない雑誌論文にはフーコーについて書いたものがある。その一つ（立岩）で私は『監獄の誕生』に記されていることが、刑法・刑罰の歴史をいくらか調べたことのある人にとってはかなり「普通」の話であることを書いている。それはその人の仕事が重要な仕事であったことを否定しない。ただ、「規律」「一望監視」といった標語によってなにごとかがわかったようにして思想が処理されるのはよくないことだと思ったし、思っている。

本格的な歴史研究を続ける、というより始めることができないのは明らかだった。種々の制約を考えればそうなった。また仮に可能であったとしても、他に優先したほうがよいことがあると思った。過去について書くことは、調べられてよいことがいっこうに調べられることがないので、簡単に入手できるものだけを使い、日本の戦後についていくらかを調べ、何冊かの本にした。ただ少しも終わらない。それらの「概説」のようなものを（社会学の概説よりさきに）出してもらおうと思っている。それはここ数十年かなり盛況であった「生政治」に関わる言説とどのような関係を有することになるのか、それはそこで記すことになるかと思う。

もとに戻す。どんな仕事をすることになったか。仕事をしたその順序については最初の本の序章の註12（立岩 1997→2013b: 61–63）に記した。補足する。

関係する本で私が最初に読んだのは、駒場の図書館で借りた『所有的個人主義の政治理論』（Macpherson 1962=1980）だった。これも訳本としては新刊ということであったわけだが、真木の本のときと同様、新しく出た本であることを意識した記憶がない。数年の間にもいろいろと起こっていたわけだ。そしてそこに出てくるロック他の著作を読んだ。それは容易に批判できるものだと思ったし、たしか卒業論文でもそして修士論文でも、後に『私的所有論』の第2章に記される批判を行なった。

それは一度やっておけばそれでよい、そう思ったところがある。ただ、おもには一九九〇年代になって生命倫理学や政治哲学の書きものをいろいろと読むようになると、私が批判の対象としたものが、強固に社会と学問に根付いていることを改めて感じることになった。だから一度だけ書いてしまえばよいということでもなく、幾度か、幾度も、論じなおすことになった。

同時に、言ってわかることなのだろうかという気もする。それを主題として取り上げ、そして批判する否定するという営みが伝わらないことを感じる。にわかに信じがたくもあるのだが、それはしっかりと根付いたものであって、反省・主題化の対象にならないように思われる。よって争いにならないということになってしまう。それとも、それでも、実際には通じる可能性はあるものなのか。まだあきらめるには早いかもしれない。そんなこともあって『私的所有論』の英語版を作った。やがてその本が何をしたのか、わかられることがあるのかどうか。批判されるのはかまわない。というか、批判される対象になるのはよいことだ。わかられることがあったらよいとは思う。

もう一つ、社会学科に進学してからディヴィスとムーアの社会的成層の機能~必要性を論じた古い論文（Davis and Moore 1945）を読んだ。こちらの方が扱いとしては面倒だった。つまりそれは、各人の選好を前提にすれば社会的成層~能力主義的社会は必然・必要であるという話なのであり、さきの「存立構造論」が問題にしたのも同じ場所である。そしてそこからこの機能主義に対する対処法を借りてくることもできないのだから、考えて言わねばならないことになる。

そしてそれはどのような体制を、あるいは体制でよしとするかに関わってくる。それはかつてははっきりしているように思われた。しかし実はそうでもない。どのような条件のもとでどの程度のことを実現できるのかを考える仕事はあると思った。結果、それは福祉国家の支持・護持というぐらいのことだということになるだろうか。そうではないと私は考えている。話の組み立ての違い、話の順序の違いは大切であり、無視されるべきでないと考える。そのような部分に注意が払われないと社会（科）学の力は大きく削がれると思う。

さきに私は、運動の側にいたと述べた。文学少年であった人間が文学や哲学のほうに行かず社会学のほうに行ったのは、非才・無能力ゆえということも大きくあったが、社会（が変わる）ことに関わるところでものを考えたいという思いはあった。筋がよかったかどうかは別として、熱心に読んだものもそうした関心に関わるものだった。であるなら、論理を辿り、仕掛けを組み上げていくという方角でものを書いていくことは「現実」にどう関わるか。もちろん、誰もが知っているように、理屈を言ったとしてそれ自体で現実が変わるわけではない。

一つ、「言語派」の人たちが言ってきたようになどと言う必要もなく、言葉は現実の一部であり、そこでの争い自体が現実を左右する。人を殺すなと言っても人が殺されることはあるが、言葉が行為に影響を与えることはある。何を言っても殺そうとする人はいるだろうし、損をする人は損な状態を続けることにはなる。行為と言説というより、言語を纏いながらなされる行いが何種類かあり、その一つがもう一つに直接左右することはないということである。そこは、ときには実力・暴力でしかどうにもならないこともあるだろう。ただ、実力を行使してまずは死なないという水準は維持したうえで、あるいはその水準は今は維持されるのなら、言論による主張、介入、煽動に意味のあることがある。

いくつかの事情があってここのところ長く障害だとか病気だとか身体に関わることを書いていて、それにずいぶんな時間をとられている。その仕事の一部は今述べたことと関わる。死は観念の外側にあるとしても、死は観念される。そして死を巡る観念の一部は、近代の所有の規則・価値とおおいに関わっており、それは死を駆動する。その装置を除去できたとしても人は死ぬが、言論に介入することで当座死なずにすむ人も出てはくる。だから繰り返しを厭わずものを書いていくことになる（立岩 2008, 2009 等）。

そしてもう一つ、これは『自由の平等』の序章で述べたことだが、どこに行くのかその方向がわかっていないということ、だからそれを考える必要もあるということだ（立岩 2004: 2）。具体的にどのような仕組みでいくのか、それを考えるのは言葉と論理による。

6　ポスト、もパスした

もう一つ、社会（科）学にあってきた捉え方は、「ポスト」というものだった。ポストモダンと言われたり、後期近代と呼ばれたりすることが様々言われた。ただ私は、「社会的」の人たちと同様、その話も理論としてどれほどおもしろいだろうかと思った。

たしかに、何十年もの時間が経つ間、ずっと同じということはない。例えば技術の進展にも伴った変化はあるだろう。ただそれは、そんなことに詳しい人がいて、そんな人が言ったり書いたりしたらよいと思った。他方私は、たいして変わらない部分、基本的な部分をみておく必要があると思い、その場所を取り続けることに決めた。

それが一つだが、それだけでもない。私にはその変化と言われるものがさほどのものでなく、そのさほどでもないものを大きく見ているように思えた。例えば消費社会論というものがあって、いっときかなり流行した。一九八〇年代はバブルの時代と言われる時代で、私（たち）にしてもそこで超然としていたわけではなかった。たしかにその消費社会を生きていたのではある。ただ、それが特段に新しい社会であるとは思えなかった。すくなくとも人間は太古の時代から記号を消費してきたのではないか。

他に、次に、例えば「再帰性」といった言葉が現れた。それもまた、なにごとも言っていないとは言わない。ただそれは時代の変化を記述する言葉なのだろうか。そして他にもいくつか標語があるようだが、似たように思うところがあった。そのように思うのは、おおむね、大学院生までのいささかの読書と耳学問と、あとはそれに基づく勘によるのであって、はっきりとした証拠があるわけではない。時間があれば、その判断の是非を確かめる仕事をするかもしれないが、他にすることがあって、そのほうが優先されるべきだと思うから、しない。

もちろん、何と比べてということがある。一つには本章の冒頭に述べた私が仕事の対象にしているものについては、変化を見るよりも、まず基本的な構造を見て、そしてそのことに伴う変化というものがあるのであればそれを見るということでよいだろうと思えたということだ。そしてもう一つ、もっと以前からあるものの見方と比べてということがある。

一九八〇年代にマルクスはまだ読まれてはいた。私もいくらかは読んだ。それは先述したように、革命の困難を思っていたからでもある。読んでいくつかはおもしろかった。その頃は先出の廣松渉が『ドイツ・イデオロギー』の翻訳のやり直しの作業をしていて、その細々した仕事の様とそれに投じられる情熱がなにか不思議でありつつ立派なものに感じられていたということもあった。ただ『資本論』はよくわからなかった。そして森嶋通夫の『マルクスの経済学』(Morishima 1973=1974) が既に出ており、橋爪大三郎がそうしたものを読んで私たちに解説してくれていた。橋爪には、その世代の人として「けりをつける」という思いがあったのだと思う——後の本に『労働者の味方マルクス』(橋爪 2010)。

私は経済学的・数学的なその議論を理解していたのではないが、きっと言われているように搾取の議論はうまくいっていないのだろうとは思った。それ以前に、もっと素朴に、労働価値説や搾取の話がうまくないだろうと思っていた。つまり生産者が(本来は)取れるという、私が検討し批判しようとしてきたものと同じ構図に乗っていると思われた。とすると使わないほうがよいということになる。そこで私の書きもののなかにはほぼまったく出てこないことになる。

しかしそれはまず、資本主義の後があるという見方をするのではあるが、それまでは大括りには近代の社会を一つにとらえる。ただ国境をもつ国家というものを固定してとらえることはなく、グローバリゼーションと呼ばれる事態を普通に、そして否定的にでなくとらえる仕組みにはなっている。そして生産、労働の場面を大きく見る。そうした構えの論である。そこまでのところはもっともに思えた。それに比べた時に、新しいものがそう新しくそしておもしろいかということである。

その流派の内部でもいろいろと「行き詰まり」のようなものがあったとされることからいくつか新しいものが出てきたのではある。そしてその部分は先述した「ポスト」他の新しい議論といろいろと混じってもいた。ただその新しいとされる部分がさほどのものと私には思えなかった。そうして、その後でも流行する方角についての見極めのようなものがついた、というかあまり勉強しないでおこうという気持ちになったということだと思う。

7　戻って、素朴唯物論は使えるかもしれない

むしろその唯物論から、それも素朴な唯物論から引き継げるものが二つあると現在は考えている。

一つは、生産力が上昇し、労働力（他）に余剰が生じているということ。そしてそれを未来のこととするのではなく、すでにそうなっているのだと把握すること。結局、私が廣松から貰ったものといえばそれだけで、そのことについて、これもべつだんその人だけが言ったというわけではないのだが、恩があるから、立岩（2004a: 287-288）他幾度かそのことは記している。そして、この認識は立岩（2003）等にも引き継がれている。近代家族を労働を多く（そして安く）引き出すための装置というのでなく余剰を調整する装置とみることも可能だと述べている。

一つは労働価値説、搾取の議論。わからないし使えない（使わない）と考えた後、それを規範的な主張・基準としてとらえると使えるのではないかといつからか考えるようになった。普通にはどこにもそ

んなことは書いていないということになるのだろうが、そもそも不当なできごとであるというのが搾取という理解・主張にはあるのだから、規範的な概念と考えることに基本的には問題はないと考える。次に、それは貢献、つまりは利用者にとっての価値に応じた生産者の取得というロック的な論と同じだと思われるかもしれないが、そう読まなくてもよい。搾取を素朴に言うその主張の素朴な版においては、その提起は、私たちはこんなに汗しているのに取られるのはおかしいというものだった。そして他方では、共産主義社会においては労働に応じた分配もまた不要になると言われるのだから、規範論的には生産・貢献の度合いと関係なく生活できることを基本においてかまわないということになる。そしてそれに対する労働・労苦に応じた上乗せ分があってよいという主張と見ることができる。そして実際に得られるものがそれより少ないのであればそれは不当であると、搾取されているのだと言うこともできるはずだ。実際、難しくよくわからないところが多々ありながら、ずいぶん長くその主張が支持されてきたのにはもっともなところがあるはずだと考えてみても、そう読むことの妥当性はあると私は考える。本章で述べてきたことのいくらかについては『現代思想』の連載の体をなしていない連載の一部「制度と人間のこと」(立岩 2012-2013) で述べたが、そのことを書いているその間に「素朴唯物論を支持する」(立岩 2013a) を置いた。読む人がいくらかでもいるなら書籍にするかもしれない。

こうして私は、かなり以前からある社会の把握の使えるところは適宜使いまわしながら、普通に社会学をやっていくという道があると思う。その時その時に書かねばならないことを書くことが先に立ってしまうから、その、積み木を積むようにという作業は後回しになってしまいがちだ。ただ私はそもそも、正しいことを一度書けばそれでよいという研究者の位置とはいくらか異なる場所から考えたり書いたりする仕事を始めた者だ。だから、幾度でも同じ話を長くあるいは短く書く仕事と、そうでない仕事の両方を、その調整はなかなかに難しいのではあるが、続けていくことになると思う。

【文献】

安積純子・尾中文哉・岡原正幸・立岩真也、一九九〇、『生の技法――家と施設を出て暮らす障害者の社会学』藤原書店。

安積純子・尾中文哉・岡原正幸・立岩真也、一九九五、『生の技法――家と施設を出て暮らす障害者の社会学〔増補改訂版〕』藤原書店。

安積純子・尾中文哉・岡原正幸・立岩真也、二〇一二、『生の技法――家と施設を出て暮らす障害者の社会学〔第3版〕』生活書院。

Davis, Kingsley and Wilbert E. Moore, 1945, "Some Principles of Stratification," *American Sociological Review*, 10-2: 242-249.

福岡安則、一九七九、「マルクス的諸範疇の再定位」『ソシオロゴス』三号。

舩橋晴俊、一九七七、「組織の存立構造論」『思想』一九七七―八。

舩橋晴俊、二〇一〇、『組織の存立構造論と両義性論――社会学理論の重層的探求』東信堂。

橋爪大三郎、二〇一〇、『労働者の味方マルクス――歴史に最も影響を与えた男マルクス』現代書館。

Macpherson, C. B., 1962, *The Political Theory of Possesive Individualism*, Oxford Univ. Press.（藤野渉・将積茂・瀬沼長一郎訳、一九八〇、『所有的個人主義の政治理論』合同出版。）

真木悠介、一九七七、『現代社会の存立構造』筑摩書房。

Morishima, Michio, 1973, *Marx's Economics: A Dual Theory of Value and Growt*, Cambridge University Press.（高須賀義博訳、一九七四、『マルクスの経済学――価値と成長の二重の理論』東洋経済新報社。）

西部邁、一九七五、『ソシオ・エコノミックス――集団の経済行動』中央公論社。

盛山和夫・土場学・野宮大志郎・織田輝哉編、二〇〇五、『〈社会〉への知／現代社会学の理論と方法（上）――理論知の現在』勁草書房。

立岩真也、一九八七、「FOUCAULTの場所へ――『監視と処罰：監獄の誕生』を読む」『社会心理学評論』六号、九一―一〇八頁。

立岩真也、一九九二、「近代家族の境界――合意は私達の知っている家族を導かない」『社会学評論』四二―二、三〇―四四頁。→立岩・村上（二〇一一、一八五―二一四頁）。

立岩真也、一九九四、「妻の家事労働に夫はいくら払うか――家族／市場／国家の境界を考察するための準備」『人文研究』二三号、六三―一二一頁、千葉大学文学部。→立岩・村上（二〇一一、五五―一六一頁）。

立岩真也、一九九七、『私的所有論』勁草書房。

立岩真也、二〇〇〇、「こうもあれることのりくつをいう――という社会学の計画」『理論と方法』二七号、日本数理社会学会、特集：変貌する社会学理論。→立岩（二〇〇五）。

立岩真也、二〇〇三、「家族・性・資本――素描」『思想』九五五（二〇〇三―一一）、一九六―二一五頁。→立岩・村上（二〇一一、一七―五三頁）。

立岩真也、二〇〇四a、『自由の平等――簡単で別な姿の世界』岩波書店。

立岩真也、二〇〇四b、「社会的――言葉の誤用について」『社会学評論』五五―三（二一九）、三三一―三四七頁。→立岩（二〇〇六）。

立岩真也、二〇〇五、「こうもあれることのりくつをいう――境界の規範」盛山ほか編『〈社会〉への知／現代社会学の理論と方法（上）――理論知の現在』勁草書房、一五五―一七四頁。

立岩真也、二〇〇六、『希望について』青土社。

立岩真也、二〇〇七―二〇一七、「もらったものについて・1～17」『そよ風のように街に出よう』七五―九一号。

立岩真也、二〇〇八、『良い死』筑摩書房。

立岩真也、二〇〇九、『唯の生』筑摩書房。

立岩真也、二〇一二―二〇一三、「制度と人間のこと・1～9――連載・78～87」『現代思想』四〇―六（二〇一二―五）、四二一―五三三頁～四一―三（二〇一三―三）、八一―一九頁。

立岩真也、二〇一三a、「素朴唯物論を支持する――連載・85」『現代思想』四一―一（二〇一三―一）、一四―二六頁。

立岩真也、二〇一三b、『私的所有論〔第2版〕』生活書院。

Tateiwa, Shinya, 2016, *On Private Property*, English Version, Kyoto Books.

立岩真也・堀田義太郎、二〇一二、『差異と平等――障害とケア／有償と無償』青土社。

立岩真也・村上慎司・橋口昌治、二〇〇九、『税を直す』青土社。

立岩真也・村上潔、二〇一一、『家族性分業論前哨』生活書院。

立岩真也・齊藤拓、二〇一〇、『ベーシックインカム――分配する最小国家の可能性』青土社。

上野千鶴子、一九九〇、『家父長制と資本制――マルクス主義フェミニズムの地平』岩波書店。→二〇〇九、岩波現代文庫。

山本泰、一九七七、「共存在様式としてのコミュニケーション」『思想』六三五、一九七七、六六三―七〇五頁。

山本泰、一九七九、「規範の核心としての言語」『ソシオロゴス』三号、一六〇―一七五頁。

吉田民人、一九九一、『主体性と所有構造の理論』東京大学出版会。

8章 社会が溶ける？
日韓における少子高齢化の日常化とジレンマ

相馬　直子

1　少子高齢化の日常化

現在、私たちは少子化と高齢化が進行しているのが当たり前の感覚で生活している。「少子高齢化社会」という言葉が使われはじめたのは一九九〇年代初頭からだが、いまやすっかり定着した。出生率や高齢化率という数字も新聞やテレビでよく紹介され、少子化と高齢化が当たり前に進行しているという私たちの「少子高齢化観」を刺激する。介護保険制度の導入による「介護の社会化」や、子育て支援制度の展開による「子育ての社会化」の時代に生きる私たちにとって、少子高齢化はもはや日常の一部になりつつある。

少子高齢化社会では、子育てや介護といった家族ケアの責任を社会的に分担しようという社会認識のもと、家族ケアへの公共的・社会的な介入（支援）が拡大してきた。家族ケアへの支援が拡大しているとは、見方をかえれば、家族ケアに対する社会的な統制や規制が増大しているともいえる。そもそもデュルケムは、社会的分業が進行するにつれて契約関係の発展のみならず、社会的規制下におかれるべき非契約的諸関係も同時的に発展し、その典型は家族生活から生じる責務に対する社会的規制であると論じた。社会的分業の進行とともに、家族的責務がより多くなり、かつ、公的性格を帯びる。そして、家族的責務が結ばれたり、解かれたり、変化している様式についての社会的統制が増大していく（デュルケム 1989: 336-341）。山本泰によれば、個人の論理が全面的に支配的になった社会とは、同時に、社会的なものの領域が拡大し、その機能が強化している社会であり、両者は互いに支持しあう媒介関係である。幾つかのルールの束としてある「制度」の複合的なセットとして社会の秩序を記述する新しい社会理論の文体が切り拓かれたわけだが（山本 1986: 38-39）、本章で問いたいのは、東アジアの日本と韓国社会を事例に、「当たり前のように少子高齢化社会があってしまうこと」や「人がごく自然に少子高齢化社会を生きること」が、どのような制度によって可能になるのか、である。

2 少子高齢化社会があらわれるとき――少子高齢化社会におけるケアをめぐる問い

(1) 産業化と人口構造の転換のサイクル

まず、私たちが少子高齢化を日常として生きることが歴史的サイクルの中にどう位置づけられるのか、ということから考えてみよう。

少子高齢化社会の成り立ちを考えるうえで、佐藤（2015）による「産業化と人口構造の転換のサイクル」図式は有益な枠組みである。このサイクルは、日本の不平等や格差の原因を長期的で根本的な社会変動から考えるために考案されたものであり、以下の（1）―（11）の段階から構成される。[1] この枠組みのポイントは二つある。第一に、サイクルの期間である。一連のサイクルにおいて、個々の社会の個別性が見いだされるのは、（3）―（5）または（6）の長さや、（7）―（11）の長さである。第二に、このサイクルに「いつ」巻き込まれたか（先発産業社会か後発産業社会か）というタイミングで異なる。後発であればあるほど、より急速に（3）―（5）または（6）の期間を通過して、（7）以降に突入する。それによって、（7）―（11）の変化を各社会がどんな形で経験するか、どう対処する（できる）かも変わってくる。

（1）大幅な出生率の上昇と乳幼児死亡率の低下
（2）若年人口の増加→初等・中等教育の普及
（3）大量の労働力が供給される
（4）軽工業や電子機器組み立て業の生産拠点として比較優位を獲得
（5）重化学工業の生産拠点も次第に移転
（6）社会全体の知識や技術水準の底上げを伴えば、独自の科学技術開発の体制も形成

（7）また女性や高齢者の社会的な地位が少しずつ改善され、家族のあり方も大きく変化

（8）（世帯規模の縮小と）出生力の低下

（9）生産年齢人口も停滞から減少へ移行

（10）本格的な高齢化社会を迎える

（11）（労働力の供給制約などから）ＧＤＰの成長率も〇％に近い超低成長になっていく

（2）日韓の経験

では、この「産業化と人口構造の転換のサイクル」図式に日韓の経験をあてはめて考えよう。ここでは佐藤（2015）の一一段階に一つ追加した一二段階を、第一ステージ（（1）・（2））、第二ステージ（（3）－（6））、第三ステージ（（7）－（12））と三段階に整理した。高齢化当初の時点と高齢化が本格化した時点とを分けた方がより変化をとらえられると考え、「高齢化の進展」という時点を「出生力の低下」時点の前に追加した（**表1**）。

まず期間について、日本では第一・第二ステージの期間が約四〇年、第三ステージの期間が二五年である。一方、韓国では第一・第二ステージの期間が三四年、第三ステージの期間は一八年と日本より短い。韓国は日本が二五年かけて経験したことを、約三分の一の期間短縮で、一八年で経験していることとなる。

次に、日韓のタイムラグについてみると、第一・第二ステージでは日韓で約三〇―三五年のタイムラ

表1　産業化と人口構造の転換のサイクルからみた日韓社会

	日本	韓国
【第1ステージ】 (1) 大幅な出生率の上昇（ベビーブーマー）と乳幼児死亡率の低下	1930-35	1960
(2) 若年人口の増加→初等・中等教育の普及		1965
【第2ステージ】 (3) 大量の労働力が供給される（人口ボーナス始点）[1] (4) 軽工業や電子機器組み立て業の生産拠点として比較優位を獲得 (5) 重化学工業の生産拠点も次第に移転 (6) 社会全体の知識や技術水準の底上げ→独自の科学技術開発の体制も形成		
【第3ステージ】 (7) 女性や高齢者の社会的な地位が少しずつ改善され，家族のあり方も大きく変化		
(8) 高齢化の進展（高齢化率7％に）	1970	1999
(9)（世帯規模の縮小と）出生力の低下（人口置換水準2.1以下に）	1974	1983
(10) 生産年齢人口も停滞から減少へ移行（人口ボーナス終点）[2]	1992	2013
(11) 本格的な高齢化社会を迎える（高齢化率14％に）	1995	2017
(12)（労働力の供給制約などから）GDPの成長率も0％に近い超低成長へ（成長率が1を割った時点）	1992	2009 (2015)

出典：佐藤（2015）をもとに，高齢化の進展（上記8)）を追加して筆者作成．
注：1）大泉（2017:33）を参考に記載した．
　　2）大泉（2017:33）を参考に記載した．

グがある。**表1**に示した（1）―（3）の項目は人口転換に関わる変化であり、人口ボーナスの始点でその変化をみることができる。人口ボーナスの始点が日本は一九三〇―一九三五年、韓国は一九六五年とすると、日韓では約三〇―三五年のタイムラグがある。若年生産年齢人口（一五―三四歳）のピーク年でみると日本は一九六五年、韓国は一九八九年であり、三四年のタイムラグがある（末廣 2014: 164）。

ところが第三ステージに入ると、日韓のタイムラグが二〇年程度に短縮する。「（8）高齢化の進展」を高齢化率七％の時点とみなすと、日本は一九七〇年、韓国は一九九九年と二九年のタイムラグとなる。「（9）出生力の低下」を、出生率が人口置換水準二・一以下になった時点とすると、日本が一九九二年、韓国が二〇一三年と二一年のタイムラグがある。「（10）生産年齢人口も停滞から減少へ移行」を人口ボーナスの終点ととらえた場合、日本は一九九二年、韓国は二〇一三年であり、二一年とタイムラグが縮まっている。「（11）本格的な高齢化社会を迎える」時点を、高齢化率一四％に到達する時点だとみなすと、日本が一九九五年、韓国は推計で二〇一七年とされ、タイムラグが二二年程度に縮まっている。最後の低成長の部分については、韓国は二〇〇九年にＧＤＰ成長率がはじめて一を割って〇・七一％となり一時持ち直したものの、二〇一六年の実質国内総生産（ＧＤＰ、速報値）成長率をみると一五年比二・七％で二年連続で潜在成長率の三％台を割り、二〇一七年も二％台の成長になる見通しから、韓国経済は本格的な低成長時代に突入している。[2] 日本はバブル崩壊後に一九九二年に経済成長率が〇・八二％とはじめて一を割り、その後「失われた二〇年」といわれる低成長期に突入した。

(3) 日韓の比較福祉国家論――レジーム論からタイミングへの着目

佐藤（2015）の「産業化と人口構造の転換のサイクル」図式のような巨視的なサイクルやタイミングに着目する議論ではないものの、東アジア福祉国家研究でもタイミングに焦点をあてた議論が展開されてきた。これらの議論を重ね合わせると、よりいっそう東アジア福祉国家の形成・変化の特徴を理解することができる。代表的に以下の議論が挙げられる。

まず日本の福祉国家論を牽引してきた宮本太郎は、後発福祉国家における開発主義の終焉という「一九七〇年代的な状況」と、グローバル化のインパクトが顕著に出ている「一九九〇年代的状況」を区別する。そして、「日本の七〇年代の福祉元年以降、それがストレートに福祉国家形成につながるのではなく、疑似福祉的な、あるいは代替メカニズム的な、企業福祉、公共事業と各種の保護・規制そして家族福祉の三位一体構造によって福祉圧力が吸収されてしまった」のに対して、「韓国や台湾はそうしたワンクッションがなかったために、二重の福祉圧力（開発主義の終焉とグローバル化：引用者注）がダイレクトに出ている」（宮本 2010: 406）と指摘する。

比較分析としては第一に、「資本主義発達段階・福祉国家成立のタイミング」から日韓の後発福祉国家形成時の特徴を説明する議論（金 2016）が挙げられる。資本主義における「いつの」段階に福祉国家が成立したかで、それに起因して動員しうる政策手段に相違が生まれ、その結果、雇用保障と社会保障のあり方、つまり福祉国家全体のあり方が変わってくると捉え、そこから日韓という「後発国」の違いを説明する。具体的には、雇用保障と社会保障を両軸にした日韓比較により、日本は、終戦直後から一九五〇年代にかけて工業化時代に福祉国家の成立を経験したのに対し、韓国では一九九〇年代後半から二〇〇〇年代のサービス化時代に福祉国家の成立を経験したと分析する。この金成垣の分析を、前述した「産業化と人口構造の転換サイクル」と重ねると、日本は**表1**でいう第二ステージ、韓国は第三ステージで福祉国家の成立を経験したといえる。

第二に、その圧縮的な家族変化の性質やタイミングによって、家族政策をめぐる問題化と政策アプローチが異なってくるという議論がある（相馬 2010）。この議論は前述の**表1**の第三ステージの冒頭にある「（7）女性や高齢者の社会的な地位が少しずつ改善され家族のあり方も大きく変化」の部分に相当する。ここで「家族変化」とは、出生率の変化と家族形成の多様化（流動化・グローバル化）、すなわち離婚の変化と、国際結婚の変化を含んでいる。また「圧縮性」とは、（1）変化のタイミングと組み合わせ（三つの変化が短期間で組み合わさって生じているのか、単発的な変化か）、（2）変化の程度（急な変化か、緩やかな変化か）、という観点から変化の性質を見ている。この三つの家族変化の性質がどうか――重なって変化しているか（圧縮性が高いか）、重なって変化していないか（圧縮性が低い）――という視点からみると、韓国は日本以上に圧縮的に家族変化を経験しているため、家族をめぐる問題化や政策選択が日本と異なっている（相馬 2010）。

第三に、高齢社会対策の展開の違いをタイミングの相違から説明する議論として、金・松江（2017）が挙げられる。金・松江は、西欧諸国とアジア諸国とのあいだには高齢化のスピードの遅速だけではなく、タイミングの相違がみられ、それが高齢社会対策の展開に異なる選択肢や制約要因を与えていると指摘する。これも表1の第三ステージにおける高齢化のタイミングとその政策選択という議論である。金・松江は、高齢化先発国の日本や西欧諸国と、高齢化後発国のアジア諸国（韓国等）では、半世紀以上のタイムラグがあり、同じ高齢化を経験しながらも、異なる環境的条件が制約要因となり、後発国は先発国とは異なる政策選択をせざるを得ない状況だと主張する。韓国は財政安定化を最優先するような政策選択、つまり社会保障制度では「保障性」を強化するより「持続性」の維持を重視した政策選択をしている（金・松江 2017: 13-15）[3]。

（4）福祉国家の質的な違い

これらの議論は、日韓の家族変化の圧縮性や、高齢化とその政策対応をタイミングの視点から問い直す研究であるが、いくつかの課題も挙げられる。

第一に、資本主義の発展段階だけで福祉国家の成立が決まるのか、また、福祉国家の成立とは、単一のタイミングしか存在しないのか、というそもそもの疑問が生じる。金（2016）は「資本制↓福祉国家」という図式で雇用保障や社会保障のクリアな日韓比較を描き出したが、本章の主題であるケアや家族政策・人口政策も、「資本制↓福祉国家」の図式で議論できるのだろうか。ケアや家族政策の場合、家族の変化や性別役割規範（ジェンダー規範）、さらにいえば「家父長制」（上野 1990, 瀬地山 1996）のありようによって、政策選択も規定されうると考えられる。であるならば、「資本制の発展段階↓福祉国家」という図式に重ねて、「家父長制（の変容段階）↓福祉国家」という図式でケア政策・家族政策の特徴を描き出すことができるのか。そして、両図式から見えてくる日韓福祉国家の特徴は同じなのだろうか。

第二に、福祉国家形成と人口・家族政策の関係である。そもそも福祉国家の形成と家族政策や人口政策の形成は表裏一体の関係である。「どのような福祉国家を目指すか」とは、①「国民」をどの範囲に設定し、②どのような量・質の「人口」を想定して統治するか、③「国民」を生み・育てる「家族」(や「女性」)をどう想定して統治するか、という国家の「国民」「人口」「家族」に対する考え方が根本にあると考えるからである(相馬 2013)。とすれば、ミュルダールの議論を持ち出すまでもなく(ミュルダール 2015: 3章)、国家が国民・人口・家族を統治するにあたっての人口・家族政策の展開と、福祉国家の形成との関係を説明することが重要な研究課題となる。

3 日韓社会の対応

では実際に、日本と韓国の家族の変化とともに、第三ステージ(表1)への移行を日韓社会がどのような形で対処してきたか、ごく簡単な素描にとどまるが主要な家族政策・人口政策を確認しよう。

(1) 圧縮的な家族変化と問題化の違い

まず、「家族変化の圧縮性」をみるために、合計特殊出生率(TFR)・粗離婚率(人口千人あたりの年間離婚件数）・国際結婚比率（夫婦どちらか一方が外国籍の婚姻数の割合）の三つの変化をみると、日本は三つの変化が緩やかであるのに対して、韓国は三つの変化が重なって変化している。つまり、韓国は少子化・離婚率上昇・国際結婚[4]の上昇が重なっているのに対して、日本の特に二〇〇〇年以降は、韓国のような離婚率の上昇も国際結婚比率の上昇も顕著に見られない。家族変化の圧縮性から見ると、韓国は家族変化の圧縮性が高く日本は低い（相馬 2010）。

こうした圧縮的な家族変化の違いは、日韓の少子高齢化社会における問題化の違いをもたらす。すなわち、日本では一九八九年の合計特殊出生率が一・五七を記録し、一九九〇年「一・五七ショック」と社会問題化したが、あくまでも問題になったのは、少子化問題単体であった。一方で、韓国の場合は二〇〇二年の合計特殊出生率が一・一七、二〇〇三年が一・一九を記録したことから、「一・一七ショック」「一・一九ショック」と少子化問題が社会問題化した点では日本と共通しているが、二〇〇三年に婚姻件数に占める離婚件数の割合でみた離婚率が五四・八％を記録し、離婚率の上昇も社会問題となった。韓国では少子化問題と離婚率上昇問題とが接合した形で社会問題化したのであり、この点が日本と決定的に異なる点である（相馬 2010）。

(2) 日韓の政策対応と政策論議

日本は第三ステージ（表1）への移行を持続可能性の低い社会保障制度の導入と、男性稼ぎ主型社会政策・雇用慣行の中途半端な改革で対応してきた（佐藤 2015）。戦後、日本政府は人口抑制政策を実施

表2　日本と韓国の家族政策をめぐる動き

年	韓国	大統領	日本	総理大臣
1984	女子差別撤廃条約批准	全斗煥 チョン・ドゥファン		中曽根康弘
1985			女子差別撤廃条約批准，第三号被保険者制度の形成	
1986			男女雇用機会均等法	
1987	男女雇用平等法，民主化宣言			
1988				
1989	育児休暇制度		ゴールドプラン	
1990			（出生率 1.57 ショック）	
1991	乳幼児保育法			
1992			育児休業法	竹下登
1994		盧泰愚 ノ・テウ	男女共同参画室，エンゼルプラン	宇野宗佑／海部俊樹
1995	女性発展基本法			宮澤喜一
1996	人口抑制政策に終止符		法制審議会が選択的夫婦別姓制導入等の「民法の一部を改正する法律案要綱」答申，育児・介護休業法	細川護熙／羽田孜
1997		金泳三 キム・ヨンサム	介護保険法	村山富市
1998				
1999	女性差別禁止法，女性企業支援法，保育無償化一部開始		新エンゼルプラン，男女共同参画社会基本法	橋本龍太郎
2000	国会議員クオータ制	金大中 キム・デジュン	保育所の設置運営主体制限の撤廃	小渕恵三
2001	女性省設置		男女共同参画局設置，待機児童ゼロ作戦	森喜朗
2002	女性科学技術者育成および支援に関する法律			小泉純一郎
2003		盧武鉉 ノ・ムヒョン	少子化対策プラスワン 少子化社会対策基本法・次世代育成支援対策推進法	
2004	乳幼児保育法改正（普遍主義的保育政策へ転換），幼児教育法，健康家庭基本法 （出生率が 1.30 を下回る）		少子化社会対策大綱	安倍晋三
2005	低出産・高齢社会基本法			福田康夫
2006	第 1 次低出産・高齢社会基本計画，第 1 次中長期保育計画，積極的雇用改善措置制度		認定こども園法，「ジェンダーフリー」用語の不使用通知	麻生太郎
2007	家族親和社会環境の造成促進に関する法律	李明博 イ・ミョンバク	「子どもと家族を応援する日本」重点戦略，ワーク・ライフ・バランス憲章	鳩山由紀夫 菅直人 野田佳彦
2008	戸主制度廃止，ファミリー・フレンドリー企業認証制，老人長期療養保険制度			安倍晋三
2009	第 2 次中長期保育計画，幼児教育先進化計画			
2010	第 2 次低出産・高齢社会基本計画		子ども・子育てビジョン	
2012	保育所運営委員会設置義務化		子ども・子育て支援法 女性の活躍を成長戦略に位置づけ	
2013	時間選択制雇用活性化計画，3-5 歳課程一元化			
2014			子ども・子育て新制度	
		朴槿恵 パク・クネ		

資料：池本・韓（2014:38）に筆者が加筆修正した．

してこなかったものの、一九六〇年代の新生活運動の中で工場労働従事者の世帯を対象に、事実上の出産抑制を促す家族計画の奨励や合理的な家計運営の指導を企業側が行ってきた経緯がある。一九八〇年代には税制や年金制度における専業主婦優遇措置等の男性稼ぎ主型の社会政策が形成され（大沢 1993, 横山 2002, 堀江 2005）、一九八〇年代から高齢化対策、一九九〇年代から少子化対策やワーク・ライフ・バランス政策がスタートした。安倍政権では「女性活躍推進」という枠組みで施策が展開している（**表2**・右）。

一方、韓国は朝鮮戦争、その後の米軍占領下の後、一九六〇年代の軍事政権を経て、「漢江の奇跡」と呼ばれる高度経済成長期は、人口抑制政策が強化された時期である。一九六一年より人口抑制政策が開始され、一九六〇年から一九八〇年の二〇年の間に、合計特殊出生率は六・〇から二・八へと約半減した。一九八〇年代後半からは、「人口抑制だけではなく、人口資質の向上も行われなければならない」と政府は強く認識し、いわば「一人っ子政策」が打ち出され、「少なく産んで、よりよく育てる」という政策が、国家・経済的発展という命題のもとで導入されていった。国民の間にも「少なく産んで、よりよく育てる」という考え方が浸透し、近代家族の大衆化が進んで急速な少子化が一気に進んだ。一九九六年に人口抑制政策に終止符が打たれたが、一〇年も経たないうちに、韓国政府は少子化対策に舵をきりかえた（相馬 2005）。金大中政権・盧武鉉政権が女性運動等の市民運動の支援で誕生し、女性省の設置、戸主制の廃止、無償保育の実施など、日本以上に家族政策の拡大が進展した（**表2**・左）。文在寅新大統領は、「生涯オーダーメード型所得支援制度」により国民すべてが貧困から安全な国をつくることや、保育と高齢者ケアなどの社会サービスを国家が直接に提供する基盤をつくることを公約として掲げて政権運営をスタートしている。

(3) 学術知――福祉レジーム論の流行と将来世代の生成

政策形成の現場での政策論議では、「過去どうやってきたかの延長上に現在何ができうるのか」という実際のあり方に注目した議論が展開される傾向にあるが、日韓の福祉国家研究でも「福祉レジーム論」が一九九〇年代から流行し、制度導入と展開が直結するような学術知が生産されてきた。日本における福祉レジーム論の拡大については金(2016)の1―2章において簡潔に整理されているので詳細は同書にゆだねるが、福祉レジーム論で有名なエスピン・アンデルセンの学術本の翻訳も一九九〇年代から日韓で続いた。加えて、少子化と高齢化が進展するにつれて、「少子高齢化論」「社会保障再分配論」や、社会を成り立たせるための投資という「人口再生産論」の学術知も増え、現在は存在しない「将来世代」といった新たに関わる人や世代が、学術知のなかで一九九〇年代以降に生み出されてきた。

4 「よさ」のコンセンサスなきジレンマ

(1) 「よい家族」「よい子育て」言説の氾濫

そして二〇〇〇年以降も、日韓両社会では急速な高齢化の進展のもとで少子化が下げ止まらず、実際の政策展開によっても少子高齢化問題が解決するかがわからない状態が続いている。少子高齢化の社会問題化から約二〇年たつが、この間、日韓の両社会では、どうしたら「よい家族」「よい子ども」が育つかがわからなくなっている不安状態が続き、「よい家族」「よい子育て」の「よさ」のコンセンサスがないまま、「よさ」を追求しなければならないという共通のジレンマを抱えているといえよう。

市場においては、子育て産業が拡大し、早期教育の大衆化により子育て情報が氾濫する。例えば、日本で通信教育の大手である進研ゼミ中学講座が開講されたのが一九七二年、小学講座が一九八〇年、そして幼児講座が一九八八年にスタートし、幼児講座では親子のふれあいを軸にした商品展開がなされ大きなシェアを得た。その後、育児雑誌の発刊ラッシュとなり、「よりよい子育て」「よい家族」をめぐる様々な言説があふれる。韓国では日本以上に早期教育が過熱しており、早期教育の大衆化がみられるのが一九九〇年代である。日韓とも、答えのない「よりよさ」を追究すべく、子育て産業の拡大から家庭での早期教育が大衆化していった。

政策においては、誰かに「よさ」をのせることで物事を解決しようとしはじめる動きが、二〇〇〇年代から両社会にあらわれてくる。この共通のジレンマを抱えながら、少子高齢化問題という解けない問題をあたかも解かされているような瞬間が日韓社会に出現してくる。その象徴的な動きを政策論議から以下みていこう。

（2）家族に「よさ」をのせる動き——韓国

まず韓国の場合、「健康家庭」という独特な概念で家族によさをのせることで物事を解決しようとする動きが出てくる。具体的には、圧縮的な家族変化を韓国政府が「家族危機」「家族解体」ととらえ、「家族機能の強化論」へと展開し、健康家庭支援という独特な政策フレームが形成された。この議論のベースには、健康な個人、健康な家庭、健康な地域社会、健康な国家建設を講究するという、「個人—家族—社会」の並行発展モデルがある（金勝権 2003: 202）。「家族機能強化」のためには「健康家庭の実現」が必要であるという認識から、根拠法として「健康家庭育成基本法」の制定が急務だという動きへとつながっていく（相馬 2010）。

二〇〇三年秋の国会において、以上の政策アイディアが入った、家政学界案の「健康家庭育成基本法案」が提示される。一方、社会福祉学界側は「家族支援基本法案」、女性運動側は「平等家族基本法案」を対案として用意した。両案は出生率低下や離婚率上昇を「家族危機」だととらえたが、女性団体は現在の少子化や離婚率上昇が「家族危機」ではなく、「男性中心の家族主義に対する危機」であると反論し、あくまでも「家族の変化」なのだと強調した（キム・ヘギョン 2005）。

「家族危機」あるいは「家族変化」に対し、「健康家庭」という特定の定義を置いて、そこを目指した育成を行うのか（健康家庭育成基本法）。あるいは多様な家族形態を支援していくのか（家族支援基本法案）、「平等家族」という家族を目指して脱家族化社会を目指すのか（平等家族基本法案）。各法案では家族定義や範囲が異なる。家政学界案では「家族」（婚姻、血縁、入養によって成立した社会の基本単位）、

「家庭」（家族構成員が生計または住居をともにする生活共同体として、構成員の日常的な扶養・養育・保護・教育などがなされる生活単位）、「健康家庭」（家族構成員の欲求が充足されて人間らしい生が保障されている家庭）について詳細に定義された。対して社会福祉学界の法案では、事実婚家族、未婚母（父）家族、外国人家族、単独世帯も家族定義に入れることが提案され、女性団体案では同居をも含んだ家族定義が示された。そもそも家族を定義すること自体への疑問視もなされたが（キム・ヘギョン 2005）、女性家族委員会検討報告では、民法改正案の家族定義との整合性をとり両性平等の概念を家族定義に入れる必要性が提案された。そして国家が規範的な価値判断で家庭が健康か否かを判定することを想起させ、度が過ぎる規範的な法として痛烈に批判された。(5)(6)

さらにこの両案には政策単位の違いがある。まず家政学界案は、家庭単位、家庭の主体性を強調する。既存の個別対象（児童、青少年、女性）への事後的対策では限界があり、すべての一般家庭への家庭単位の「健康家庭育成」としての予防的支援が必要だ。こういう危機感がある。対して社会福祉学界は、福祉は個別的な接触を通じて家族全体を支援することにつながっていると反論し(7)、社会的条件の整備や制度拡充を主張した。最終的に法案の名称変更（「健康家庭基本法」へ変更）と、健康家庭士の選抜基準拡大以外は、ほぼ家政学界案通りで国会通過した。

なぜこの法案が国会を通過したのか。まず家政学界・宗教団体・保守系の団体や政治家が連合を組み家庭単位の政策をイシュー化したことと、当時の保健福祉部長官・金花中《キムファジュン》氏が健康家庭基本法制定への強い意志を表明していたことが挙げられる。実際に同長官みずから二〇〇三年夏の国会において、離婚による捨て子の対応が困難であること、家庭解体や事実婚・未婚母が増えると社会の基本が崩れること、健康家庭にもとづいて社会を育成することが望ましいと、健康家庭基本法制定の重要性を答弁した。保健福祉部の政策的関心は、低出産よりも、法律婚におさまらない事実婚や離婚による子どもの子育てコスト・責任をどう社会で分担するか、という点にあったことがわかる。

このように韓国社会では、法律婚以外の子育ての社会化問題が政策課題となり、その子育てコスト・責任を、社会全体で共有するよりはむしろ、健康家庭を社会全体で育成していくという考え方にもとづいて、新しい信頼の単位を（婚姻内に）立てて、その問題を解決しようとした。

(3) 子育て（行為）に「よさ」をのせる動き——日本

一方、日本において、「よい家族」「よい子育て」の「よさ」のコンセンサスがないまま、（すでにいる）特定の誰かに「よさ」をのせることで物事を解決しようとしはじめる動きは、少子化対策論議からみることができる。象徴的に、そのコンセンサスのなさについて言及したのが、一九九八年の「厚生白書：少子社会を考える——子どもを産み育てることに『夢』を持てる社会を」であった。同白書は、子どもを産み育てることに「夢」がない今の日本社会を、冒頭から次のように憂いている。

二〇世紀後半、日本は豊かさを目指して走り続けてきた。（略）しかし、その間、出生率は下がり続けた。気づいてみれば、日本は、結婚や子育てに「夢」が持てない社会になっているのではないだろうか（厚生省 1998: 4）。

結婚や子育てに夢が持てない社会とは、「よい結婚」「よい子育て」の「よさ」のコンセンサスがない社会であることを示している。では日本では、「よさ」のコンセンサスがないなかで、誰に、どのような「よさ」をのせることで物事を解決しようとしはじめたのか。子育て支援言説から見ると、①保育限界説、②専業主婦支援説（在宅子育て支援説）、③家庭や地域社会における子育て機能の再生説、という三段論法を通じて、「よさ」をのせていくことで物事を解決しようとする日本的形式が浮上する。

そもそも日本の厚生白書に「子育て支援」という用語が登場したのは、一九八九年の厚生白書である。皮肉にもこの厚生白書が出された一九八九年の出生率は一・五七と再び低下した。一九九〇年に「一・五七ショック」として出生率低下が社会的に大きくクローズアップされた。一九九四年一二月「今後の子育て支援のための施策の基本的方向について（エンゼルプラン）」が提示され、「子育て支援社会の構築を目指す」うえで、国・地方公共団体、企業・職場や地域社会の役割が重要であると強調された。このエンゼルプラン期と新エンゼルプラン（一九九九年）では、共働き世帯を対象に保育対策への焦点化がみられる。

ところが二〇〇〇年代に入ると、共働きと専業主婦とのバランス問題が強調されるようになり、「保育限界説」とでもいうべき論調が台頭し、共働き世帯を政策対象とした保育政策に加え、「在宅で子育てをする家庭」、具体的には専業主婦が政策対象となった「在宅子育て支援」と、男性や企業が政策対象となった「働き方改革」にも力点が置かれる。

そのきっかけとなったのが、二〇〇二（平成一四）年一月の人口推計だった。この推計は、晩婚化に加え、「夫婦出生力の低下」という新たな現象が日本社会に現れたことを示した。そこで、「少子化の流れを変えるためには、従来の取組みに加え、もう一段の少子化対策（プラスワン）を講じていく必要」という機運が高まり、「少子化対策プラスワン——少子化対策の一層の充実に関する提案」が発表された。この発表をふまえ、少子化対策推進関係閣僚会議にて「次世代育成支援に関する当面の取組方針」が二〇〇三年に決定されたが、上述の三段論法の「子育て機能の再生説」というロジックのなかで、次世代育成支援が定義されていく。以下長いが原文を引用しよう。

本取組方針の基本的な考え方は、家庭や地域の子育て力の低下に対応して、次世代を担う子どもを育成する家庭を社会全体で支援——「次世代育成支援」——することにより、子どもが心身ともに健やかに育つための環境を整備することである。（略）

また、次世代育成支援対策を進めるに当たっては、父母その他の保護者が子育てについての第一義的責任を有するという基本的認識の下に、家庭を築き子どもを生み育てること等の意義についての理解が深められ、かつ、子育てに伴う喜びが実感されるように配慮するものとする。

政府・地方公共団体・企業等が一体となって、国の基本政策として、計画的に次世代育成支援を進めることにより、家庭や地域社会における「子育て機能の再生」を図り、子どもを生みたいと思う人が理想どおりの数の子どもを生み育てることができる社会の実現等を目指す（少子化対策推進関係閣僚会議 2003　傍線は筆者）。

この次世代育成支援は、前述の韓国の「健康家庭育成」の発想と比較すると、①次世代育成（家庭）を、②支援する、という独特の二重構造となっている。第一に、次世代を担う子供を育成するのは家庭であり、育成は家庭のほうにくっついている。第二に、その次世代育成（をする家庭）を社会全体が支援しよう、という二重構造によって次世代育成の担い手を区分し、その担い手の子育て機能の再生をねらっている。現実的にその担い手は親、特に乳幼児期では在宅で子育てをする母親であり、二〇〇〇年代以降は子育て支援という名の母親支援事業が全国的に拡がっていく。

前述した韓国の健康家庭育成概念は、健康家庭を社会全体で育成していくという考え方で、明快な目的概念・規範的概念であった。だからこそ、健康家庭育成という規範的概念に対し、関連団体・学会やステイクホルダーから賛否両論があった。一方、日本の次世代育成支援概念に対して韓国のように賛否両論は生じないのはなぜか。それは、上述したように二重構造によって、担い手と想定された人間とそうでない人間に当事者を分割することで、現実論の装いとともに利害関心の落差をつくりだしたからだと考えられる。

(4) 信頼の単位の違いは何を意味するのか

韓国の家族単位とは、「家庭」という疑似人格的な信頼を単位にしているが、一方の日本は韓国よりも母親という個人単位で人格的信頼に近いような性格をもっている。だからこそ、強いコントロール性、強い動機づけを要求されるという特性をもつ。こうして、少子高齢化問題を解決するうえで、どこに最終的な責任の担い手を求めるかという信頼論から日韓社会をみると、日本は母親が信頼の単位、韓国は「家庭」が信頼の単位という違いが見いだせる。

東アジア産業社会の福祉国家の特性をみるうえで、福祉レジーム論やタイミングに着目した議論が有効であることは前述した。しかし、少子化が従来にない速度と深度で進行するなかで「福祉国家の質的な特徴」(宮本 2010) をとらえるには、従来からの経路依存性にもとづく「福祉レジーム」や「タイミング」に着目するだけでは不十分である。問題を解決すべき主体を誰にふるか、最終的な責任の担い手をどう設定するのか、という理念的次元の信頼論の視点もあわせて福祉国家の特徴をみると、少子高齢化社会における日韓共通のジレンマとその対応の違いがみえてくる。

5 二重化される課題と新たなケアワークの発見——ダブルケアがあらわれる瞬間

(1) 少子化と高齢化の重なり

さらに出生率の低下が続くなかで、各国のベビーブーム世代が高齢化するにともない、アジアは「高齢人口の爆発」という時代に突入している（大泉 2007）。では、少子化と高齢化が同時に進行しつづけると、どのような事態にいたるのだろうか。

晩婚化・晩産化・高齢化が同時に進行すると、育児介護というライフイベントの重複可能性が高まる。その結果、少子高齢化社会では、「育児をしながら介護する」「介護をしながら育児をする」という層が増加する。もちろん、ダブルケアという言葉がなかった時代も、親族や家族のなかには複合的なケアの問題は存在していた。男性稼ぎ主型家族のなかで家族が、おもに嫁が、ダブルケア責任を果たすとされ、それを前提とした制度が存在した。そうした男性稼ぎ主型の制度に代わって、現在では介護保険制度による「介護の社会化」や、子育て支援の制度化による「子育ての社会化」の拡充が求められるなかで、ダブルケア（子育てと介護の同時進行）という新たなケアワークが立ち現れている。

では、少子化における信頼の単位を、日本のように現実の個人としての母親に求めた社会と、韓国のように理念的な「家庭」に求めた社会では、ダブルケアという新たなケアワークはどのように立ち現れてくるだろうか。

(2)　新しい社会的リスクとしてのダブルケア

日本でのダブルケア実態調査によれば、介護保険制度が生み出した「介護サービスのマネジメント」責任を、多くの娘が担っている実態が明らかになり（相馬・山下 2017）、嫁規範が弱まってきたなかで、ダブルケアでは娘という単位にその責任が帰着されやすいことが見えてきた。上述では子育てにおいて母親という信頼の単位の強固さを論じたが、ダブルケアからみると、母親という信頼の単位とともに、娘という信頼の単位の強固さがみえてくるのであり、両者は折り重なっている。

量的にみると三〇代ではダブルケア予備軍も含めると四人に一人がダブルケアが自分ごととなっていることがわかる。また、ダブルケアラー（ダブルケア当事者）の五人にひとりは「ダブルケア」という言葉を認知している。これらは無作為抽出した一〇〇〇サンプルを対象にした調査なので、結果はある程度一般化して考えることができる。厚生労働省の調査でも「ダブルケアが身近な問題である」と回答した割合は約五割であった（厚生労働省 2016）。

さらに質的な調査からは、ダブルケアには多様な実態があり、それを理解するにはダブルケアのパターンをみるいくつかの軸が重要だとわかった。まず介護と育児の程度である。例えば障がい児の子育てと介護では、ダブルケアによって要求されるものも違ってくる。ただ要介護度の高いほど施設に入所している人の割合が高いためか、要介護度の高さは負担感と比例しない。次に経済的状況で、生活に困窮している世帯と高収入世帯では、サービスへのアクセスや就労状況などとの関連でダブルケアの状況も異なる。そして世帯状況、とくに一人娘によるダブルケアかどうか、ひとり親世帯によるダブルケアかどうかも、ダブルケアの実態に影響する。また就業形態や、同居の有無、夫婦関係や親子関係を把握することも重要になってくる。特に親子関係は、もっと介護をしたいのに、十分にできないなどの理由で、良いほど負担感が高まる傾向もある。最後に、地域や福祉資源のネットワーク（福祉専門職やサービス提供団体、支援センターなど）につながっているかどうかや地域の友人等のネットワークの有無もダブルケアの実態と関連してくる（相馬・山下 2017）。

ダブルケアの特徴は、介護と育児の異なるニーズを同時に満たすことを要求されることにある。そして、ダブルケアに従事する人は常に介護と育児のどちらを優先させるかの選択を日々せまられ、介護と子育てに関わる決断をしなくてはならない。介護と育児の優先順位は、ダブルケアラーの意図だけでなく規範、資源、制度によって規定されている。規範とは、介護や子育ては誰がすべきかという社会的な「通念」であり、私たちの行動やあり方に影響を持つ。資源とは、友人、親族や地域のネットワーク、あるいは地域におけるサービスの利用可能性などであり、そのような資源の多寡もダブルケアの状況や優先順位に影響する。そして制度も中立的ではない。制度にもそれぞれ「意図」があり、人々の生活や人生の選択を制限し時には拡大する。たとえば、地域における保育供給不足のために、もっと介護をしたくても育児に集中せざるをえず、育児がストレスになったり、介護は身内がすべきだという親族の期待にこたえ、子育てを優先したいにもかかわらず、介護をしているため負担感が強いなどのケースがある（相馬・山下 2017）。

加えて、ダブルケア世帯にとって、介護サービスと子育て支援サービスは相互補完の関係にある。介護サービスとは、ダブルケア世帯にとっては、子育て支援サービスでもある。なぜなら、介護サービスを利用している間、子どもとの時間が増えるという意味で、介護サービスが子育ての支援の意味にもなるからである。逆に、子育て支援サービスは、ダブルケア世帯にとっては、介護サービスの一部を担うものでもある。たとえば、子どもを保育園に預けられないと、介護に大きな支障をきたすことがあるからである。緊急で利用できる一時保育や保育園は、ダブルケア世帯にとっては、介護支援でもあり、子育て支援でもある（相馬・山下 2017）。

韓国でも同様の調査がなされ、ソン・ダヨン（2014）によれば、ダブルケアラーの女性が社会サービスを利用したいという意思を示した場合、依然として家族内ケアを理想像とする親世代と男性配偶者の反対によって、サービスの利用が制限され、ダブルケアの過重な責任を女性がもたされることがわかった。韓国では依然として「家庭」という理念の強固さと、その内部での実際の負担分担が女性に集中している現状が読み取れる。

量的にみると六歳未満の子どもケアと高齢者ケアを同時に行うダブルケア世帯は全体の三八％になり、今後ダブルケアが予想される世帯を合わせると五四・九％に達し、ダブルケアが非常に普遍的な状況になりうると指摘されている。ケアの楽しみと負担の分析結果からは、ケアの楽しみの順番は、①子どものケア、②自分の親ケア、③義理の親ケアの順であり、負担はその逆であった。また、娘が親をケアする場合、配偶者が無関心であることが多く、助けがもらえないため娘としてのケア負担が過重であった。また、男性によるケアは病院同行や車両支援のような機能的支援に限られているのに対し、女性によるケアは直接ケア、入浴、掃除、おかずづくり、買い物、サービス連絡および管理などケア類型が広範囲にわたって行われ、時間をかけて持続的にケアしなければならないことであった。ダブルケアの負担や心身の困難で子どもをケアできなくなることによる優先順位の葛藤、親のケアが十分に行われない葛藤があった（ソン・ダヨン 2014）。

出生率の低下と高齢化率の上昇がダブルケアという形で重なることで、日韓の少子高齢化は新たな段階をむかえている。それは将来の社会だけでなく、現在の生活の持続をも脅かすリスクとして立ち現われている。

(3)　東アジア諸社会における少子高齢化

第2節（1）でみたように、日韓をはじめとする東アジア諸社会は欧米が経験しなかった速度で、急激な出生増から人口増、そして急激な出生減から人口の停滞と減少への転換を経験しつつある。こうした急速な変化は、ダブルケアのような二重の問題を引き起こすだけではない。どうしたら「よい家族」「よい子ども」が育つか、そして「よい老後」「よい死」を迎えられるかを、過去の世代の経験から引き出せなくする。その結果、「よさ」のコンセンサスがないまま、「よさ」を追求しなければならないという共通のジレンマを抱える。

日本と韓国、二つの社会が直面しているこの現実を、本章では特に、誰に「よさ」をのせることで物事を解決しようとしているか、という信頼の単位や責任の担い手の置き方の次元から検討してきた。それによって、福祉レジーム論やタイミングに着目した議論ではこぼれおちてしまう、日韓福祉国家の共通性と違いも見えてくる。

福祉レジーム論は、過去どうやってきたかの延長上に、現在何ができうるのか、という実際のあり方に注目する。それに対して、信頼論は、将来どうするべきかの議論に着目して、解決すべき主体をどこに求めているのか、という理念のあり方に注目する。そのどちらか一方が正しい、というのではなく、むしろその両方が重なりあう地点に、現在の日本と韓国は立っている。従来にない速度と深度で事態が展開していくなかで、過去をふまえた現在と未来をみこんだ現在という、二重化された形で「解答」を編み出さざるをえない。それが現在の日韓の少子高齢化社会の姿ではないだろうか。

日本はその課題を、実際の担い手になれるのかは誰かという視点から解こうとした。そうした形で、女性への負担の集中という過去の不平等を現在にもちこすことで、少子高齢化に対する関心を分断して濃淡をつくってきた。これは今にはじまったことではなく、日本の家族政策自体が、専業主婦世帯・共働き世帯といった担い手の関心を分断するような制度を分立させてきたことの積み重ねでもある。その結果、薄い関心しかもたないでよい当事者たちにとっては、少子高齢化が自分たちの外部で、あたかも自然におきているかのように感じさせてきた。

韓国はその課題を、正しい担い手は誰かという視点から解こうとした。そうした形で、将来の理想像を現在に投映することで、「健康家庭の創出」という社会全体の共通テーマをつくりだした。「のぞましい家族とは何か」が社会的テーマとなり、全ての当事者がひとしく関心をいだくべきものであるが、裏返せば、全ての当事者にとって「(自分ではない）誰かが解決すべき課題」ともなる。盧武鉉政権では保育料無償化が進んだものの福祉の市場化の範囲内での対応であり、大きな負担をともなう対策の実行は先延ばしされやすく、少子高齢化の進行が「手遅れ」という形で、あたかも自然なことのように、社会の実質的な外部へと追い出されていく。

こうした対照性は一見、日本での対応が福祉レジーム論によって、韓国での対応が信頼論によってよりよく説明できるように思わせる。[8] けれども、先ほど述べたように、どちらの社会にも「よさ」の自明なコンセンサスは存在していない。それゆえ、それぞれが採った視点の「よさ」ももう一方の視点によって侵蝕され、元の問題へ差し戻される。

例えば日本の「解答」は、「保育園落ちた日本死ね」（二〇一六年二月一五日[9]）といった社会全体の無責任の告発によって差し戻され、過重な負担をおわされた一部の子育て当事者が国会前での無言の抗議デモやネット署名活動により社会に問題を訴える一方で、他方では多くの子育て当事者がその社会への関与自体をあきらめたりやめていく方向に転じうる。例えば韓国の「解答」は、結婚した女性への過重負担の放置によって差し戻され、婚姻の放棄から、さらには移民などを通じてその社会自体から脱出していく方向に転じうる。そういう意味で問題はつねに二重化され、どちらの解決策も（少なくとも結果的には）「脱社会化」＝「社会が溶ける」可能性をもっている。

6　おわりに

第三ステージの福祉国家研究は、主に実際的な次元に着目し、福祉レジーム論やタイミング論から、政策選択の特徴を指摘してきた。そうした研究は制度の導入時の特性を的確に論じることはできるが、その後の変容や質的な違いについての分析には限界がある。日韓のタイムラグも縮んでおり、高齢化率の高さにおいても、日本は韓国に追い越されるだろう。第四ステージをみすえた福祉国家研究には、理念的な次元の分析と組み合わせることで、それぞれの社会の特徴と福祉制度の展開の可能性をより深くとらえることが求められるのではないだろうか。

（1）この一連のサイクルの中で外国人労働者や移民の流入も大事な視点であるが、後述の**表1**における第三ステージに位置づけられると考える。
（2）日本経済新聞　二〇一七年一月二五日「韓国、16年は2・7％成長　本格的な低成長時代に」（http://www.nikkei.com/article/DGXLASGM25H3R_V20C17A1EAF000/）二〇一七年三月一日アクセス。
（3）金（2016）では日韓を「後発国」とみなし両国の違いを説明するのに対し、金・松江（2017）では日本が高齢化の「先発」、韓国は「後発」ととらえて両国の政策対応の違いを説明している。日本は韓国と同じ後発でもあり、西欧諸国と同じ先発でもあるという説明で、各々の説明は論理的であるものの、両説明の整合性はどう考えればよいのだろうか。
（4）韓国は一九九一年から外国人労働者の本格的受け入れを始めた。二〇〇四年から（研修生でなく合法的労働者として単純労働者を認める）雇用許可制について定めた「外国人労働者の雇用等に関する法律」が施行され、以後も、急激に増える外国人雇用や国際結婚への対応策として、「在韓外国人処遇基本法」（二〇〇七年）、国際結婚による移民に焦点を当てた二〇〇八年の「多文化家族支援法」など、外国人の受け入れに関する一連の法整備が進んでいる。
（5）女性家族委員会主席専門委員、二〇〇三年一一月、健康家庭育成法案・家族支援基本法案に対する意見提示の件、検討報告書一〇頁。
（6）二〇〇三年八月二五日、保健福祉委員会、柳時敏氏の発言。保健福祉委員会会議録五九頁。

（7）二〇〇三年一一月一一日、健康家庭育成基本法制定に関する公聴会での金仁淑氏の発言。保健福祉委員会会議録三〇頁。

（8）韓国の福祉制度の整備が福祉レジーム論の例外になりうることは大西（2014）ですでに指摘されている。

（9）ブログ（https://anond.hatelabo.jp/20160215171759）より。二〇一七年三月一日アクセス。

【文献】


デュルケム、E、一九八九、『社会分業論（上）』（井伊玄太郎訳）講談社。

堀江孝司、二〇〇五、『現代政治と女性政策』勁草書房。

池本美香・韓松花、二〇一四、「日韓比較からみる女性活躍支援の方向性（特集 社会保障と税制――財政健全化・経済活性化の視点からどう改革すべきか）」『ＪＲＩレビュー』二〇一四（四）、三二―五八頁。

キムヘギョン、二〇〇五、「『健康家庭基本法』の制定・改正をめぐる討論に対する研究」『女性と社会』一六、六七―一〇二頁（韓国語）。

金成垣、二〇一六、『福祉国家の日韓比較――「後発国」における雇用保障・社会保障』明石書店。

金成垣・松江暁子、二〇一七、「アジアにおける高齢化と高齢社会対策をどうみるか」金成垣・大泉啓一郎・松江暁子編『アジアにおける高齢者の生活保障――持続可能な福祉社会を求めて』明石書店、九―一七頁。

金勝権、二〇〇三、「健康家庭育成基本法制定の必要性と方案」『健康家庭育成基本法制定のための公聴会』韓国保健社会研究院（韓国語）。

厚生労働省、二〇〇二、「少子化対策プラスワン」。

厚生労働省、二〇一六、『厚生労働白書』。

厚生省、一九九八、『厚生白書』。

宮本太郎、二〇一〇、「福祉国家の形成・類型・国際環境」金成垣編『現代の比較福祉国家論――東アジア発の新しい理論構築に向けて』ミネルヴァ書房。

ミュルダール、グンナー、二〇一五、『ミュルダール　福祉・発展・制度』（藤田菜々子訳）ミネルヴァ書房。

大泉啓一郎、二〇〇七、『老いてゆくアジア——繁栄の構図が変わるとき』中央公論新社。

大泉啓一郎、二〇一七、「老いていくアジアのなかの韓国」金成垣・大泉啓一郎・松江暁子編『アジアにおける高齢者の生活保障』明石書店、二一—四〇頁。

大西裕、二〇一四、『先進国・韓国の憂鬱』中央公論新社。

大沢真理、一九九三、『企業中心社会を超えて——現代日本を〈ジェンダー〉で読む』時事通信社。

佐藤俊樹、二〇一五、「東アジアの産業社会と日本の不平等——国際比較と長期的視点で考える（特集　格差の実態を知る）」『統計』六六（二）、一〇—一六頁。

瀬地山角、一九九六、『東アジアの家父長制——ジェンダーの比較社会学』勁草書房。

少子化対策推進関係閣僚会議、二〇〇三、「次世代育成支援に関する当面の取組方針」。

相馬直子、二〇〇五、「少子化の進展と『育児支援策』の生成」武川正吾・金淵明編『韓国の福祉国家・日本の福祉国家』東信堂、二三七—二六〇頁。

相馬直子、二〇一〇、「圧縮的な家族変化への適応戦略——日韓比較から」金成垣編『現代の比較福祉国家論——東アジア発の新しい理論構築へ向けて』ミネルヴァ書房、三一三—三三七頁。

相馬直子、二〇一二、「圧縮的な家族変化と子どもの平等——日韓比較を中心に考える」『人口問題研究』六八（三）、八五—一〇四頁。

相馬直子、二〇一三、「韓国——家族主義的福祉国家と家族政策」鎮目真人・近藤正基編『比較福祉国家——理論・計量・各国事例』ミネルヴァ書房、三一〇—三三五頁。

相馬直子・山下順子、二〇一七、「ダブルケア（ケアの複合化）」『医療と社会』二七（一）、六三—七五頁。

ソン・ダヨン、二〇一四、「韓国における三〇～四〇代女性のダブルケア現状及びケア経験の多重性に関する研

究」『韓国社会福祉学』六六（三）、二〇九―二三〇頁（韓国語）。

末廣昭、二〇一四、『新興アジア経済論――キャッチアップを超えて』岩波書店。

上野千鶴子、一九九〇、『家父長制と資本制――マルクス主義フェミニズムの地平』岩波書店。

山本泰、一九八六、「『デュルケム』を超えて」『現代社会学』二一、三四―四三頁。

横山文野、二〇〇二、『戦後日本の女性政策』勁草書房。

9章 境界としての「思想」
歴史社会学的試論

遠藤　知巳

1 「思想」――弱化と分散

ここのところ、「思想」が気になっている。

というと、いわゆる戦後思想や、その後継者としての現代思想を、あるいはこうした「思想」の退潮という事態をどう評価するかというおなじみの問題設定かと思われるかもしれない。それも含めて、「今さら思想でもあるまい」という声も聞こえてきそうだ。最終的には、これらの帰趨とも無関係ではないだろうが、ここで考えたいことはだいぶんちがう。

戦後思想に代表される言論的「思想」は、社会の現状に対して何らかの角度から分析を行いつつ、実現あるいは回復する「べき」理念や理想状態（と論者が考えるもの）を主張し、その実現に向けての指針を論ずる。もっといえば、論者の前提とする規範的価値判断から、現状分析の「理論」が引き出されていることが少なくない（多くの「思想家」はそう認めたがらないかもしれないが）。思想に対する通常の問題関心もまた、それを評価するにせよ批判するにせよ、もっぱらそこに焦点を当てている。戦後思想でいうならば、一国平和主義と戦後民主主義に代表される、ある特定のタイプの理念や当為の妥当性が議論される――肯定否定はさまざまだが、理念に反応するかぎりにおいて、とても思想的なかたちで。評価や批判が順調に連鎖することで、言論的「思想」の閉域が形成されてきた。

　多くの人が気づいているように、戦後思想的な理念や当為は、それを支えてきた社会条件の転換とともに、いわば多機能不全を起こしてきているが、それについてはここでは論じない[1]。戦後思想の批判が別の理念の肯定に至るだけでは、言論的「思想」を繰り返すことになる。むしろ、「平和主義」や「戦後民主主義」といったローカルな理想像の失調の向こうで、もっと大きなことが生じ始めているのかもしれない。言論としての思想は、（短中期的な）現実の諸作用やそれらの帰結に抗してでも優先させるべき、「正しい」理想がある（そして、長期的にはそれが「望ましい」現実へとつながる）という理想主義の位置取りが――自己準拠的に――成立することを、最終的な拠り所としている。特定の話題をめぐって産出される個々の「思想」が、必ずこの立脚点に論及するかはともかく、「思想」が現実／思想という区分を先取ること、つまり、刻々と変動していく「つまらない」日常的現実から自身を超然と切り離せるとすることで、言論が言論として自律もしくは自閉できていた。こうしたポジショニング、あるいはその有効性への信頼が、たぶん世界規模で弱体化している。

現代の言論的「思想」を規定してきた意味論的仕組み自体が大規模な変質を被りつつあること。本章の議論も、戦後思想の批判的検討というより、むしろこちらの方に関連していると考えているが、ただ、これはいかにも大きな問いである。こうした角度から言論的理想主義を問題化するとき、必然的に、「思想」とそれに外在する意味論的構造の相関をいわば「思想の外に立って」押さえることになる。それに対して、どちらかといえば、言論としての「思想」の大元にあった諸前提の変質にもかかわらず、それでも「思想」が分散的に言説化されつづけていることに、筆者は関心をもっている。このような言説的側面に着目して「思想」と表記してきたが、以下、できるだけ括弧は省略する。

出発点として、こんなことを考えてみよう。巨視的に言えば、これまで例に取ってきた(1)戦後思想（や現代思想）は、いわゆる五五年体制（それが何度か終焉しそこねることも含めて）という現実の政治体制のもとで「対立」する保革の政治勢力や、それら、およびその周縁にある諸集団——とりわけ革新サイド——の、(2)「政治思想」や「イデオロギー」に誘引されながら、それなりに自律した言論の世界を作ってきた。だが、「思想」と名指されるものは、他にもいろいろある。(3)より実効性がある——と期待される——、社会制度の設計や運営に関する方針や理念が、しばしば「○○思想」や「○○主義」と称される。むしろ、こうした実効的思想とイデオロギー的思想という二つの軸を適度に繋ぎながら旋回してきたのが、戦後思想的なものだと表現した方が正確かもしれない。そしてまた、(4)学術系の思想研究もあるわけで、これもまた、しばしば戦後思想や現代思想と通路をもっている。

それだけではない。(5)個人の強い指向や信念が思想と呼ばれることは珍しくない。かと思えば、(6)一定の統制のもとに置かれている組織・集団やその行動に思想を見る場合もあろう。「これこれのケースで人員をこう動かすのは、あの会社特有の思想だ」という具合に。そしてまた、(7)人為のさまざまな水準に読み込まれる思想がある。最先端の製品の「デザイン思想」や「設計思想」が賞賛される。名工の手になる作品の思想を探る人もいる。天才アスリートのプレイに思想を見出すこともできる。

こうしたリストはまだ伸ばすことができるかもしれない。多くの事例において、これらの思想はさほど深い奥行きをもっているわけでもないだろうが、ともかくも、「思想」という語が複数の領域をまたいで現れ、かなり多くの意義を纏わされていることが注目される（たとえば、「哲学」も似たような振舞いをするが、「思想」よりは可動域が狭いように見える）。事実認識と価値判断とが曖昧に接合されるという、考えてみればかなり奇妙な言論的思想のありようも、諸「思想」のこうした布置のなかで捉え直す必要があるだろう。とりわけ興味深いのは、このような領域横断性や多義性を、人々が特に意識しているようにも見えないことだ。思想に熱い思い入れを込められた――いや、より正確にはたぶん、思想をもちだせば、少なからぬ人々が尊重するふりくらいはしてくれた――、そんな時代は、たしかに遠くなりはじめている。だからこそ、「思想」が惰性的に持続しているさまが、かえって顕在化している。あまりにもたやすく語られることで、だらしなく伸び広がり、一種正体不明にすらなっている。「思想」という語は、あるいは、この語を用いて私たちは、何をしている／してきたのだろうか。

2　思想研究は何をしているか

おそらく、何らかの、あるべき領域や方法に帰着させて思想をとらえようとすると、的を外すことになる。領域画定や方法にもっとも意識的である、前節の(4)に挙げた学術系の思想研究を観察してみよう。思想を扱う議論は人文・社会の諸領域に見られるが、とりわけ文学、哲学、政治学、社会文化史などを大きな繋留点としている。対象のうちに思想を読み取るための固有の方法を組織化することを意識した、「思想史」や「精神史」という形式も存在するが、より一般的なのは、「哲学と思想」、「文学と思想」といったタイプの問題設定である。ある学知が固有の方法を用いて分析している対象のなかに思想も見出す。逆方向から言えば、思想がその学知に内属する主題であるのかはやや曖昧である。

では、何が行われているのか。そこで「思想」として名指されているのは、たいていの場合、対象の周囲にある、もしくは対象の成立をもたらした（と想定される）環境条件のようなものである。もっともよく見られるのは、特定の書き手の「人と思想」という評伝スタイルだ。この因襲的やり方は、思想の帰属先としての人格を実体化して呼び出すものだが、その書き手が取り上げた主題群の図柄や、それの向こうにある時代的・社会的文脈(2)などに目を向けることで、制度化された学知を補助したり、一定の修正を加えたり、あるいは拡張するというやり方もある。学問分野《ディシプリン》は固有の方法の束を備えることで、特定の思考枠組みを制度化している。それは安定しているが固定的であり、ときに拘束的に働く。こうした方法や思考枠組みの少し外で、あるいは学問分野のあいだを考えたいとき――そうした余地を残すことは、学問のダイナミズムにとっても重要である――、「思想」という語が招き寄せられる。

その意味では、思想がある学知が対象としているものの環境条件を扱うと言い切ってしまうのは、たぶん正確ではない。環境条件だと決まれば、学知の外にあると特定されてしまう。[3] むしろ、緩やかに環境条件と近似して把握される何かが、そしてまた、そこに接近できるとするようなあり方が、「思想」と呼ばれていると考えた方がよいだろう。それゆえ、思想はしばしば、そうした環境と対象とを往還する論者の記述それ自体へと滲出する、あるいはずれこんでいく。「思想」とは、人文・社会科学の諸学問分野の多くに隣接しつつ、それら自身とは少しちがう何かの謂であり、思想研究はそれをなぞりつつ、人文・社会の広がりのあちこちに憑依し――ときには自然科学も言及される――、さまざまな主題群をかなり自在につないでいく。こうした思考の運動そのものが、思想（研究）の領域や方法を遂行的に構成するという傾向が強い。[4]

制度的枠組みを越えた思考ののびやかな広がりを暗示する「思想」は、魅力的な――あるいは、何か据わりが良い――便利な言葉なのである。じっさい、自分にも経験があるが、「外」や「あいだ」を捉えようと苦闘するとき、こういう言葉を使わないでいることはかなり難しい。とはいえ、こうした便利さの先には陥穽が待ち受けている。それほど多くの領域に隣接できるとされるとき、それらの思想に共通する本質があるのかが疑わしくなるからだ。それとも、何であれ、特定の方法や枠組みの外で「考える（考えられる）」という事態が、「思想」という語でくくられているのだろうか。西欧語に戻せば（西欧語で辿ることの意味は、後で考えることにする）、思想はもともと「考え（thought/pansée/Gedanke）」なのだから。しかし、それは問題を一段先にずらしただけだ。X、Y、Z……「と」並列して現れるすべての思想が、あるいは思想によって闡明されるX、Y、Z……の「外」が、一致することにはならない。異なる主題をめぐって行われる多種多様な「考え」に「思想」という同一の衣裳を纏わせることで、そのことが隠蔽されている。

そう考えたとき、学術系の思想のふるまいが、複数の思想が並存し、かつ、その意味があまり反省されないという仕組みの雛型になっていることに気づかされる。前節で示唆したように、社会のなかで語られている多様な思想はかなり大きな重なり合いをもつけれども――大小さまざまの踏石を伝うようにして繋がっているという方が適切かもしれない――、かといって同一というわけでもない。おそらく、これらの思想の重なりやずれは、ぼんやりとしたかたちであれ、それなりに感覚されている。だが、それらの多面的な意味の一々を弁別せずに用いる結果、どこかで混線してしまう。(1)から(4)の連結も、結局、そのようにしてなされているのである。

学術系思想とそれ以外の思想群とのあいだには、さらに厄介な共犯関係がある。一方で、定義づけと方法化による自己維持を重視する学術系の思想概念を引き込むことで、上記のような連結が安定する、もしくは、そう見えるようになる。さまざまな考えや見解や評価や感覚を「思想」として提示するとき、――(5)、(6)、(7)のある部分がそうであるように――たとえ遊戯的であれ、「高尚さ」のイメージが働く。その意味で、市場規模から見れば決して大きくはない学術系の言説は、思想の要石であるとさえいえる。

他方、学術的思想からすれば、複数領域をつないでいくその様式《スタイル》のもと、より緩やかな非学術的思想との境界を曖昧にしつつ、取り込んでいくことができる。

学術を社会に接続することに対する社会的要請の水準でも、似たようなことが見いだせる。たとえば、哲学、文学、芸術、心理学……を「思想」として捉えることは、しばしば、自己の人生問題の解決策を求めてそれらに向き合うようなあり方と結びついてきた。これは他の社会にも見られるが⑤、とりわけ日本近代においてはそんな態度が根強かったし、今でもある程度そうである。専門家からすれば、このような受容の様態は多分に誤解を孕むものだが、だからといって却下してしまうわけにもいかない。ここには、学術的な専門知と社会とのあいだの取引関係が見いだせる。専門知は、もともと一定の研鑽を積まないと理解できず、その正統性は、専門家同士によるルール化された相互チェックによって担保されるしかない。だが、専門職を介して社会的に維持されている以上、専門知の側にも、その有意義性を素人《アマチュア》に分かった気になってもらう必要がある。一方、社会の側からすれば、哲学者や文学者や芸術家を「思想家」として遇しておけば（最近は社会学者もそこに昇格したようだ）通りがよいし、小難しい専門知につき合わなくても済む免罪符にもなる。「思想」がマスコミ的に使い回されてきた記号（の一つ）であるという側面ももっていることは否定しがたい。

このようにして、微妙に異なる言説のいくつかのジャンルが、思想の名のもとに連結することで、何か強固な意味の制度となっている。あるいはむしろ、気ままな言説の複合が指し示す漠然たる全域が、「思想」というフィールドを形成しているのである。

3　「社会思想」と社会学――隠れた相互依存

この言説複合はまた、思想と「社会」とを接触させるものでもある。そこでも、さまざまな手法が混在している。代表的なものだけ挙げると、まず、(1)社会を直接的な主題として論じている思想（家）を対象とするのが、もっとも素直だろう。そのすぐ傍には、(2)社会科学に対して何らかの角度から思想的読解を行うという手法がある。萌芽からの社会科学の展開史を追究する社会思想史、経済思想史、政治思想史など、より社会科学と近接するアプローチもある。そして、(3)より幅広い言説群が、緩やかに、あるいは漠然としたかたちで社会の何かについて語っていると捉えることで、それらを「社会思想」へと接続させる。さらには、(4)「社会の思想」ともいうべき思考法があって、社会集団が長期的に維持してきた文化的慣習や、ある時代における支配的な思考枠組みやパラダイム、特定の思考様式の一時的流行などを、思想に含まれるものとする。この想定は、上記(1)―(3)を背後から支えている。

直接的には、この(3)によって文学、哲学その他が「社会思想」化するのだが、「思想」を「社会」と繋げるうえで、かなりの多様さが許容されていること自体に注目すべきだろう。それは、前節で論じた「思想」の言説複合を、ある平面上に写像したものである。ある意味で、文学・哲学……「と」思想という形式自体が、社会「と」思想のための触媒になっているとさえいえる。思想史のなかで、比較的よく考えられた構図がどうなっているかを見てみよう。

ここに一つの三角形を仮定する。底辺にあるのは、生活と未分離の、まだ思想化されないムードのようなもの、いわば下意識の領域である。そこから昇華したバラバラの、相互に矛盾しあう観念の累積がその上にのっかっている。さらにその上には、いくらか整序された思考のカテゴリー、たとえば時代精神とか世界像とか階級意識とかよばれるものが位置を占めている。それからもっと上昇して頂点の部分にくると、ここにはじめて本来の思想、思想の純粋結晶である学説や理論や教義があらわれる。……このような三角形は、個人単位でも、集団単位でも、相似形で存在し、大小無数の三角形の複合が社会を形成している。そして絶えず相互にぶつかり、また内部でも更新作用がはたらいていると考えられる（家永編 1959: 9）。

ある意味ではその通りだ。いかなる主題に関するものであれ、そして、それをどのように扱おうが、書かれた、あるいは語られた誰かの思考は、それが書かれ、語られたものであるかぎり、読者／聞き手に受け取られるよう開かれている。それを受け取った者のなかに思考が喚起され、そのようにして思考が生きられるとき、それはたしかに「思想」と呼ぶに値するものたりうる。「思想の純粋結晶である学説や理論や教義」に親しむ人が、じっさいにどれほどいるかは別として、そうした経験の可能性もまた、原理的には多くの人に開かれている。思想史はそこに、「思考の純粋結晶」たる、固有名をもった作者による人文・社会領域の大思想が、社会に広く撒布された大量の未成熟な「思想」と連続的に捉えられるという仮定を潜りこませていく。

　思想史としては、そう言うしかないのだろう。しかし、すでに述べたように、個々の知的ジャンルの「外に」、思想の一般性という安定した共通基盤があり、誰でもそこに立ち戻ることができるという保証はどこにもない。そうでなければ、始めからそのような、一種の啓蒙的水準で（のみ）受容する読者像を先取りしている。思想史が、「現在のわれわれから積極的意味づけをほどこすのでなければ思想は現実的な力に転換できない」（家永編 1959: 8）という倫理的構えを取る（取らざるをえなかった）理由の一端が見えてくる。(6) さらにいえば、諸外部の一致可能性の問題を曖昧にするがゆえに、「社会の思想」と「社会と思想」も必然的に混同される。これもまた、ある意味でその通りではあるが。社会のなかの人間は、たしかに、このような混同を生きているところがある。たとえば、小説を小説として読む、つまり、高度に形式化されたテクストの言葉の編《テクスチュア》みぶりを何よりもまず享受するというよりも、ある種勝手な思い入れを込めて、社会の何かの譬喩として受け取ってしまうということが往々にしてあるように。けれども、「社会の思想」と「社会と思想」の境界づけを問わないかぎり、こうしたあり方を対象化することはできない。そして、まさにこのことが、「思想」の名において消されてしまう。

　このようにして思想／史は――とりわけ、日本における／日本を対象としたそれは――どこかで必ず「社会思想」性を主張するのであり、つまりは一種の隠れ社会学になってきた。それゆえ社会学にとって、思想／史はどこか苛立たしい対象でありつづけてきた。じっさい、上記の(4)のような、社会学でいう集合表象の領域がすべて「思想」だというのだから、社会学の立場からすれば、これは一種の用語の不当拡張のように映る。とくに近年の社会学研究では、「思想」が社会学（的）ではないものの符牒であるかのように位置づけられつつある。

いや、社会学はじつはかなり以前から、思想を術語として用いることに対する違和感を表明していた。たとえば、すでに一九六六年の時点で、以下のようなことが書かれている。「綿貫譲治氏によると、最近社会学では、思想という用語は『あいまいな』言葉として使われず、それは『イデオロギー』、『メタ・理論』、『社会意識』の三つに分解して明確化すべきことが説かれている」（中村 1980: 3）。「イデオロギー」という用語も今に至るまで残存するものの、その後の日本の社会学においては、どちらかといえば「社会意識」が標準的になっていった。精査したわけではないが、社会意識論というスタイルが整っていくのが七〇年代半ばあたり、そして八〇年代から九〇年代の半ばくらいまで、かなりの隆盛を示したと見てよいだろう。マルクス系の色合いが残る「イデオロギー」を脱色するようにして、より中立的で科学的に見える「社会意識」が定着した点で、社会学もまた、（ポスト）戦後社会的な意見の風土と連なっていた。

しかし、問題はその少し先にある。「社会意識」というが、その内実はかなり曖昧である。社会が「意識」をもつわけではないのだから、一定数の人々の「意識」の共通性を特定したうえで、それが社会の有意な関数になっていることを操作的に示すことが必要である。だが、これは案外と難しい。少々の経験的データに過剰な意味づけを乗せ、観察できていない一般的「結論」に飛躍するとすれば、それは主観的な印象に基づく個人的主張や、新奇な事象を取り上げては定型的な物語に流し込む社会評論と、さほどかわらないのではないか。要するに、「イデオロギー」や「社会意識」といった用語は、社会学内部における思想の機能等価物だった。じつは社会学も、どこかで隠れ思想だったのである。そして、中立的な装いのもとで、そのことから目を逸らしていた。現在では、むしろこうした点が理論的反省の対象となりつつある（たとえば吉川 2014)。それに呼応するように、社会意識論的アプローチも、二〇〇〇年以降、「文化社会学」という看板に吸着されていく。

これもまた、思想的位置取りの退潮のなかのささやかな一現象ではあるが、少し前までは思想とさほど変わらなかった社会学が、経験科学としてそれなりに洗練されてきたということでもある。大風呂敷の図式をもちだして、全体社会のすべてを説明できるとするような巨大理論指向はだいぶん減り、複数の人間にアクセスできるデータに依拠して、部分社会の状態を実証的に分析する傾向が強まっている。それはしばしば、データを素朴に現実社会と同一視する態度や、それを実証することの意味がよく分からない実証研究を生み出したりもするが、きちんとした社会学においては、経験的データが「なまの」社会を直示的に指し示すものでは必ずしもないことが踏まえられている。社会の一部といえども、その広域をすべて視野に収めるのは難しいからだ。社会学は社会状態に対する比較的無理のない理論的推論を行うことを目指すものであり、データはその推論のための指標にすぎない。この限界を引き受けたうえで、データから引き出せることだけを言うという態度に限定する。どこに有意味なデータを見出すか、そこから興味深い推論がいかにして導き出せるかで勝負する。社会学的に言えば、これ自体が、社会の内部観察としての社会学の自覚が進んでいることの現れである。(7)

このようにして社会学は、思想という、個人の内部で働いているあやしげな作用を媒介せずに、社会を社会として扱う方法や技法を開発してきた。そこからは、思想や思想史のかなりの部分が、データに基づかない社会評論、人々の状態が現にそう「である」という、平凡だが堅固でもある事実性を軽視して、高邁なまたは絵空事の「べき」へと飛翔しがちな、主観的な印象批評による早上がりに見える。これは、現在の大衆知識社会における知識の位相の一種の「社会学」化ともつながっている。社会評論的な過度の一般化や放言じみた粗大な「結論」はあいかわらず産出されつづけるが――これは、「社会」があることになっている社会に生きる人間集団の宿命なのかもしれない――、経験的データが参照される、あるいは少なくともその必要が言及されることで、一旦は留保するような様式が次第に定着しつつある――留保されるだけと言えなくもないが。現在的な言論のしくみの鍵は、むしろこれと関係していそうだ。その意味では、現在の社会学が示している思想への冷遇は、言論的思想が依拠してきたメタ・レベルの理想主義の空洞化と呼応している。

4 「思想」の言説史へ

とはいえ、社会はいろいろなことを「考える」人間の集まりでできている。その「考え」の多くは、じっさいのところ大したものではないかもしれないし、またしばしば、明らかに歪められている。他者の話を聞いているようで聞いていない、独り言のようなものでさえあるだろう。「である」から遊離した小さな夢や願望や妄想が、曖昧な社会の心像《イメージ》として散乱しており、その一部が、それなりに共通言語となった、それこそ「イメージ」として分有される——そして、それが社会に現実的な影響を与えることもありうる——、というべきだろうか。社会における、私的な思考のこうした事実性を、社会学は無視できない。

これと関連しているのは、社会から「べき」をなくせるわけではないということだ。大衆民主主義と情報技術の普及とが結びついた現代社会では、短期的な「べき」論の暴走が起こりやすくなっているとすら言えるだろう（それに「ポピュリズム」というレッテルを貼って悪魔払いするのが単なる知的怠惰であることはいうまでもないが——だから、「ポピュリズム批判」が別種の「べき」論となって容易に暴走するのだ——、ところで、これらの「べき」は「思想」なのだろうか?）。「である」から「べき」をいかにして導出するか、そもそもそれは可能なのかというヒューム以来の難問に、「である」経験的事象を主たる守備範囲にしている社会学が貢献できる点は少なくないはずだ。この点については筆者は詳しくないので、直観的にしか語れない。おそらく、複数の可能的な「べき」の選択肢を出現させることと、「である」経験的事実の特定の組み合わせを試金石として、あまりに無理な「べき」を棄却していくこととのあいだに、多重的フィードバックを走らせるようなかたちになるのではないか。しかし、往々にして見られるのは、自己の専門についてはそれなりに実証的で経験科学的だが、専門外の領域について発言するときには、根拠が薄弱な「べき」論になってしまう、というケースであるというのは言い過ぎだろうか。だが、少なくとも外部から向けられる視線には、「社会学（者）」がかなりの程度そう映っている面があるのは否定しがたい。

現在の社会学は、思想に対する方法論的反発をしかけつつ、どこか誘引されてもいる。社会学の一部、あるいは少なくとも、「社会学」のイメージが、戦後思想、現代思想の後継者になっているとすらいえる。小林秀雄ばりに「社会学は一個の思想にすぎない」と言っているのではない。それを社会学の問題として考えるのは、それはそれで意義深いことだ。社会学から「思想」を方法的に排除する手続きを考えてみることで、両者に何がもたらされるかをチェックするという方途もありうるだろう。

しかし、筆者が気になっていることは、これらからも少しずれている。「思想」と口にしたとたんに、ある弛緩した安心感が成立する。その神通力が下がった現在では一瞬の安心にすぎないが、その一瞬をつなぐようにして、そこに安住してしまう。「思想」をめぐるこうした情景は、たしかに、何とも居心地が悪い。だが、社会（科）学の言語で思想的なるものを明るく消し飛ばしてしまうようなやり方にも、ある種の居心地の悪さを覚えるのだ。「社会」といい「科学」というが、「考えている私」がいるという事実性や取り替えの利かなさ、そしてまた、震える繊毛を伸ばすようにして世界と多重接触する思考の流動に拘束され、また拘束しようとする文体の不透明性は、そう簡単には消せない――消せると考えたがる社会（科）学者自身も含めて。じっさい、このようなことを書いてしまう筆者の著作物を読んでくれている少数の読者のなかには、「この人のやっていることは社会学ではなく、思想だ」と（良い意味でも悪い意味でも）受け取っている人もいるのかもしれない――正直にいうと、それも含めて「居心地が悪い」のだが。社会学的方法化にもかかわらず――あるいは、ひょっとしたらそれすら部分的に取り込むかたちで――消去できない、「思想」の執拗さを考えなくてはならないのだ。

最終的には、その執拗さは、以下のことから発している。日々の生活上の選択であれ、目の前の他者への応答のためであれ、人間は、何らかの水準でつねに「考え」ながら生きており、その営みが止むことはない。しかし、そうしたさまざまな「考え」を「思想」としてカテゴリーづけることで生じる特殊な諸効果は、歴史貫通的でも普遍的でもない。歴史上のある時期以降に生まれたものなのである。思想史はこのカテゴリー化に素直に乗っている、あるいはそれ自体がカテゴリーの産物である。行為ほどではないが、人間における思考の事実性を無視できない社会学も、「思想」を振り捨てることができない。「欧米圏では社会学はサイエンス（ノーマルサイエンス）の以上でも以下でもないが、日本では社会学とは、それプラス、『思想』あるいは『流行』である」（山本 2015）。著者の意図とはたぶん少しちがうが、この言葉は、そういう風にも解釈できると思う。そして、著者の意図から離れた蛇足をもう一つ加えれば、日本の社会学が「思想」とくっつく側面を維持し続けているのは、日本の思想史が「社会思想」性を強く帯びてきたことと、たぶん対応しているのである。

思想の思想史でも、思想の社会学的批判でもない。思想史が、そしてある意味では社会学すらがその内部にいるような「思想」のこうした位相とその諸効果を、思想の内側から――ただし思想的ではないやり方で――計測する必要がある。とはいえ、その具体的な過程については、本章はごく概形しか辿ることはできない。言説としての思想は、ここまで示唆してきたような複数的思想の許容に留まらない、相当に伸縮自在なしくみによって成り立っており、思想を言説として捉えようとするとき、そう考えようとする立場とこのしくみとの共振を回避することがかなり難しい。おそらく「思想」に対する思考は、そうした共振への気づきとその連続的な解除の努力によって、遂行的に指し示されるほかはない。つまりは、自身を複数化しつつ野合する、思想それ自身の遂行的運動を裏返すようなかたちで。

5　一九世紀西欧(1)――「思想」の実体化と発展史観

では、思想カテゴリーの歴史性をどう解きほぐしていくべきだろうか。すでにこの水準から、事態は複層的になっている。

前節とのつながりでいうと、その歴史性は、社会学のなかでもある程度気づかれている。典型的には、マンハイムの『イデオロギーとユートピア』。知識社会学を開始したことで名高いこの書物には「思想」という語が頻出しており、ある意味で「思想の社会学」だともいえる。「根底に社会的安定があり、それが世界観の内的統一を保証しているような時代においては、思考方法の多様性ということは問題になりえない」(Mannheim 1952=2006: 13) と指摘するとき、彼はこの歴史性の水準に触れていた――ただし、部分的で、不十分なかたちで。周知のように、とりわけマルクス主義に対抗しながら、「思想の分裂」という時代的・社会的危機に応答することが、彼にとっての緊迫した課題だった。マンハイムは、客観科学を標榜するマルクス主義を「政治的イデオロギー」として客観的に分析する必要性を唱え、そうした分析を遂行できる、「より正しい客観科学」としての知識社会学を構想した。しかしその結果、ひどく静態的な「社会」が実体化される。彼の記述戦略は、客観性（もしくは超越的な真理性の主張）をいわば一段先にずらすことだった。マンハイムは、前節で触れた私的な思考や夢想や願望の領域をいち早く問題化したが、彼にとってこの領域は、客観科学によるイデオロギーの解体によって、秩序正しく配列されるべきものだったのである。

思想としても実践としても、マルクス主義が決定的に衰退した今となっては、こうした構図が歴史被拘束的であるのはわりと見えやすい。ただ、このことに気づいてもなかなか壊れない、普遍性の錯視の仕組みがあり、それが「思想」の周囲を取り巻いている。だから、こうした構図を逆手に取るようにして始めるのがよいだろう。標準的な知識社会学は、おおまかに言って、以下のような社会条件のもとで「思想」を見出している。(1)特定の考えを信奉する（あるいは自明視する）複数の社会集団が存在し、(2)それらの集団が、その考えによって社会に何らかの影響を与えようとする、もしくは変革・ないし保守しようと試みる、(3)それらの集団のあいだに対立や競合、あるいは（秘かな）相互影響関係が見られる。マンハイムも、だいたいそういうことを議論の前提としている。現在の目にはおおむね穏当な図式に映るし、だからこそ社会学理論として通用しているわけだが、そもそもこうした社会条件——を前提とできること——はいかにして成立したのか。

もちろん、その基層にあるのは、思考＝思想（thought）という語の意味転換である。予想されるように、中世までは、人間の思考を称揚する発想は基本的に不在である。「思いに囚われていること（deep in thought）」は思想の深さなどではなく、思い迷う状態を表す慣用句だった。[8]「思想」が積極的価値を帯びるようになったのは近代に入ってからだ——パスカルを代表とする一七世紀の「随想録（pensée)」の刊行や一八世紀の「自由思想（Free Thought）」の教説などがその表れである。これと連動して、観念／理念（idea/idée/Idee）や精神（mind, spirit/esprit/Geist）といった思想の関連語も浮上していく。だが、重要なのは、上記の(1)—(3)のような事態が大規模に展開していくのが、明らかにフランス革命以降であるということだ。「イデオロギー」という語の変遷が、その好例となっている。一七世紀末のジョン・ロックを淵源とする観念（idea）の理論が、コンディヤックの唯物論的感覚論のフィルターを通して、一八世紀末のデステュット・ド・トラシーの観念学《イデオロジー》へと流れ込む。そして、「イデオローグ」に対するナポレオンの軽蔑を経由して、マルクスの愛用する否定的レッテルとなっていった(9)。裏返せば、オットー・ブルンナーの言うように、「マンハイムの場合には、当為から切り離された存在としての現実が前提されているが、イデオロギーの時代より以前には、そうした考え方は全く存在していなかった」のである（Brunner 1968=1974: 73)。

一九世紀以降の思想の地平は、いくつかのベクトルの交錯として成立している。もっとも目につくのは、思想の一種の人間学化である。つまり、思想を、それを産出する人間の内的能力に帰属するものとして把握する傾向が大規模に展開する。その意味ではやはり、ドイツ語圏における、観念／理念（Idee）の観念論化と、観念の源泉であると同時にそれを把持する場所でもある、理性／知性の称揚が典型だろう。そのすぐ向こうに、そうした人間の能力の外化として、「思想」が強く実体化するあり方が生じてくる。その顕著な実例を提供しているのは、もちろんヘーゲルだ。「知性（Intelligenz）の所産すなわち思想（Gedanke）は事（Sache）である。つまり主観的なものと客観的なものとの単純な同一である。知性は、思惟されたもの（was gedacht ist）が存在することを、そして存在するものが思想である限り存在することを、知っている。……知性が思惟するとは（das Denken der Intelligenz）思想を持つことである。思惟と思想は知性の内容であり、対象である」（Hegel 1830=1987: 370）。

個々の人間のなかに渦巻いている思考が、目に見えるモノであるかのように「思想」として実体化されたこと。いやむしろ、実体的であるかのように語れる方途が発見されたとする方が正確だろう。一七世紀中葉以降から始まった「思想」関連語彙の浮上は、近代合理（理性）主義の勃興や認識主体の強調といった説明とともに、哲学の周囲に配置される「思想」として現代にも流れ込んでいるわけだが、現代的な思想の意味空間にとって、たぶんこの思想の実体化こそが決定的な契機だった。思考が外化されたものとしての思想という発想は、同時代に勃興しつつあった「作品」や「作者」といった概念と結びつき、一次的には文字資料《ドキュメント》にもっとも自然な居場所を見出すが、それを越えて、さまざまな文化形象を人間的思考の具象化として捉えることを可能にする。さらに、こうした具象化を媒介することで、宗教と道徳を代表とする文化的・社会的価値領域を固定し、それらの関係を秩序づけていく。思想の対象領域が一気に拡大することは、ヘーゲルが、そして彼を転倒して継承したマルクスがそうだったように、思考の実現態としての思想が唯一の正しい発展経路に沿って並ぶ——そして、やがて人類の世界認識の全体を過不足なく覆う——はずだという前提と循環していた。人間主体の内的能力の称揚から始まるドライブは、世界それ自体の人間学化（「客観精神」）へと至るのである。

6　一九世紀西欧(2)——「真理」の分立と潜在的相対化

しかし、思想の実体化は、それぞれの思想が固有の輪郭をもって分立しうることをも意味している。人文分野では大学制度の整備とともにアカデミックな知の制度化が始まりつつあり、自然科学が強力に勃興する。こうした時代文脈を背景に、思想の分立は、複数の学派（school）の分立をもたらす。この分立は、思想の意味空間に二つの重要な要素をつけくわえる。

第一に、ヘーゲル派やマルクス派だけでなく、これらの学派の多くは、ごく少数の原理の展開として世界や歴史を語る、あの発展史観を共有していた（コントやスペンサーやヴィクトル・クーザンなどを考えてみればよい）。つまり、自己の見解こそが客観的な真理であると主張するわけだが、かかる位置取りは、とりわけ一九世紀においては、知的／学問的真理とその社会的実現あるいは実践とをストレートに結びつけられるし、結びつけるべきだという態度となって現れやすい。必ずしも制度的アカデミズムに媒介され、掣肘された学派だけではなく、同好会や同志集団的なものが少なくなかったのも、これと連関している。アカデミズムの自律性がそこまで強力ではなく、「実践」に向けての啓蒙の社会的組織化が幻滅した後の風景をまだ知らないという二重の条件に守られた、過渡的な姿でもあるが、客観的真理を強く信奉するからこそ、知的探究と政治的追求とが入り交じる。これが一九世紀が「思想」に与えた大きな屈折の一つである。その意味で、接尾辞「主義（ism）」を伴う名詞群が、世紀の中頃あたりから急速に数を増やしているのが示唆的だろう。現在においても「主義」は、学知的なものと政治・経済・社会的な原理や方策（の自己主張）という二つの軸のあいだに広がる広範な帯域にまたがって用いられているが、一九世紀では、おそらく私たちの感覚している以上に、この二つの軸が未分離だった。

ところが他方、思想／学派の分立はこれと背反する事態をも生じさせる。つまり、ある学派が自己の見解の真理性を主張しても、別の学派からは、それはあくまでその学派の取っている解釈にすぎないと解釈される。現代風にいえば、ここには相対主義へとつながる契機が潜んでいるが、注目すべきなのはむしろ、多くの言説が超越的視点からの発展史という前提を共有していたために、その出現が遅れることである。そう考えると、この両面がともに「思想」において名指されたことがとても意味深い。世界の真理に触れた（かもしれない）誰かの「深遠な思想」が称揚される一方で、これこれはあくまでヘーゲル「主義」、カント「主義」、マルクス「主義」……の見解に基づいた「思想」であると処理される、という具合に。学派の内部的了解と外部からの醒めた規定とが同じ言葉で名指される。考えてみたら、これはかなり不思議な事態である。この一歩先には、特定の学派に属することなく、学派一般を「思想」としてとらえるような視座が構成されていく。多様な思想の分立や対立をそのうえで測量できるかのような、ある共通平面が漠然と想定されるようになる――ただし、客観的な真理性の座を主張する複数のポジションの並立という状態は、あくまでも維持しながら。それが「思想」をもった「学派」が「ある」ということの定義になる、といってもよい。「主義」の増殖はこれとも関わる。「〇〇主義」は「主義」である以上、何らかの立場性を打ち出しているはずだが、「〇〇主義」と名指され、その名指しが流通するとき、不思議なことに、客観的な何かであるかのように受け取られたりもする。

一九世紀の社会科学は、思想が実体化するこうした意味空間と生々しく接触していた。あるいは、哲学が主導したその意味空間のなかで、「思想」や「精神」の論理を換骨奪胎する方途を模索し、哲学から自律するための苦闘が重ねられた（向井 1997）。そう考えると、思想の局所的絶対化とある種の総覧化とを両立させるという一九世紀的しくみを脱色したところに、マンハイムの知識社会学が現れたことが見えてくる。一九世紀では、分立する思想を載せる暗黙の共通平面は、具体的な思想群に先行して実在するというよりも、個々の思想をそれに照らし合わせることが、いわば遂行的に、メタ・レベルの「思想」としてのそうした平面を成立させる（同時に、各思想は「思想」という身分を得る）。その平面を、いやむしろ、それを成立させるしくみを「社会」と名指し、「社会」と「思想」との対応関係を科学的に観察できるとすることで、思想から離脱する——これがマンハイムの行ったことだが、科学の名のもとで思想を産出する社会的機制を実体化し、自分だけが思想を客観的に判定できるとするその立場取りは、今となっては、それ自体でどこか「社会学主義」という思想であるようにも映るのである。[10]

7 日本社会と「思想」

一九世紀西欧における思想の文法を簡単に概観してみた。こうした骨格が緩んだことで、現代的な「思想」の広がりが生じる。もっとも分かりやすいものをいえば、唯一の客観視点への信頼が空洞化し、局所に流通する小さな「客観的原理」――それは一種の個人的信念に近い――が立ちやすくなる一方で、相対主義の常態化が、そうした「思想」を外からピン留めすることを容易にする、というように。[11] この周辺に生じる諸効果も、いろいろ考えることができるだろう。事態の半分くらいは、それでかなり解けそうだ。

だが、もう一つ、大きな問題が残っている。それは、「思想」という日本語が形づくってきた／いる意味の圏域を捉えるということである。基本的には、「思想」は西洋の書籍や文物がもたらした衝撃を契機として、明治期に作られた術語であり、当然ながら、西欧近代における思想の文法とかなりの程度共振している。とはいえそれを単純に転写したというにはほど遠い、独自のふるまいを見せてもいる。[12] 日本近代は、ある意味では西欧以上に思想をめぐる言説を産出しているが、西欧とはだいぶん異なる道筋で、そしてまた異なる感受性のもとでそうしてきたのである。日本における思想、あるいはむしろ、「思想」という日本語に媒介されて作られる意味の磁場には、日本近代の固有の軌跡が刻み込まれている。しかし、その概形を素描するだけでも、ここまでと同じかそれ以上の記述量が必要である。行路を無視して目的地の大まかな目印だけをつけていくようなかたちになるが、前節と比較して見えてくる重要な点をいくつか示唆することで、稿を閉じることにしたい。

たとえば、日本思想史の成立条件。日本思想史は、古代から「思想」の歴史を辿れることにしているけれども、標準的な理解では、やはり江戸期が大きな画期とされているようだ。たしかに、同時代の他の社会と比較しても相当高度に発達した書籍文化のもとで、今から見てほぼ思想家や思想書といえそうな書き手やテクストが多く出現したのは、江戸期に入ってからだろう。それは、仏教を中心とし、神道が補完していた宗教的意味世界の優越を打破して登場した近世の権力が、ある種洗練されたやりかたで封建社会体制を再編した時代である（水林 1987）。強く内閉化された鎖国社会のなかで、きめ細かい統治が張り巡らされる。現実的にも思想的にも、宗教の力が西欧よりも早く衰え、現実社会（浮き世）に関心が集中していく。江戸幕府の統治を正当化する公式イデオロギーとして朱子学（当時の表現に従えば宋学等と表記すべきだが）が導入されたことを背景に、現実社会への考察が、儒学モデルを介してなされる。だが、まさにそのことで、中国とは合致しえない固有の社会特性に直面させられる。朱子学の日本的改釈という形態において、日本を対象化する政治社会理論が誕生し、また、その反発的継承としての国学が出現する。そして、やがては幕藩体制の崩壊へとつながっていく……。

丸山眞男をはじめ、繰り返し論じられてきたこのダイナミックな過程[13]は、「特定の考えを信奉する複数の社会集団の存在」、「それらの集団が、その思想によって社会的影響を与える意思をもつこと」、「集団間に対立、競合、相互影響関係が見られること」という、5節の(1)—(3)の条件をほぼ満たしている。言い換えれば、江戸社会は思想史の成立条件を潜在させていた。だが、欠けていたものが一つある。それは、「儒学」や「国学」、あるいは「儒仏神」というかたちで対立的に把握されるそれぞれの学派を、「思想」やそれに相当する中立的な概念の平面上に乗せて比較するという操作である。だから、第一に、特定の学派の真理を断定すると同時に、他の学派を断定的に排除するという「ドグマティック」なあり方が言説の基調とならざるをえず、第二に、そのうえで、実質的に「思想」に近い様式がもちこまれる。

その意味で、この時期において「思想」にもっとも近いのは「道」だろう。吾が道優れりといいつつ、論敵も広く参照する。朱子学を標榜しながら、儒教の正典以外のものを平気で読む態度が、日本ではとくに排除されなかった（吉川 1968）。朱熹の四書集註が科挙と直結していった中国では、朱子学の正統化以降、そうした人はむしろ稀になるのだが。

最終的には、これは、儒教が文化的・社会的な伝統や制度に根ざした生活実践でない、つまり、構造的に文献学的《ブッキッシュ》だったし、そうでしかありえなかったことに起因している（中国における、韓愈以来の「儒仏道」という対立図式とのちがいもここにある）。その意味で、もともと「思想」的な受容だったのである。そのこともまた「思想史」の「潜在」の現れであるといえるとすれば、──さらに、こうした「思想」的受容に対する「思想」的反発が、歌と情的実感とが直接的に結びつく起源への回帰を主張する国学的思考を生んだことまで含めて考えれば──江戸期における「思想」の欠如は、日本思想史の成立条件の何を語っていることになるだろうか。そうした観点から、「日本思想史」という言説様式自体を捉え直すことが可能なはずだ。翻れば、明治期以降、思想という術語が発明され、「儒教」であれ「西洋哲学」であれ、すべてを「思想」として適当に距離化できる──かのように──なったとき、何が生じたのかを対象化する必要がある。

この方向で考えていくと、西欧の衝撃が「思想」という「外来語」をもたらしたことはたしかだとして──じっさい、この用語が最初に出現したとき、一番多かった用法は、たぶん「（西洋由来の）政事思想」であり、また「外来の思想」という表現である──、それ自体がじつは、仏教や儒教という外来の理論に寄り添いながら、同時に、それに対する違和を表明することができることを疑わないという、天衣無縫なあり方を大きく反復しつつ、新たな変奏を付け加えるものだったことが見えてくる。さらにいえば、「思想」を単なる知識人の手すさびの戯れ言と嘲笑う、健全な生活者の「無思想の思想」（大宅 1972）を謳いつつも、しかし「言わせてはおく」し、ときには妙に「勉強」もしてしまうこと、そして、こうした往還が事実として多くの場所に「思想」を繁殖させること――思想の過剰と、それに対する一種過剰な抹消の身振りとが相互に点滅するという、現在もなお続くあの情景もまた、こうした変奏のなかにあるはずだ。

　現代の日本に於いては、凡んどありとあらゆる思想が行われている。日本・東洋・欧米の、而も過去から現在にかけてのあれこれの人間に基く《ママ》思想を取り上げるならば際限がない。曰く二宮尊徳・山鹿素行、曰く孔子、曰くニーチェ・ドストエフスキー、曰くハイデガー、曰くヤスペルス、曰く云々。こう並べて見ると、こういう所謂「思想」なるものが如何に無意味に並べられ得るかに驚かされるだろう（戸坂 1935→1966: 227）。

　だから、そんな情景が最初に大っぴらに出現した時期に、たぶん戦前ではそれにもっとも敏感だった書き手によって書かれたこうした言葉をいわば本気に取り、「思想」に「驚かねば」ならない。思想への問いは、そこから始まる。

（1）戦後思想批判については多くの文献がある。近年では竹内（2011）、篠田（2016）など。

（2）たとえば、特定の哲学（者）の「言語思想」や「宗教思想」などを抽出する。あるいは、ある書き手があるテクストで女性を論じているとき、他のテクストから彼／彼女の女性観を探ったり、当該哲学者が所属するコミュニティや社会における女性の処遇と結びつけて分析する、など。

（3）もちろん、対象とその環境条件の両方が学知の内部にあると明示的に規定することも論理的に可能だが、この場合、「哲学」、「文学」等々というより、むしろ社会学に近くなってしまう。

（4）思想の方法的学術化が、思想史／精神史の名のもとに行われ、「思想学」や「精神学」と標榜されることがほとんどないのは、これと関連しているかもしれない。

（5）この点については、LaCapra（1983=1993）。

（6）いわゆる「悔恨共同体」を戦後における思考の運命的出発点と捉えるこうした倫理的構えの、当時における誠実性を評価したり、あるいは逆に、その倫理の内容や差し向け先の限界を批判するのが普通だが、すでに述べたように、それ自体が思想的な反応の反復になる。

（7）さらにいえば、これ自体が内部観察性の一つの（新たな）状態である可能性がある。それもまた内部観察されるべきかもしれない。

（8）思想に対する否定的態度は近代以前の日本にも見いだせるが、本論では触れられない。

（9）ロック観念論の地平については遠藤（2016）で詳しく論じた。トラシーに関しては、たとえばHead, ed.（1985）。マルクスへと至るイデオロギー概念の系譜は、坂田（1948→1995）がまとまっている。

（10）ちなみに、個別具体的な思想をそこに向かって参照することでメタ思想が遂行的に成立するという論理と、3節で取り上げた日本思想史における「思想一般」とを比較してみることもできるだろう。「社会学主義」とはいえないが、後者の「思想一般」には、取り上げるべき思想を背後から制御する何らかの社会的文脈が置かれている。

(11) そもそも、一九世紀において超越視点の並立がいかに可能だったか自体が不思議ではある。普通に考えれば、(a)超越視点を主張しているいずれの立場も、少なくとも現時点では真理に辿り着いてはおらず、そこに近づくための有望な案を提出しているか、(b)複数の超越視点のあいだで競争が生じて淘汰されていき、どれかが残るか、(c)複数の超越視点を同じ事態に対する異なる表現と見なして統合もしくは相互翻訳するか、(d)超越視点の成立可能性を否定する(つまり相対主義)のいずれか、もしくはそれらの組み合わせになりそうだ。思想の分立状況を哲学が先導したことを考えると(a)が実情に近かったと思われるが、自然科学モデルを媒介して、自然や社会の即物的で客観的な記述可能性という問題に接触していくと、話はそれだけではすまなくなる。じっさい、この点に関していうと、二〇世紀以降には(b)以下のすべての要素が展開していく。たとえば、(b)については、経済学と歴史学を中心とした、マルクス主義の絶対性に対する一定の支持が認められ、(c)の例としてはフロイトとマルクスの「融合」に代表されるような、「ネオ〇〇主義」の試みなどがある。(d)についてはいうまでもない。ただし、「相対主義」それ自体が最終的停止点となるとき、(疑似)超越視点のようにふるまうというアポリアが問題となるのも二〇世紀以降である。知識社会学における「社会」の実体化も、ある意味ではこの系だろう。

(12) たとえば、西欧において思想をつよく実体視する論理をもっとも展開した、ドイツ語圏の哲学や社会科学の移植によって説明することはできない。ドイツ系の学術の本格的受容が始まった明治の三〇年代後半(一九〇〇年前後)より以前に、日本語の意味世界における「思想」の存在感が色濃くなっている。この過程の検討は別稿を期したい。

(13) 正確には、戦前の村岡典嗣(1940)が日本思想史を開始した。丸山図式の修正的展開は数多いが、現時点の正統的記述として、渡辺(2010a, 2010b)など。

【文献】

Brunner, Otto, 1968, *Neue Wege der Verfassungs und Sozialgeschichte*, Vandenhoeck & Ruprecht.（石井紫郎ほか訳、一九七四、『ヨーロッパ――その歴史と精神』岩波書店。）

遠藤知巳、二〇一六、『情念・感情・顔――「コミュニケーション」のメタヒストリー』以文社。

Head, Brian, ed., 1985, *Ideology and Social Science: Destutt de Tracy and French Liberalism*, Martinus Nijhoff Publishers.

Hegel, G. W., 1830, Enzyklopädie der philosophischen Wissenschaften im Grundrisse.（樫山欽四郎・川原栄峰・塩屋竹男訳、一九八七、『エンチュクロペディー』〔新装版〕河出書房新社。）

家永三郎編、一九五九、『近代日本思想史講座1　歴史的概観』筑摩書房。

吉川徹、二〇一四、『現代日本の「社会の心」――計量社会意識論』有斐閣。

LaCapra, Dominick, 1983, *Rethinking Intellectual History: Texts, Contexts, Language*, Cornell Univ. Pr.（山本和平・内田正子・金井嘉彦訳、一九九三、『思想史再考――テクスト、コンテクスト、言語』平凡社。）

Mannheim, Karl, 1952, *Ideologie und Utopie*, Schulte-Bulmke Verlag.（高橋徹・徳永恂訳、二〇〇六、『イデオロギーとユートピア』中公クラシックス。）

水林彪、一九八七、『封建制の再編と日本的社会の確立』山川出版社。

向井守、一九九七、『マックス・ウェーバーの科学論――ディルタイからウェーバーへの精神史的考察』ミネルヴァ書房。

村岡典嗣、一九四〇、『増訂　日本思想史研究』岩波書店。

中村雄二郎、一九八〇、『日本の思想界――自己確認のために』勁草書房。

大宅壮一、一九七二、『無思想の思想』文藝春秋。

坂田太郎、一九四八→一九九五、『イデオロギー論の系譜』こぶし書房。

篠田英朗、二〇一六、『集団的自衛権の思想史』風行社。

竹内洋、二〇一一、『革新幻想の戦後史』中央公論新社。

戸坂潤、一九三五→一九六六、『日本イデオロギー論』（『戸坂潤著作集　第二巻』）勁草書房。

渡辺浩、二〇一〇a、『日本政治思想史——十七〜十九世紀』東京大学出版会。

渡辺浩、二〇一〇b、『近世日本社会と宋学』〔増補新装版〕東京大学出版会。

山本泰、二〇一五、「社会がわかるとはどういうことか？　社会学が分かるとはどういうことか？」『国際社会科学』第六五輯、東京大学大学院総合文化研究科国際社会科学専攻編。

吉川幸次郎、一九六八、「日中諸子学釈義」『吉川幸次郎全集』（第二巻）筑摩書房。

10章 想像のネットワーク
シベリア・極東ユダヤ人におけるアイデンティティのアウトソーシング

鶴見 太郎

1 共同体のアナロジーを超えて

ベネディクト・アンダーソンの「想像の共同体」論が想定するネーション（民族／国民）は、自己完結した閉鎖系である。その「共同体」は、「水平的な深い同志愛として心に思い描かれる」（アンダーソン 1997: 26）。それは完全に孤立しているわけではなく、他の共同体と作用し合うことはあるにせよ、喩えていえば、ビリヤードの球（＝共同体）がぶつかり合って相互に動きを変えるような程度にすぎない。つまり、球が破損して中身が入れ替わることがないのと同様に、他の共同体と本質的な部分を共有したり交換したりすることは想定されていないのである。近代国際政治体制が想定してきた国民国家も、基本的にこうしたものとしてイメージされているだろう。アンダーソンは、国民国家の歴史を相対化する一方で、現存する国民国家がこうした意味での共同体的な想像力に支えられていること自体は自明視している。

多民族帝国が解体され、国民国家群が新たに生まれた過程も、こうした前提のうえで理解されてきた。帝国時代においては、国家という「鉄の檻」によって諸民族が統合されていたにすぎず、一旦その束縛が解かれれば、東欧史において顕著なように、諸民族は分離し合っていくという理解である。もちろん、帝国解体前から、ポーランド人やドイツ人といった集合的意識が存在し、また言語や文化のある程度の共通性が見られたことは事実である。暮らしていた国家が突如として三分割されたポーランド人のように、国家的枠組みに違和感を持つ例も少なくなかっただろう。その場合、国家という檻のなかに複数の球がひしめき合う状況がイメージされ、それぞれの球が、帝国解体後に各独立国家に発展していったとする東欧諸国の公式の歴史観が形成されていく。

しかし、ユダヤ人でもありロシア人でもあるという意識を持つことが、少なくとも特定の階層ではむしろ常態化していったロシア帝国のユダヤ人の場合、事情はより複雑であった。具体的には後述するが、彼らにとって、ユダヤ人とロシア人というそれぞれ別個の球がひしめき合う場としてロシア帝国を描くのは難しかっただろう。かといって、「ロシア・ユダヤ人」という、二要素が混合した一つの球があったとするのも違和感が残る。その一方で、現実には帝国は崩壊し、ユダヤ人のあいだではシオニズムをはじめとしたナショナリズムが盛んになっていった。その一部は、東欧諸国のように、イスラエルという民族国家に収斂した。では、その過程では何が起こっていたのか。

本章では、こうした問いに答えるべく、まずは共同体のアナロジーで捉えがたい帝政ロシアのユダヤ人の社会形態を理論的に定義し、その延長において変貌を遂げていったことが見てとれるシベリア・極東地域のシオニストの動向を読み解いていく。そのことを通して、一見するとナショナリズムとは関わりのないメカニズムが、結果的にナショナリズムを強化する背景に光を当ててみたい。

2　相補的ハイブリッド性

ロシア帝国におけるユダヤ人の社会的生態を捉えるのに適したアナロジーは、共同体ではなく、ネットワークである。ユダヤ的なものとロシア的なものの交点にロシア・ユダヤ人は存在した。そうしたネットワーク上の「ロシア・ユダヤ人」は、ネットワークが遮断されると、存在しえないか、大きな変化を迫られることになる。例えば彼らがロシア以外の場所に移動したとすると、それは単に「ロシア」が外れるだけでなく、ユダヤ人としても存立が危うくなるのである。

こうした社会的生態は理論的にどのように定式化できるだろうか。まずはこれに似た典型的な事例を二つ挙げてみたい。

一つ目はマレー華人の事例である。マレーシアはマレー人と華人を中心とした多民族国家である。少数派である華人は、その社会経済的機能、とりわけマレー人と中国を含む国外の市場を架橋することにおいて、その存在意義をマレーシア政府に認められ、また自らもそのことに存在意義を見出している。

それは彼らがいわゆるマレー人でも中国の中国人でもなく、双方の要素を併せ持つ存在であるからこそ可能となる立ち位置である。このとき、マレーシアの華人は、「マレー華人」として、つまりマレーシアという固有の文脈と不可分な存在として自らを位置づけている。[1] この事例では、マレー華人のなかで、マレー的要素と華人的要素は相互に補完しあっている。華人としての特性を発揮するためにはマレーシアないしマレー人が必要であるし、自らがマレーシアの一部でなければならないからである。つまり、マレー華人は、自己完結した共同体ではなく、ネットワークの一部として存立し、ネットワークに接続可能な形で自己が構成されているのである。

もう一つ、さらに特異ながら、より明白な形で自己完結していない事例として挙げられるのは、「コサック」と呼ばれる人々である。コサックは現在、ロシアの人口統計では、「ウクライナ人」や「タタール人」「ユダヤ人」などと同格であるところの「ロシア人」の下位分類として、もしくは、「ウクライナ人」や「カルムィク人」と一括して集計されている（コサックにもいくつか種類があるとされるため）。「ロシア人」の下位分類としてのコサック人口は二〇一〇年現在、六万七五七三人である。[2]

「放浪者」「冒険者」を意味するトルコ語に由来するコサックは、元来は南ロシア、ウクライナ、シベリアなどで活躍した騎馬戦士集団である。中世末ロシアの南・南東国境警備に配置されたトルコ系コサックのほか、一五世紀後半から役人や地主の圧制を逃れて国境を越えた逃亡農民などもコサックと称し、この「自由コサック」がドン、テレク、ヤイク（ウラル）などの川岸に集まり、各地で独特な民主的・軍事的組織をつくった。同時期にウクライナにもコサックが生まれ、ドニエプル下流のザポロージエ

（ウクライナ南東部）に本営が置かれた。ロシア帝国においてコサックは軍団として辺境地域での防衛に利用された一方、分離主義的傾向に対しては規制がなされた。二〇世紀初めには一一の軍団が存在し（一九一六年の兵員数は二八万五〇〇〇、コサック総人口約四四三万）、彼らは日露戦争や第一次世界大戦でもロシア騎兵軍の中核として活躍した。皇室につき、武装や土地割り当てで優遇されつつ、教育程度もやや高かったことが、一般民衆に対する差別意識と皇室に対する強い忠誠心を生んだという（川端ほか編 2004: 261–262）。

革命後、コサックの多くはいちはやくツァーリを支持し、白軍について戦った。そのため、ソ連体制下でコサック身分は否定され、行政上もコサック領地は解消された。革命派についた貧農コサックは革命の成就に不可欠の戦力として利用されたが、敵の排除後は用済みとされ敵視されていった。それゆえ、ソ連時代、コサックは歌やダンスといった文化の次元でしか生き残らなかった（植田 2000: 190–194）。

ペレストロイカからソ連の解体を経る過程でコサック軍団の再興が議論され、実際いくつかの軍団が復活した。また自治を求めて共和国創設の計画や、チェチェンなど旧ソ連内外の民族係争地域においてロシア側への軍事的支援などの動きを見せた。今日でもコサックはロシアへの帰属意識が強く、ロシア・ナショナリズムと結びつきやすい（川端ほか編 2004: 262–263）。

では、彼らがロシア・ナショナリズムに結びつくのは、どのようなメカニズムによるのか。B・スキナーによると、現代のコサック・アイデンティティのポイントは次の三点である。（1）ロシア国家への軍事的奉仕、（2）伝統的なコサックの価値（ロシア正教、同志への敬意、規律など）、（3）ソ連時代の被抑圧の記憶（Skinner 1994: 1024–1034）。このうち、（1）全般と、（2）のロシア正教の部分に、コサックを閉鎖系と捉えた場合に齟齬が生じる契機が含まれている。スキナーによると、コサックの人々は、ロシア国家への軍務という要素をアイデンティティの核心として強調し、また帝政ロシアをつくりあげ、防衛した歴史的役割を自負する。一九九〇年のある会合では次のことが宣言された。「我々は常にロシアの故郷の防人で、我々の母国の保守者だった。……我々の歴史はこの国全体の歴史を反映している」。一九九二年には次のようなさらに具体的な記述が見られる。

ロシアが偉大だったすべての源泉、すなわち、ドニエプル川から千島列島に至る土地、強力な経済、輝かしい文化、軍事的な栄光――近年まで世界から我々が超大国だと考えられるに至った全ての源泉――これが多民族的なロシア民族の利点なのである。この多くは、コサックである我々の祖先、その血と汗と知性によって達成されたのである。

今日のコサックのある部隊に入隊するときの忠誠の誓いは、次のようなものである。「私の偉大なる母国ロシアの忠実な息子となること」（Skinner 1994: 1025, 1028）。

以上のように、コサックは、いわゆるロシア人（エスニック・ロシア人）とは民族的ないし血統的に区別される一方で、そのアイデンティティの中核が「ロシアの防人」となっている。つまり、彼らは「ロシア」という概念抜きに自己定義することができず、ロシアを離れればコサックたりえなくなってしまうのである。彼らの存在意義はロシアにおいてのみ発揮される。コサックが思い描いているのは、コサックの定義をコサック自身が持つ排他的資源でまかなうという自己完結した共同体ではなく、ロシアの中枢とつながるネットワークの一部としての自己である。換言すると、彼らは、自らのアイデンティティの核をロシアに「アウトソーシング」しているのである。

　以上のような自己のあり方はどのように概念化できるだろうか。まず、自己のなかに異種が混交しているから、ハイブリッドであるといえる。さらに、それら諸要素は静的に並列しているのではなく、互いに補完し合っている。ロシア人とコサックが互いに補完し合っているというよりも、コサック自身のなかに、コサックを必要とするロシアがあり、必要としてくれるロシアをコサックが必要とするという循環関係がある。マレー華人の例でも、マレーシア経済が華人によって回っているという状況が華人としての意識を高めうる。マレー華人のなかに、華人としての意義を承認してくれるマレー的要素が内在している。こうしたハイブリッド性は、相補的である。したがって、それを「相補的ハイブリッド性」(complementary hybridity)と呼ぶことができる[3]。

　ハイブリッド性に関する既存の議論では、ハイブリッド性の結果に着目する場合が多い。つまり、それが何をもたらすのか、例えば創造的な文化をつくりだすのか、支配層への脅威となったり、文化的・政治的秩序を改変したりするのか、といった点に主な注目が集まってきた。その一方で、ハイブリッド性がいかなるメカニズムによって成立しているのかについて十分に議論されてきたとはいえない[4]。本章では、この点に着目していく。

一九世紀末に五二〇万の人口を数えたロシア帝国のユダヤ人も、相補的ハイブリッド性を自覚する状況に置かれていた。彼らがロシア帝国に多く暮らしていたのは、一八世紀末のポーランド分割によるところが大きい。ポーランドにそれ以前から多くユダヤ人が暮らしていたのは、彼らが中世にドイツから移住したからである。それは、キリスト教復興による迫害が始まったなか、ポーランドの貴族がユダヤ人の経済的役割に期待して、彼らを優遇したことによる。ロシア・東欧地域のユダヤ人は、貧しい商店や行商、手工業を営む者も多かったが、裕福なユダヤ人からの支援で持ちこたえていた。ロシア帝国、例えばウクライナでは、農民はウクライナ人、地主はポーランド人、役人や重工業従事者はロシア人、そして商人はユダヤ人やギリシャ人、防人はコサックといった、民族ごとの分業体制が常態だった。それぞれが自己完結する社会になっておらず、ネットワークのなかで回っていたのである。

ロシア帝国への編入は、ユダヤ人にとっては、上から新たな檻をはめられたような事態ではあった。それゆえ、彼らにとって、ロシアとユダヤのハイブリッド性は、はじめは強いられたものだった。しかし、彼ら自身の意識として、それが終始「望まない結婚」だったわけではなかった。二つの要素のあいだに積極的な意味が見出される場合も顕在化していった。そのことは、とりわけ帝国崩壊後、両者の結びつきに危機が訪れるなかで表明される。例えば、ロシア・ユダヤ人の自由主義者は、ボリシェヴィキによるロシア支配の拡大にしたがって西欧に亡命していった。パリに到達した一派は、『エヴレイスカヤ・トリビュナ』（ユダヤ新報、一九二〇―一九二四年）というロシア語の週刊紙を刊行する。そこでしばしば強調されていたのは、ロシアにおけるユダヤ人の固有の役割である。特に、経済的役割に加え、

「西欧化」の担い手としての役割も強調された。だからこそユダヤ人はロシアにとって必要である、という論調である。彼らは自らを民族的ロシア人であると考えていたわけではなく、ユダヤ人であると考えていたが、ユダヤ人を必要とするロシアはユダヤ人としての誇りをもたらしてくれる場であり、その意味において彼らは「ロシア・ユダヤ人」を自らのアイデンティティとした（鶴見 2017: 170-175）。

しかし、ロシア帝国はついぞ復活しなかった。ボリシェヴィキはユダヤ人が従事していた職業の多くをあくまでもブルジョワ的として切り捨てた。その一方で、当時、のちにユダヤ人の主権国家たるイスラエルを建国することになるシオニスト運動が盛り上がりを見せるようになっていった。この間、ユダヤ人の相補的ハイブリッド性についての認識はどのような変遷を遂げたのか。以下では、極東のロシア系ユダヤ人という、離散ユダヤ人のなかでも特に離散状態にあったユダヤ人のシオニスト運動を取り上げ、ネットワークがどのように想起され、変貌していったのかを追っていく。

3　シベリアのシオニスト⑤

ナショナリズム研究の先駆者の一人であるチェコ生まれの歴史家ハンス・コーンは、一九二九年までシオニストとして活動していたことでも知られる。彼は第一次世界大戦の捕虜として、数年間をシベリアのイルクーツクで過ごしている。この期間、シベリア・シオニストのロシア語週刊紙『エヴレイスカヤ・ジズニ』（英語にするとJewish Life）に、シオニスト思想家などについて多くの記事を寄稿していた。

この週刊紙は、ロシア革命後の内戦期、白軍のコルチャーク将軍体制下の一九一九年二月から一九二〇年二月まで発行された。一九一九年八月にペトログラード発行のロシア・シオニストの週刊紙『フロニカ・エヴレイスコイ・ジズニ』がボリシェヴィキによって廃刊に追い込まれていたから、この時期にロシア語で出版されていた唯一のシオニスト定期刊行物である。

シベリアといえば流刑地のイメージが強いが、シベリアのシオニスト運動の中心は、コーンのような流刑者ではなかった。そもそもシベリアは帝政期からソ連期にかけて、国家主導で開拓が行われた地域でもあり、ユダヤ人もそれに乗じてシベリアに入っていった。コーンを除くと、『エヴレイスカヤ・ジズニ』の編集部の多くはシベリア出身者もしくは長くシベリアに暮らしていた者で占められていたものとみられる。

一般に帝政ロシアはユダヤ人抑圧で悪名高いが、中央から遠く離れ、人口密度も低かったシベリアにおける政府からの締め付けは緩かった。また、キリスト教に基づく伝統的な反ユダヤ主義も希薄で、ユダヤ人と現地住民との関係は比較的良好だった。第一次世界大戦開始まで、シベリア・ユダヤ人の多くは経済的に安定しており、文化的には他のロシア人にかなり同化していた（Beizer 2009: 38)。コーン自身、一九一九年のイルクーツク滞在を実り多いものと回想しており、同市は「一〇万人ほどの人口で、とても住みよく、気持ちの良い都市であった」と記している（Kohn 1964: 114)。『エヴレイスカヤ・ジズニ』も、シベリア・ユダヤ人の生活状況は、ロシアの他のどの地域よりも「好ましい」としていた（*Evreiskaia zhizn'* 1 [1919. 2. 14]: 3)[6]。

こうした状況にもかかわらず、シベリア・ユダヤ人のなかで、シオニズムはユダヤ人の他の諸政党と比べてはるかに人気を博していた。「にもかかわらず」というのは、シオニズムはユダヤ人迫害に対する反応とされることが多いからである。全ロシア・ユダヤ人会議（一九一七年一一月開催）に向けた選挙結果を見ると、投票率が低いなかではあるが、ロシア全体で、シオニスト諸政党は他のユダヤ人政党をはるかに凌いでいた（Rabinovitch 2009: 207）。そのなかでも、シベリアと極東（ウラジオストクやハバロフスクあたりはシベリアと区別して極東と呼ばれる）ではこの傾向はさらに強まり、ユダヤ人社会主義組織ブンドが一二一〇票、社会主義色の強いシオニスト組織であるポアレイ・ツィオンが五一四票、その他が四九八票を集めたのに対して、シオニストの得票は八二四二票にのぼった（Mendel'son 1919: 6）。シオニストは、一九一九年に設置されたシベリア・ウラル地区のユダヤ民族評議会でも支配的な位置を占めた（Beizer 2009: 38）。白軍のコルチャーク将軍の体制下（一九一八年秋―一九二〇年一月）において出版された『エヴレイスカヤ・ジズニ』は、この時期もシオニズムが支持を保っていたことを示している。

ではシオニズムはなぜシベリアで支持されたのか。そのためにはやはりシベリア・ユダヤ人の文脈でシオニズムの意味を分析していく必要がある。シベリア・シオニズムに関する文書館史料による研究はいくつかあるが（e. g. Kal'mina 2009）、どのような文脈で彼らがシオニズムを論じていたのか、あるいはどのような側面を強調していたのかといったシオニスト自身の声についてはこれまでほとんど知られてこなかった。

一八九七年の国勢調査によると、三万四四七七人のユダヤ人がシベリアに暮らし、第一次世界大戦前までにその数は約五万人にまで増加した（Beizer 2009: 37）。シオニスト運動がシベリアで始まったのは、ロシア帝国西部より一〇年以上遅く、テオドール・ヘルツルがスイスで世界シオニスト機構を立ち上げたのちの、一八九八年頃である。最初のシベリア・シオニスト会議は一九〇三年にトムスクで開催され、一九一二年にイルクーツクで二回目が開催された。組織の支部は、シベリアやウラルの主要都市に設置された。他地域のシオニズム同様に、一九〇五年前後のポグロム（虐殺・暴動）や第一次世界大戦中の強制移住といったユダヤ人の苦境は、シオニスト運動をさらに活性化した（Kal'mina 2009）[7]。

シベリア・シオニスト運動の中心人物は『エヴレイスカヤ・ジズニ』の編集部の一人で、多数の記事の寄稿者でもあったモシェ・ノヴォメイスキーである。イルクーツクの近郊にあるバイカル湖近くの小さな村で生まれ、死海地域でパレスチナ・ポタシュ会社を設立したことで知られる人物である。「ポタシュ」とは、カリウム（ポタシウム）を含むいくつかの化合物の一般名である。彼は、バイカル湖の周囲で鉱業や化学工業を展開し、成功を収めていた。一九二〇年にパレスチナに移住したのち、死海がシベリアの湖に似た化学物質を有していることに着目し、死海の開発に着手した[8]。

ノヴォメイスキーは一九二〇年初めの段になって、コルチャークを非難し、ボリシェヴィキにある程度擦り寄る発言をするにいたったが、それまでは、ボリシェヴィキを批判し、コルチャーク政府を支援する方向の記事を複数書いていた[9]。また、シベリアのシオニスト運動は必ずしもパレスチナへの移住を目指していたわけではなかった。シベリア・シオニストは、運動の重要な目的の一つとしてパレスチナでのユダヤ人国家の設立を強調していた一方で、イルクーツクやロシア全体の地域政治に、イデオロギー的にも実践的にも関与していた。ノヴォメイスキーも一九一八年一二月二六日にトムスクで開催されたシベリア・ウラル・ユダヤ共同体会議で議長を務めてもいた。会議ではパレスチナについてはごく簡単に言及されるにとどまり、主に文化活動やロシアでのユダヤ人自治組織の設立が議論された（*Irkutssk biulleteni*, 1 [1918. 12. 31], 3 [1919. 1. 17]）。

このように、もとより居住地中心的だったシベリア・シオニストが出版していた『エヴレイスカヤ・ジズニ』を紐解くと、コルチャーク政権下におけるシオニズムの射程が明らかになっていく。同紙については、同じく回想に準ずるものではあるが、同紙編集部の一員でシベリア・ウラル・シオニスト機構の副代表だったアレクサンダー・エヴゼロフ（エゼル）によるヘブライ語の概説がすでに存在する。それによると、同紙は毎週、パリ講和会議、東欧のポグロム、ユダヤ人の自治やロシアの他の少数民族の政治、文化団体「タルブート」を中心としたユダヤ人の文化活動や教育、戦争捕虜の支援、パレスチナの入植地の状況等、広い範囲をカバーしていた。三二〇〇部が配布されていたという（Yebzerov 1972）。

しかしエヴゼロフは、ロシア帝国内で繰り広げられていた、民族をめぐる政治に関しては深く掘り下げていない。この点は、シオニズムがコルチャークの政権下や変動期に重要性が増した要因を探るうえで重要である。まず、エヴゼロフは特に言及していないものの、同紙の反ボリシェヴィキ的傾向を指摘しなければならない。後年では、ユダヤ人とボリシェヴィキを同一視する言説が大いに流布したことからも、注意深くみていく必要がある。その背景には主に二つの要因があった。第一に、ボリシェヴィキはユダヤ人を民族と見なしておらず、事実、モスクワのユダヤ人会議はボリシェヴィキによって潰された。さらに、商取引を禁止してユダヤ経済を破壊するボリシェヴィキの反ブルジョワ政策をシオニストは懸念していた。ウラル山脈の麓に位置する都市ペルミからの報告では、ボリシェヴィキがユダヤ経済を破壊した一方で、臨時政府の軍（白軍）がユダヤ人の社会生活や文化生活を復興したと書かれている。ペルミのユダヤ共同体の代表は、コルチャークへの支持を表明していたという（*Evreiskaia zhizn',* 10, 11 [1919. 5. 9]: 22, 23)。ユダヤ人とボリシェヴィキを同一視する言説を意識してか、同紙には、ユダヤ人が他の民族に劣らずボリシェヴィキの被害に遭っていることが記された記事もある（S. 1919a)。ボリシェヴィキはユダヤ人が全体の四〇%を占めていた個人商業を破壊したという（Gorskii 1919: 3)[10]。同紙では、一九一九年終わりのコルチャーク体制の崩壊後も、ボリシェヴィキの反ブルジョワ政策に対する懸念が表明されていた（Gorskii 1920a, 1920b)。

ロシア全体に関わる文脈でも、編集部の署名入りの同紙最初の記事では、ロシア国家の崩壊がロシア・ユダヤ人の混乱の主因として指摘されている。この記事は、最も重要なことはパレスチナでのユダヤ人国家設立にあるとしながらも、他の少数民族とともに、ユダヤ人はロシアにおいて独自の利益を擁しており、「ロシア・ユダヤ人の命運は、ロシア全体の民主主義と不可分に結びついている」と述べている。ここで「ロシア」という形容詞は rossiiskii である。この形容詞はロシアの国家的枠組みを指し、エスニック・ロシア人を指す russkii とは区別される（混同されることもしばしばだが)。同紙はその主要な目的として「ロシアに暮らすあらゆる人々の広範な民族自治の権利の擁護」を掲げていた（*Evreis-*

kaia zhizn', 1［1919. 2. 14］: 3, 5）。このように、シベリア・ユダヤ人を含むロシア語系ユダヤ人の命運はロシアと一体であることが強調されている。しかも、受動的にではなく、自分たち自身がロシアを多民族的な民主制に変革していくという積極的な関与を伴っていた。

全ロシア・ユダヤ会議を設置する必要性を強調するある記事は、ディアスポラでの民族自治の確立とパレスチナでの国家設立はユダヤ人の意志であると表明している（GIG 1919: 16）。国家と民族の区別は、当時のシオニズムの基本であった。編集部の一人G・ギテルソンは、個人としての市民権のみをユダヤ人に認め、ユダヤ人の集合的利益を看過する自由主義者の態度を批判しつつ、ロシアが多民族国家であると論じ、「愛国心は国への義務感であるが、その人口のなかの特定の集団に対する服従を意味するものではない」と論じる。彼によると、ロシア国家はすべての民族の「友情、信頼、協力、そして国家全般への愛着」に基づく（Gitel'son 1919a: 4-6）。

こうした信念から、彼らは少数民族や他の民主派政党の連合に参加した。同紙によると、民主主義の確立によってしか、ロシアが復興し、ユダヤ人の市民的・民族的平等を含む自由が保障される道はない（Sh. 1919a: 7-8）。事実、イルクーツクの市議会選挙では、「少数民族連合」のリストが同紙に掲載されており、そこではシオニストやムスリム、ラトヴィア人、エストニア人、リトアニア人、ブリヤート人が含まれていた（*Evreiskaia zhizn',* 10, 11［1919. 5. 9］: 23, 31）。もっとも、一九一九年五月二五日に開催された選挙では、彼らは一議席も獲得できなかった（*Evreiskaia zhizn',* 15: 19）。

選挙戦の結果はともかく、ロシアの民主国家化を目指す志向は、当初民主主義の擁護者に見えたコルチャークをシベリア・シオニストが支持した背景にあった。今日では、他の白系政権同様、コルチャークの反ユダヤ主義的な性向と独裁的な行動は悪名高いが、同紙では、コルチャークが反ユダヤ主義に対する措置を取ると約したことが幾度か報じられている。「コルチャーク提督のユダヤ人問題についての見解」と題された記事では、コルチャークが「民族に対する虐待に私は反対する。（……）私は、この国全般の平和によって、民族問題の緊急性は消失するものと考えている」と述べたことが引用されている（*Evreiskaia zhizn'*, 16 [1919. 6. 20]: 12)。また別の記事「一歩前進」では、「コルチャーク提督は彼と彼の政権がユダヤ人問題に完全に誠実に対応し、反ユダヤ主義的扇動に対抗すると宣言した」とある。この記事によると、政権は、「ロシアの国家性の再興に悪影響を及ぼすため」、ユダヤ人問題を「国家的（*gosudarstvennyi*）問題」と位置づけているという（Sh. 1919b: 3）。

この点は、シベリア・シオニストが新たなネットワークを想起しはじめたことと関係している。鍵となるのは、白軍をめぐる国際政治である。当時、共産勢力の拡大を嫌ったアメリカや西欧諸国は、ボリシェヴィキに対抗するために白軍を支援した。白軍が数年間持ちこたえたのはその支援によるところが大きい。だが西側諸国も、伝統的なツァーリ体制の復活を望んでいたわけではなく、抑圧的傾向は嫌っていた。コルチャーク政権がユダヤ人問題を「国家的問題」と考える背景に、前記の記事は、ユダヤ人に対する抑圧が政権の反動的性格を示してしまうことへの懸念があると説明している。この記事は、コルチャークとユダヤ人の慈善組織アメリカ合同分配委員会（通称「ジョイント」）の代表フランク・ローゼンブラットの会談を報じたものであるが(11)、興味深いのはこの記事が次の点を強調していることである。

オムスク政府のトップが、ロシアのユダヤ人をめぐってアメリカの代表団と会談することに合意した事実は、コルチャークの声明の裏にあるもの、また非ユダヤ人やその政府が、ユダヤ人の世界的な一体性をこれまでになく認知し始めたことを示している、と（Sh. 1919b: 3）。[12]こうした指摘は、ユダヤ人の一体性それ自体が、国際的・帝国的な舞台においてユダヤ人の存在感を高めることになることがユダヤ人のあいだで認知されるようになったことを示唆している。

ただし、そうしたユダヤ人の一体性の強調は、必ずしも外国からの援助を期待してのこととは限らなかった。シベリア・ユダヤ人の比較的良好な経済状況や地域での民族関係を反映してか、同紙にはこうしたユダヤ人の一体性によって、シベリア・ユダヤ人が離れた地域のユダヤ人を援助することが可能になる旨記されていたりもする。半年記念号には、同紙と同紙が載せた外国に関する情報が、シベリアとウラルのユダヤ人と世界のユダヤ人の精神的紐帯をつくりあげたことを誇る記述がみられる。例えば、シベリアとウラルのユダヤ人のあいだで、ポーランドやガリツィアにおけるポグロムに対する抗議や、犠牲者援助のための寄付を募る動きを呼び起こしたという（Gitel'son 1919b, Sh. 1919c: 3）。同紙の毎号後半部分には、ポグロムに関する記事が頻繁に掲載されており、そこではポグロムの詳細にとどまらず、シベリアや極東における抗議集会の様子も報じられている。また、ロシアだけでなく、ポーランドやガリツィアにおけるポグロムについても頻繁に報じており、それに対して団結して抗議するように呼び掛けがなされている（例えば、*Evreiskaia zhizn'*, 4, 5 [1919. 5. 13]: 14–18）。他の記事でも、シオニズムは単にパレスチナに向けた動きにとどまらず、ディアスポラに残ったユダヤ人のための運動でもあることが定義されている。第一次世界大戦が、地域を超えたユダヤ人の紐帯の必要性を生んだという（Iokhanan 1919a: 4–5）。

文化活動や教育もシベリア・シオニズムの重要な一部だった。主にシオニストによってモスクワで設置された「タルブート」（文化）という組織について、同紙はシベリア・タルブートは他のタルブートよりも包括的であり、同化に対する抵抗までを含むものであると強調する。シベリア・ユダヤ人が世界のユダヤ人の不可欠な一部であるために、ユダヤ人の若者にユダヤ人の民族文化、とりわけヘブライ語に触れさせることが重要であるという。なぜなら、シベリア・ユダヤ人はユダヤ的な伝統不在のなかで暮らしており、ポーランドやリトアニアのユダヤ人より自由に、そして土地、特にロシア農民の近くで暮らしているからである、と（Iokhanan 1919b）。

以上のように、ユダヤ文化がかなり形骸化していた一方で、ロシアやシベリアにおいてユダヤ人としての地位を築いていた点でロシアないしシベリアとの相補的ハイブリッド性を備えていたシベリア・ユダヤ人は、帝国崩壊期において、別の要素と新たに結合していくこととなった。旧ロシア帝国西側の悲惨なユダヤ人の支援を通して彼らとつながり、ユダヤ人としてのアイデンティティを再確認すること、そしてアメリカ・ユダヤ人とつながることでロシアでの地位を固めることが、特に重視されるようになっていったのである。しかしそれは依然として、ロシアの一部たるシベリアに根を張り続けるという前提と一体のものだった。

4　ハルビンのシオニズム

だがコルチャーク政権が陥落後ほどなくして、ボリシェヴィキに批判的だったシオニストは、ロシアを去らなければならなくなった。『エヴレイスカヤ・ジズニ』は一九二〇年二月二〇日号を最後に廃刊となった。

しかし、他の白系ロシア人と同様に、彼らの一部はロシア語圏とのつながりが深い地域に留まり続けたのである。その足取りについては、中国、特にいわゆる満州におけるシオニスト運動やそのユダヤ共同体の主要な指導者であったアブラハム・カウフマンが、イスラエルに移住後に概説している[13]。それによると、『エヴレイスカヤ・ジズニ』の中心人物ノヴォメイスキーとエヴゼロフは、まず上海に向かった。ノヴォメイスキーはほどなくしてパレスチナに移住し、前記のように死海周辺の開発に着手するが、エヴゼロフに極東に留まってアリヤー（パレスチナ移住）やシオニズムの組織化に尽力するよう依頼した。そして一九二〇年一〇月一日付で、上海で週刊『シビル・パレスチナ』（シベリア・パレスチナ）が刊行された[14]。一二月三日の第九号から、同紙はハルビンに拠点を移し、大日本帝国の支配下で一九四三年まで刊行されることとなる。非合法的に、オムスクを含むシベリアにまで配布されていたという（Kaufman 1972: 79, 81, 82）。管見の限り、同紙は最も遅くまで発行されたロシア語シオニスト紙である。一九二一年三月四日の第九号からはハルビン・ユダヤ社会を率いてきたカウフマンが編集長になり、多民族であったハルビンにおけるユダヤ社会とシオニズムを架橋する性格を強めていった。ハルビンの多民族性に関していえば、同紙周辺のユダヤ人がハルビンにおいて日本人とも交流があったことがうかがえるエピソードとして、同紙の一九二三年の号に、矢内原忠雄のパレスチナ旅行記が掲載されていることを指摘しておきたい⑮。

ハルビンのユダヤ人口は一九一七年の時点で一万五〇〇〇人を数えた（Kaufman 1972: 76）。ユダヤ人入植者たちは、シベリア入植に近い形で、つまり、ロシア政府の対ユダヤ政策の緩慢さに引き付けられてハルビン周辺にやってきていた。日本とロシアのせめぎ合いのなかで、一八九六年に中東鉄道の敷設権がロシアに渡り、ロシアによる当地の開発が開始されるが、財相のセルゲイ・ヴィッテは一九〇二年に満州を視察した際に、貧弱なロシア入植地に衝撃を受け、商人や退役軍人のみを入植させるよう進言した。彼やその後継者はユダヤ人をはじめとした少数民族の商業に対する慧眼に鑑み、彼らの入植を奨励していく。ユダヤ人は一九〇三年に自らの共同体の「委員会」を設置した。一九二二年までにハルビンの全人口四八万五〇〇〇人のうち三〇万人が中国人、一二万人がロシア人、三万四〇〇〇人が朝鮮人、五〇〇〇人が日本人で、ユダヤ人は三%を占めるにすぎなかったが、ビジネスや公共部門で重要な役割を果たした（Shichman-Bowman 1999）。一九一七年の二月革命後の四月三〇日に開催された暫定的なユダヤ人の委員会は三一名のメンバーからなっており、そのうち一三人がシオニスト、四人が正統派（伝統的ユダヤ教）、二人がブンディスト（ユダヤ人社会主義のブンド）、一二人が無党派であり、この時点でシベリア同様にシオニストが突出していたことがわかる（Bresler 1999: 20）。

『シビル・パレスチナ』の初期の号では、様々な地域の状況に関する、外部の新聞に一部基づく短いレポートが大半を占め、以前のロシア語シオニスト紙のような論説記事は少ないが、ある程度の傾向は掴むことができ、また独自の論説も次第に増えていった。同紙の基本的な方向性は、その名が示すように極東とパレスチナを取り結ぶことであるが、ここで注目したいのは、どのように結ぶのかということ、またそのことが何を含意していたのかということである。それを解く際にヒントとなるのは、毎号のマストヘッドに、ロシア語が読めない現地の役人等を意識してか英語で書かれていたその目的である。「パレスチナに関する移民や商機、一般情報に関して極東で関心を持つ者を啓蒙することを目的とした週刊紙」。これは何を意味するのだろうか。

まず、シオニスト運動は、帝政時代から、パレスチナ入植を目的とする限りにおいて、つまり国内問題に関わらない範囲で活動を認められていた。英語でこのように書いた背景には、ハルビンのシオニズムもパレスチナにしか関心がないことを示すカモフラージュであったことがまず考えられる[16]。しかし、これはハルビンのシオニズムに関しては、ある程度真実でもあった。何よりも、明らかにロシアそのものに対する関心が低下しているからである。紙面には、ロシアのユダヤ人の状況についての報告がある程度みられたものの、ロシアの政治状況や経済状況については、論説記事を含めてほとんど記述がない。同紙の趣旨が説明されている第一号の巻頭記事では、同紙の目的として、「孤立し離れたところにいる極東のユダヤ人を世界の他の場所のユダヤ人と結ぶこと」、および「パレスチナのユダヤ人の暮らしとパレスチナで沸き起こっている（……）創造的な活動を完全に、また全面的に反映すること」とある。

一方、白軍のデニーキン将軍体制下のポグロムを、ポーランドにおける虐殺事件と並べてユダヤ人の苦悩の元凶に挙げ、そうした状況に物理的な安心を与えられる唯一の権力は現状ではソヴィエト政権に限られると指摘する。つまり、同紙はもはや白軍を支持していない。もっとも、ソヴィエト・ロシアの政策は、資本主義経済における仲介人としてのユダヤ人の役割を破壊するものであり、ユダヤ人にとって厳しいものであることも同時に指摘している。そして、こうした「ガルート」（古代パレスチナからの追放）の苦境への闘いとユダヤ的パレスチナの復興は軌を一にすることを訴えてこの巻頭記事は結ばれている（*Sibir'-Palestina,* 1 [1920. 10. 1]: 3–4）。

こうして、パレスチナでのユダヤ人国家、とりわけユダヤ人入植地建設支援の重要性とその成果を訴えかけることが同紙の基調となっていく。これはシオニズムとしては至極当然のように思われるかもしれないが、イルクーツク時代の観点から振り返ってみると、少し別の側面が見えてくる。まず、パレスチナにユダヤ人の中心ができれば、ディアスポラのユダヤ人も正常化に向かうとの想定は帝政時代からあまり変わっていない。つまり、自分自身はあまり移民する気がないのである。そして、イルクーツク時代と共通するのは、パレスチナ・ユダヤ社会を支援することを通して、ディアスポラ、特にヨーロッパ・ロシアと東欧の同胞を救うことに何らかの意味を見出していたという側面である。ある巻頭記事は、「もしパレスチナがすべてのディアスポラへの光としての役割を担うならば、今この瞬間はパレスチナを復興させなければならない」と説く（*Sibir'-Palestina,* 7 [1920. 11. 12]: 4）。パレスチナとのつながりを通して世界のユダヤ人とつながることを訴える記事も散見される（*Sibir'-Palestina,* 1 [1921. 1. 1]: 3–4）。

あるいは、シベリア・ユダヤ人が目まぐるしく変化しているユダヤ人の流れから遅れをとってはならないと鼓舞する巻頭記事もある。その記事は、シベリア・ユダヤ人が、中心から離れて分散し、タイガやツンドラに置き去りにされ、極度に同化の度合いを深めながらも、民族的理想を捨てなかったことを誇る一方で、目下の厳しい状況において民族活動に情熱を注ぐポーランドやウクライナのユダヤ人と違って、恵まれた状況に置かれているためにこの歴史的瞬間に参加することの価値を理解していない、と批判的な物言いを添えていたりもする（*Sibir'-Palestina*, 8 [1920. 11. 19]: 3-4）。

ではいかにしてパレスチナ入植を支援するのか。人材の派遣をある程度目指した形跡はうかがえる。例えば、一九二一年四月に、上海から旅立った極東からの最初のハルツィーム（シオニスト開拓者）について誇らしく言及する記事がある（Kaufman 1921a）。だが、その記事も、むしろこの時期に活性化した「シェケル」（シオニスト運動への寄付）集めキャンペーンに埋没している感がある。当時、シオニスト運動全体において、「ケレン・ハイソド」（基盤基金）というシオニスト機構の財政を一手に担う基金が本格的に始動していた。特定の政党を超えてユダヤ民族全体の「自発的な税金」としてこの基金への寄付を捉え、寄付を訴えかける記事が同紙に多く載せられている（Kaufman 1921b）。

パレスチナの状況についてのノヴォメイスキーからの報告にも、パレスチナの政治状況は良好だが、金銭的な欠乏に苦しんでいる旨記されている（*Sibir'-Palestina*, 10 [1920. 12. 10]: 7）。また、『イスラエル・メッセンジャー』からの転載であるが、別の記事は、東欧のユダヤ人が人種憎悪だけでなく、貧困にも苦しめられていることを伝えている（*Sibir'-Palestina*, 10 [1920. 12. 10]: 11）。そして、パレスチナ・ユダヤ社会の発展に必要なものとして頻繁に言及されていたのが「(民族)資本」である。一九二〇年一二月二九日に開かれた極東パレスチナ会議では、パレスチナの国を復興させ、またユダヤ人のパレスチナを創り出すという現在の世界のユダヤ人にとっての課題を達成するためには、労働の動員とともに資本の動員が不可欠であることが論じられている(*Sibir'-Palestina*, 4-5 [1921. 1. 28]: 16)。

ここで注意すべきは、パレスチナへの投資に対する関心が、原住民を労働力として活用(搾取)して利潤を得るという動機に基づくわけではないということである。むしろ、経済的利益に反してでも資本投下が民族の境界線に沿うべきことが強調されていたことに注目する必要がある。それはシオニズム史学の定番のテーマである「労働の征服」に関連する局面である。「労働の征服」とは、パレスチナを耕した者がパレスチナの所有権を主張できるという原則を掲げながら、安価なアラブ労働に対して、ヘブライ労働(ユダヤ人)の雇用を促進し、アラブ人労働力を排除することを目的とした標語である。これは、シオニスト労働者がパレスチナのユダヤ農場経営者を批判する際に用いていた標語であり、基本的に労働者の立場からのものである。これに対して、編集長がエヴゼロフからカウフマンに変わったばかりの号の巻頭記事では、「パレスチナ入植の社会経済的基礎」と題してケレン・ハイソドに触れながら、どちらかといえば資本家の側からの立場でこうした点が論じられている。資本主義社会と人々の搾取という矛盾に基づくパレスチナ開発は、ユダヤ民族が正常な労働生活と、社会正義や調和に基づいた自由な社会性を手に入れる可能性を奪うことになる、とその記事は警鐘を鳴らし、資本家でありながら、労使関係に、労働者寄りの視点から注意を促すのである(Klin 1921)。

一九二一年は、五月初めにパレスチナのヤッファ（ヤーファー）で暴動が発生した年である。この暴動は、ユダヤ人労働者のメーデーの行進を契機にしてユダヤ人とアラブ人の間で暴力的な対立が発生し、双方でそれぞれ五〇名近くの死者が出た事件である。それをめぐって『シビル・パレスチナ』でもアラブ人に関する記事が増えているが、パレスチナへの資本投下がそうした文脈でも論じられているのである。例えば、シオニスト機構の極東地域局の報告は、この暴動を無知なアラブ人が狂信者に先導されたことで発生したとまとめ、世界中のユダヤ人はいまやパレスチナにおいてユダヤ人が多数派になることによってのみそこでの安定と平和を享受できると理解した、と論じる。そして、結論として、パレスチナへの早急な資本と人材の移設が必要であり、人材は数としてはすでに十分であるので、資本のみが不足している、と訴えている（*Sibir'-Palestina*, 26 [1921. 7. 10]: 15）[17]。

以上の議論は、遠く離れたパレスチナに経済的な貢献を行うことを通じて、パレスチナや世界のユダヤ人とのネットワークを維持・発展していき、ハルビンにおいてユダヤ人としての意識を持ち続けることを目指したものだったとみることができるだろう。

5　むすび

多民族世界であったシベリアにおいて、経済的役割を当局からも期待されたユダヤ人は、当地のネットワークのなかで生活を安定させていた。彼らにとってロシア帝国という場は、自らの存在を引き立たせるうえで不可欠だった。だが二〇世紀に入って帝国が揺らぎ始め、特に内戦やポグロムが吹き荒れるなかでシオニズムと関わりを持つことで、西方のユダヤ人とのネットワークを意識するようになっていく。それは、アメリカ・ユダヤ人からの支援や後ろ盾を狙った実利的なネットワークにとどまらず、ポグロムにあえぐ同胞を支援することで、ユダヤ人の「本場」とつながりを持ち、それによってユダヤ人としての意識を保つためのネットワークでもあった。それでもイルクーツク時代はロシアとのネットワークも維持し、帝国が動揺しても積極的にシベリアの政治に関与し続けようとした。

だが、上海、ほどなくしてハルビンに逃れてから、彼らは事実上ロシアとのネットワークを失い、想起もしなくなっていく。代わりに強化されていったのが「シオン」（パレスチナ）とのネットワークである。これも、あくまでもハルビンのユダヤ人の側からパレスチナに資金援助するという、与える側に回るためのネットワークであり、実利的なネットワークではない。彼らが見出したメリットは、パレスチナのユダヤ社会建設に自らが役立っていることを実感できるというきわめて精神的なものである。ただしそこに見出されるのはユダヤ人としての漠然とした同志愛ではない。むしろ彼らは、極東（ハルビン）においてユダヤ人であり続けるためにシオンとのつながりを求め、かつユダヤ人でありながら極東に居続けるために、外貨を稼ぐシオンの支援者として自己を位置づけた。つまり、シオンのユダヤ人を、自らとある程度異なる存在と捉えていたからこそ、つながりを求めたのである。

この時期の『シビル・パレスチナ』では、ハルビンのユダヤ共同体の財政危機がしきりに報じられていた。共同体の成員が貧しかったのではなく、自治会費のようなものの納付率が低かったのである。(18) ハルビン社会でも比較的安定した生活を営んでいた彼らにあって、文字通りの共同体としてはハルビンのユダヤ人社会のほうが重要だったはずであるし、その強化によってユダヤ人意識を高める手もあったように思える。だが、彼らは自らの経済的利益に直結する共同体ではなく、遠く離れたシオンにおける形成途上のユダヤ共同体とのネットワークを切望した。

こうしたあり方は、外見上はアンダーソンの「遠隔地ナショナリズム」論（アンダーソン 1993: 189-190）を想起させる。だがアンダーソンはそのメカニズムには踏み込んでおらず、同胞に対する愛着や責任といった共同体の原理を想定しているようにみえる。一方、ハルビンのシオニストからうかがえるのは、それとは少し異なる原理である。すなわち、パレスチナや世界のユダヤ人とのネットワークに接続することを通して、自らのユダヤ性を確認するという、アイデンティティの「アウトソーシング」である。それによって、ハルビンに暮らし続けながらユダヤ人であることが正当化された。こうしたあり方は、ネットワークのなかで自己を位置づけてきたディアスポラ・ユダヤ人の延長にあったといえよう。もちろん、端から見れば同じユダヤ人であるから、ユダヤ人が内集団びいきしているだけのように見えるし、結果的にイスラエル建国を後押しした動き[19]にほかならなかったという意味では、それはナショナリズムと定義される。だが、それを突き動かしていたのは、共同体原理ではなく、ネットワーク原理だったのである。

ネットワークやハイブリッド性は、他者に開かれ、ナショナリズムを相対化するものとしてしばしば語られるが、本章で扱った事例は、むしろ限定のかかったネットワークであり、限定がかかっているからこそ相補的に結びつき、結果として関連するナショナリズムを強化するハイブリッド性である。先に紹介したパリのロシア・ユダヤ人自由主義者は、あくまでもロシア・ナショナリストとして自由主義的なロシアの復興を夢見たし、シオニストとして白軍に従事し、ドイツを敵視した奇異な人物の例を挙げることもできる（Tsurumi 2015）。また、こうしたハイブリッド性を抱えたロシアが予定調和的だったわけでもない。ユダヤ人をボリシェヴィキの手先としてロシアの敵と捉え、ポグロムを仕掛けた暴徒に多く含まれていたのは、ほかならぬコサックであった。

（1）この場合、華僑ネットワークを活用して自在に国境を飛び回るトランスナショナルな中国人ではなく、マレーシアという固有の文脈を常に意識した存在となる。Nonini（1997）は、マレーシアの中国人のうち、海外に出ても出身地域のアイデンティティを保ち続ける人々の事例に着目している。

（2）ロシア連邦統計局 Vserossiiskaia perepis' naseleniia (http://www.gks.ru/free_doc/new_site/perepis2010/croc/Documents/Vol4/pub-04-01.pdf 二〇一六年一〇月一日アクセス)。

（3）これは筆者の造語である。

（4）ハイブリッド性という用語は使っていないが、同様の状況に関して、Sh・リューも、これまでの移民や同化に関する多くの研究が文化的な混交に適応した結果に着目する一方で、移民が多文化状況にどのように適応していくのかという過程についてはあまり研究がなされてこなかったと述べている（Liu 2015: 7）。もちろん、断片的には、相補的ハイブリッド性と定義できる状況は指摘されてきた。例えば、ミネソタにおけるソマリア難民の研究によると、ソマリアでの凄惨な経験にもかかわらず、彼らは自らのソマリア性を強調する。そこには、いわゆるアメリカ黒人とは違う存在であることを示すことで、アメリカにおいて再度差別の対象になることを避けるという意味合いが込められているという（Weiner and Richards 2008: 114）。アメリカ社会で生きる意識があるからこそ、ソマリア人という属性は——それが実際に差別を軽減するかは別として——強く意識されるのである。

（5）本節と次の節は、鶴見（2015）を改稿したものである。

（6）以下、無署名記事については、新聞記事と同様の注記、署名記事については、雑誌論文と同様の注記方式とする。

（7）Kal'mina（2009）は、シベリア・シオニズムは一九一七年までは精神的な動きであったが、一九一九年以降は退出を求めた政治的シオニズムの古典的な形になったことを指摘する。しかし、彼女は『エヴレイスカヤ・ジズニ』が出版されていたコルチャーク政権の下でのシオニスト運動を考慮に入れていないように思われる。

（8）シベリアでの彼の活動は、彼の英語の回顧録『わがシベリア生活』（Novomeysky 1956）に記録されている。この回想のなかでノヴォメイスキーはごく簡潔にしかイルクーツクの全ロシア・シオニスト機構の設立に言及しておらず、シベリアでの彼のシオニスト活動にはほとんど言及がない。おそらく、後年反ユダヤ主義で悪名高くなった白軍との関わりは語りにくかったのだろう。

（9）同紙の第一号と最後の第三号を比較すれば明らかである。

（10）"M. Gorskii" はノヴォメイスキーのペンネームである（Yebzerov 1972: 74）。

（11）この会談については、Beizer（2009: 43-44）を参照。

（12）同紙には、この会談に関する詳細が掲載されている（*Evreiskaia zhizn'* 24 [1919. 8. 8]: 8, 10）。

（13）中国におけるシオニズム運動については、そのほか Katz（2010）も参照。

（14）一九二六年半ばから『エヴレイスカヤ・ジズニ』に改名するが、「シビル・パレスチナ」も別名として併記された。

（15）掲載の経緯は不明である。同紀行文の翻訳紹介としては、鶴見（2014）を参照。

（16） 中国政府は特にロシア国籍者による民族運動を警戒しており、民族系組織の設置には政府の許可と高い納税が必要であった。例外はイギリス政府からのお墨付きのある組織であることを示すことだったという（Katz 2010: 548）。英語でこのように書いている背景にはそのことも関係しているだろう。

（17） 一九二〇年代においては、実際に資本は移民に対して明らかに不足していた（Shapira 2012: 105）。

（18） 例えば、『シビル・パレスチナ』の一九二二年の号のハルビン・ユダヤ社会に関するコーナーでは毎回財政危機の問題が報じられている。

（19） 上海のシオニストも含むが、中国のシオニストは、人口規模に比して拠出額の点での貢献は大きかったとされる（Katz 2010）。

【文献】

アンダーソン、ベネディクト、一九九三、（関根政美訳）「〈遠隔地ナショナリズム〉の出現」『世界』九月号、一七九—一九〇頁。

アンダーソン、ベネディクト、一九九七、（白石隆・白石さや訳）『増補 想像の共同体——ナショナリズムの起源と流行』ＮＴＴ出版。

Beizer, Michael, 2009, "Restoring Courage to Jewish Hearts: Frank Rosenblatt's Mission in Siberia in 1919," *East European Jewish Affairs*, 39(1): 35–56.

Bresler, Boris, 1999, "Harbin's Jewish Community, 1898–1958: Politics, Prosperity, and Adversity," in Jonathan Goldstein, ed., *The Jews of China, Vol. 1 Historical and Comparative Perspectives*, Armonk: M. E. Sharpe, pp. 200–215.

GIG, 1919, "Obshchinnyi s'ezd," *Evreiskaia zhizn'* 1 (Feb. 14): 16–17.

Gitel'son, G., 1919a, "'Inorodtsy'," *Evreiskaia zhizn'* 7 (Mar. 28): 4, 6.

Gitel'son, G., 1919b, "Pogromy," *Evreiskaia zhizn'* 4, 5 (Mar. 13): 4, 5.

Gorskii [Novomeiskii], M., 1919, "Novaia volna," *Evreiskaia zhizn'* 34 (Oct. 15): 3-4.

Gorskii [Novomeiskii], M., 1920a, "K momentu," *Evreiskaia zhizn'* 2 (Jan. 30): 4.

Gorskii [Novomeiskii], M., 1920b, "Pered novymi ispytaniiami," *Evreiskaia zhizn'* 3 (Feb. 20): 3, 4.

Grau, Lester W., 1993, "The Cossack Brotherhood Reborn: A Political-Military Force in a Realm of Chaos," *Low Intensity Conflict & Law Enforcement*, 2(3).

Iokhanan, 1919a, "Itogi i perspektivy," *Evreiskaia zhizn'* 26 (Aug. 22): 4-5.

Iokhanan, 1919b, "Tarbut v Sibiri," *Evreiskaia zhizn'* 35 (Oct. 24): 6, 9.

Kal'mina, L. V., 2009, "Sionizm v sibiri v 1910-1920-kh godakh," in *Problemy evreiskoi istorii materialy nauchnoi konferentsii tsentra Sefer po iudaike*, Moscow: Knizhniki, pp. 267-276.

Katz, Yossi, 2010, "The Jews of China and their Contribution to the Establishment of the Jewish National Home in Palestine in the First Half of the Twentieth Century," *Middle Eastern Studies*, 46(4): 543-554.

Kaufman, A., 1921a, "Na trud i bor'bu (K ot'ezdu khalutsim)," *Sibir'-Palestina*, 14 (Apr. 10): 3-4.

Kaufman, A., 1921b, "Shekel'," *Sibir'-Palestina*, 15-16 (Apr. 21): 5.

Kaufman, A., 1972, "Ha-itonut ha-tsionit be-mizrakh ha-rakhok," *Ktsir: kovets la-korot ha-tenua ha-tsionit be-rosiah, beit*, Tel Aviv: Masada, pp. 76-86.

川端香男里ほか編, 二〇〇四, 『[新版] ロシアを知る事典』平凡社。

Klin, I., 1921, "Sotsial'no-ekonomicheskiie osnovy kolonizatsii Palestiny," *Sibir'-Palestina*, 9 (Mar. 4): 3-4.

Kohn, Hans, 1964, *Living in a World Revolution: My Encounters with History*, New York: A Trident Press Book.

Laba, Roman, 1996, "The Cossack Movement and the Russian State, 1990-96," *Low Intensity Conflict & Law Enforcement*, 5(3).

Liu, Shuang, 2015, *Identity, Hybridity and Cultural Home: Chinese Migrants and Diaspora in Multicultural Societies,* London: Rowman and Littlefield.

Mendel'son, A., 1919, "Izbiratel'nye kampanii," *Evreiskaia zhizn'* 13 (May 23): 4–6.

Nonini, Donald M., 1997, "Shifting Identities, Positioned Imaginaries: Transnational Traversals and Reversals by Malaysian Chinese," Aihwa Ong and Donald M. Nonini, eds., *Ungrounded Empires: The Cultural Politics of Modern Chinese Transnationalism,* New York: Routledge (Kindle edn.).

Novomeysky, M. A., 1956, *My Siberian Life,* London: Max Parrish.

Rabinovitch, Simon, 2009, "Russian Jewry Goes to the Poles: An Analysis of Jewish Voting in the All-Russian Constituent Assembly Elections of 1917," *East European Jewish Affairs,* 39(2): 205–225.

S., N., 1919a, "Ocherednoi navet," *Evreiskaia zhizn'* 17 (Jun. 20): 3–5.

S., N., 1919b, "Sovremennyi blok," *Evreiskaia zhizn'* 18 (Jun. 27): 4, 5.

Sh., Z. [Z. I. Shkundin], 1919a, "K vyboram v gorodskiia samoupravleniia," *Evreiskaia zhizn'* 4, 5 (Mar. 13): 7, 8.

Sh., Z. [Z. I. Shkundin], 1919b, "Shag vpered," *Evreiskaia zhizn'* 24 (Aug. 8, 1919): 3.

Sh., Z. [Z. I. Shkundin], 1919c, "Za polgoda," *Evreiskaia zhizn'* 26 (Aug. 22, 1919): 3.

Shapira, Anita, 2012, *Israel: A History,* Waltham: Brandeis University Press.

Shichman-Bowman, Zvia, 1999, "The Construction of the Chinese Eastern Railway and the Origin of the Harbin Jewish Community, 1898–1931," in Jonathan Goldstein, ed., *The Jews of China, Vol. 1 Historical and Comparative Perspectives,* Armonk: M. E. Sharpe, pp. 187–199.

Skinner, Barbara, 1994, "Identity Formation in the Russian Cossack Revival," *Europe-Asia Studies,* 46(6).

鶴見太郎、二〇一二、『ロシア・シオニズムの想像力――ユダヤ人・帝国・パレスチナ』東京大学出版会。

鶴見太郎、二〇一四、「ロシア語シオニスト誌のなかの矢内原忠雄」『ユダヤ・イスラエル研究』第二八号、八二一八五頁。
鶴見太郎、二〇一五、「ロシア・シオニズムの亡命」『ユダヤ・イスラエル研究』第二九号、四四—五三頁。
鶴見太郎、二〇一七、「ナショナリズムの国際化——ロシア帝国崩壊とシオニズムの転換」赤尾光春・向井直己編『ユダヤ人と自治——中東欧・ロシアにおけるディアスポラ共同体の興亡』岩波書店、一六三—一八五頁。
Tsurumi, Taro, 2015, "Jewish Liberal, Russian Conservative: Daniel Pasmanik between Zionism and the Anti-Bolshevik White Movement," *Jewish Social Studies*, 21(1): 151-180.
植田樹、二〇〇〇、『コサックのロシア——戦う民族主義の先兵』中央公論新社。
Weiner, Melissa F. and Bedlia Nicola Richards, 2008, "Bridging the Theoretical Gap: The Diasporized Hybrid in Sociological Theory," in Keri E. Lyall Smith and Patricia Leavy, eds., *Hybrid Identities: Theoritical and Empirical Examinations*, Chicago: Haymarket Books, pp. 101-116.
Yebzerov, A., 1972, "Ha-itonut ha-tsiyonit be-sibir," in *Ktsir: kovets la-korot ha-tnua ha-tsiyonit be-rosiah*, beit, Tel-Aviv: Masada, pp. 63-75.

11章 映画に社会が現れるとき

『ステラ・ダラス』(一九三七)の言語ゲーム

中村　秀之

1　映画の解釈という言語ゲーム

哲学者のウィトゲンシュタインはアメリカ映画を愛好した。映画館では「スクリーンが視野を完全にふさぐように、最前列にすわること」にこだわり、あるときは隣の連れに「こうして見ていると、シャワーを浴びているような感じがする」と満足げにささやいたりもしたが「くつろいだとか、いいかげんな見方をしなかった。からだを前にのり出して食い入るように画面を見つめ、よそ見することなどほとんどなかった」。観たあとは「内容について、ひとこともふれることはなく、一緒に見た人の意見も聞きたがらなかった」(マルコム 1998: 18–19)。――このように回想するアメリカの哲学者マルコムは、自分が畏怖する師にとって、映画は「彼を苦しめ精魂をすりへらす哲学から、ただのひとときなりと解放されるため」のもの、つまり現実逃避《エスケープ》にすぎないと推察したのだった。

だが、ウィトゲンシュタインは単なる息抜きに映画を観ていたのではなかった。当の本人はこんなメモを残しているのだ[1]。

> 馬鹿で素朴なアメリカ映画からは、その馬鹿さゆえに、その馬鹿さを通じて教えられるところがある。素朴ではないが間の抜けたイギリス映画からは、教わるところはない。しばしば私は、馬鹿なアメリカ映画から学んできた（ヴィトゲンシュタイン 1999: 162 強調は原文）。

アメリカ映画から具体的にどのような教えを引き出したかは明らかでないけれども、事実、ウィトゲンシュタインは遺稿のあちこちで映画に言及している。たとえば『心理学の哲学に関する考察』の断章の一つはこうである。

> 書斎で悲しんでいる様子をしてみる人は、もちろん自分の顔の緊張をすぐに意識するだろう。しかし実際に悲しんでみよ。あるいは映画の中の悲しいストーリーを追ってみよ〔folge einer traurigen Handlung im Film〕[2]。そして君が自分の顔を意識していたかどうか自問せよ（ウィトゲンシュタイン 1985: 330, Wittgenstein 1980: 164）。

ここでは〈悲しむふりをする〉ことに対比して、〈実際に悲しむ〉ことと〈悲しい筋を追う〉ことが同列に置かれている。引用文中の「追ってみよ」の原語は、ウィトゲンシュタインが「規則に従う」と言うときの「従う〔folgen〕」と同じ動詞の命令形である。『哲学探究』の有名な二〇二節にはこう書かれている。

それゆえ、〈規則に従う〉ということは一つの実践である。そして、規則に従っていると信じていることは、規則に従っていることではない。だから、ひとは規則に〈私的に〉従うことができない（ウィトゲンシュタイン 1976: 163 強調は原文）。

映画の筋を追って悲しんだり喜んだりハラハラしたりするのも規則に従う実践なのだ。言語におけることばの意味の理解がその使用にほかならないのと同様、映画の筋を追うこと――物語の展開に付いていくこと――も「私的に」行われることはなく、生活形式（Lebensform）を共有する観客の間ではさしたる根拠もなく一致するだろう。実際、作品にふさわしい観客に恵まれた映画館ではしばしば、涙や笑いや緊張が一斉に生じるものだ。

しかし、観客たちが筋を追うという行為で一致したとしても、個々の画面の意味の受けとめ方は別である。たとえばあとから「登場人物の誰それがそうしたのは……／そういう表情だったのは……／そういう姿勢を取ったのは……、こういう理由からだと思っていた」と、いざ口にしてみると人によって異なるという事態は確かにときどき起こる。ひいては、それはどんな話だったのか、という物語内容の解釈の相違にかかわってくる。これは晩年のウィトゲンシュタインが〈意味を理解する＝使用する〉と区別して考察の対象とした〈意味を体験する〉という難問に通じるだろう。「もしも意味が心に浮かぶことを夢になぞらえるなら、われわれは通常は夢を見ることなしに語る」（ウィトゲンシュタイン 1985: 97 [232 節] 強調は原文）などと書きながらも、ウィトゲンシュタインはこの「夢」と「夢を物語る言語ゲーム」について執拗に思考を重ねたのだった。[3]

〈筋を追う〉ことと物語を言ってみることは別種の実践だが、ともに公共の事実として開かれている。それに対して両者の間の暗がりでは、多様な意味体験が秘かに生じては消えているのだろうか。いずれにしても、それをそれ自体として知ることやそれ自体について語ることはできない。しかも、マルコムがウィトゲンシュタインも同じだと思い込んだように、ほとんどの観客は映画を娯楽として消費すればそれで済む。映画館で映画を観ることは集団的な行為であるけれども、作品の意味体験は、たいていの場合は観客それぞれの世界で自足する。他人による映画の解釈に抵抗を示す人が少なくないのはその証拠で、自分だけの体験を大切に守っておきたいからだろう。

素人の楽しみであれ専門家の仕事であれ、映画作品について自分の解釈をことさらに語ることは、多くの場合、暗がりの意味体験を事後的に公共の明るみで具体化しようとする奇妙な言語ゲームとならざるをえない。そのような解釈とは別種の解釈は可能だろうか。分析哲学者のポール・ジフが芸術批評一般を対象とした議論は、解釈を主題とするものではないが示唆に富む。ジフ自身の問題は、ある芸術作品についての言明を個人的な理解や鑑賞を超えて「評価」の言明とするものは何か、であった。ジフによると、作品はそれにふさわしい「特定の仕方で」行為することを求める。絵画であれば、全体を見わたすべきか細部に専心するべきか、量塊《マッス》を受けとめるべきか輪郭線をたどるべきかなど、このような個々の作品の特性に関与的な行為をジフは「アスペクト視（aspection）」と呼ぶ（ジフ 2015: 92）[4]。この行為によってこそ、その作品を「よい」とか「わるい」とかと言える。しかし、この言明が「評価」となるためには「抽象的一般化」が必要であり、その一般化は「関心や趣味を同じくする者たちの共同体」なしには為されえない。ジフが念を押しているのは、この共同体は「所与としてあるものではなく、努力して獲得されるべきもの」（ジフ 2015: 89）であり、特定の作品にとって価値のあるアスペクト視は「そのつど発見しなければならない」（ジフ 2015: 94）という点である。要するに、作品に関与的な視点の発見と可能的な共同体の創造との循環を首尾よく作り出すことだが、その企ては何かに根拠づけられているわけではなく、その成功があらかじめ保証されているわけでもない。

いかにも簡略ではあるけれど、ともかく以上のような予備的考察から出発して、本章では、映画作品の解釈を語るという実践の只中に〈社会が現れたり消えたりする〉さまを考察する。もちろん普通はそうであるように、映画を観ることは私秘的な体験として暗がりに没するにまかせておいてもよいのだ。しかし、そのような意味体験をあえて語ろうとする解釈とも異なる、言ってみれば〈筋を追う〉実践と相応するような解釈を企てること、すなわち、作品への関与的行為と関心の共同体との循環的な構築に成功すれば、そこに社会を開示させることもできるのではないか。ともあれ、語られる解釈も、社会の消え方や現れ方も、設定された視点と指向された共同体に応じて別様でありうる。その諸相を、この主題に打ってつけの作品を事例として示してみたい。『ステラ・ダラス』（一九三七）という「悲しいストーリー」のアメリカ映画である。⑤

2 フェミニズム映画理論の「女性観客」

人文学としての映画学（Film Studies）は一九七〇年代に英語圏で急速に発展した。その「原動力」の一つは「社会的政治運動であるフェミニズム」のための新しい映画理論の探究だった（斉藤 1998a: 120）。特にローラ・マルヴィの一九七五年の論文「視覚的快楽と物語映画」は、ステレオタイプのような個別的な女性表象に対する批評ではなく、ハリウッドの主流映画の形式的特徴――男性の視線《ゲイズ》による女性の客体化――に焦点を合わせ、「精神分析を政治的武器として」（マルヴィ 1998: 126）その家父長制イデオロギーを批判的に論じた画期的《セミナル》な論文だった。他の領域にも広く影響を及ぼしたが、主流映画の無意識的構造が男性観客だけを前提としているというマルヴィの強い主張は、女性観客の主体性をめぐる多様な批判を引き起こすことで、とりわけフェミニズム映画理論の活発な展開に大きな貢献をはたした（斉藤 1998b: 140, 2010: 260–262）。映画作品の視線の構造が女性を客体化し男性の欲望を充足させるように作られているとしても、女性の観客たちも主流映画から快楽を得ているという事実は否定できず、その理由の解明が重要な課題となったのである。

こうしてフェミニズムの映画研究は、政治的な問題関心を共有する論者たちが「女性」という社会的アイデンティティを自覚的に引き受け、視線の演出のような映画固有の形式的操作に注目して「女性観客」の特性を討議すること、つまり作品への関与的行為と関心の共同体の構築という循環的な営みによって、映画の言説の公共化にひとまず成功した集団的実践と言える。一九八〇年代前半に有力な学会の機関誌『シネマ・ジャーナル』で交わされた『ステラ・ダラス』論争(6)は、「女性観客」とその映画的同一化を争点とし、まさに上述した実践の一つであると同時に、私の見るところ、その企ての――欠陥とは言わないまでも――興味深い問題点を顕著に露呈させたものでもあった。

ここで『ステラ・ダラス』のストーリーを、さしあたり必要な骨格だけ示しておこう。労働者階級の娘ステラ（バーバラ・スタンウィック）は上流階級出身の青年スティーヴン・ダラスと結婚し、一女を儲《もう》ける。しかし、ステラが上流の生活に順応しなかったために夫婦は不仲となり、別居生活に入る。ステラは娘を手元に置き、愛情をこめて育てる。スティーヴンは同じ階級に属する昔の恋人ヘレンと邂逅して交際を再開し、妻の不品行への誤解もあいまって、ついに離婚を申し出る。一度は突っぱねたステラだったが、ある出来事をきっかけに――詳細は次の第3節に譲る――、自分の存在が娘ローレル（アン・シャーリー）の社会的上昇の妨げになることを悟り、離別を決意する。いやがる娘を、ステラは自分も再婚したいのだという口実でスティーヴンとヘレンのもとへ追いやる。やがてローレルが上流階級の青年と結婚することになり、その婚礼の様子と娘の花嫁姿を、ステラは路上の群衆の一人として窓の下から仰ぎ見る（図1、図2）。

『ステラ・ダラス』は、わが子の幸福のために身を引く母親の自己犠牲と悲哀《ペーソス》を主眼とする「母性メロドラマ」（maternal melodrama）の代表的作品とみなされてきた（Viviani 1987, カプラン 2000）[7]。問題の論争の当事者たちもその認識を共有していたが、見解が分かれたポイントは女性観客の映画への同一化に関してであった。作品の具体的事実としては、特に、結末で娘の晴れ姿を見届けて立ち去るステラに注意が向けられた。その歩きぶりは力強く、一度は涙にぬれたその顔は今や晴れ晴れとして、自己犠牲の悲哀に沈んでいるようには見えないからである（**図3**）。

E・アン・カプランは一九八三年の論文で、『ステラ・ダラス』はステラを家父長制の犠牲者として描き、その犠牲を当然のこととして観客に納得させていると主張した[8]。物語の早い時点で、ステラとス

図1　『ステラ・ダラス』より
婚礼を覗き見るステラ（手前中央）

図2　『ステラ・ダラス』より
窓の中の花嫁ローレル

図3　『ステラ・ダラス』より
窓（右奥）を背にして歩み去るステラ

ティーヴンがデートで映画を観る場面がある。上流階級の男女が接吻する画面をステラはあこがれのまなざしで見つめる。しかし、彼女はその欲望を実現する主体とはなりえない。上流階級出の青年と結婚しながら、従順に「〈母親業〉〔Mothering〕」にいそしむことや「上流階級の習俗《モーレス》」に順応することに抵抗したため（Kaplan 2000: 471）、世間の非難の目にさらされて、ついには娘の母親にふさわしくないことを納得させられる。最終的にステラは、受動的観察者としての観客＝母親という周縁的地位に追いやられる。問題のエンディングについてカプランはこう述べている。

> ステラが窓から離れてカメラの方へ向かってくるときの勝ち誇った表情は、彼女が観客の位置に追いやられたことに満足していることを私たちに納得させる。彼女自身の欲望は娘の欲望に合一したので、もはや問題にならないのだ。この映画の観客〔the cinema spectator〕はステラの立場で一定の悲しみを覚える一方、私たち皆がそれを欲するように社会化されてきた目標——恋愛結婚による上流階級への参入——をローレルが達成したことに同一化する。こうして私たちは、ステラの犠牲は必要だったと同意するのである（Kaplan 2000: 476　強調は引用者）。

つまり、この映画は観客をもっぱらステラに同一化させ、最終的に、家父長制の犠牲者としての地位をステラとこの作品の観客の双方に甘受させるようにできている、というのである。

翌一九八四年、リンダ・ウィリアムズは『シネマ・ジャーナル』誌に発表した論文でカプランの説を批判した。ウィリアムズは同じ映画のエンディングを、カプランとは異なり、「多元的に同一化される〔multiply identified〕」ものと見る。それはさしあたり、ステラだけでなくローレルやヘレンも同一化の対象になりうることを意味する。ヘレンは映画の中でステラの母親としての心情を理解する唯一の人物であり、婚礼の夜にステラがやってくることを予期して、通りに面した窓のカーテンを開けさせたりもする……。しかし多元的同一化のポイントは、単に複数の登場人物のそれぞれが同一化の対象になるということではない。「私たちが見るのは矛盾である」とウィリアムズは言う。

女性観客〔the female spectator〕は、母親という一人の人物に対してではなく、娘、妻、そして母という社会的に構築された複数の役割の核心に位置する矛盾それ自体に同一化する傾向がある（Williams 1984: 17　強調は原文）。

「矛盾それ自体に同一化する」という言い方は必ずしもわかりやすくはない。たとえば、登場人物たちによって体現される役割葛藤の悲哀に観客が共感する、という理解もできるだろうが、それでは事態をやや平板なものにしてしまうかもしれない。ともあれカプランもウィリアムズも、観客がかきたてられる哀感が同一化によるものである点については一致していて、見解の相違は同一化の対象とメカニズムに関していた。だがそれにしても、ここでの「女性観客」とは誰のことか、あるいは何なのか。

ウィリアムズは後年、カプランとの論争は「仮想的観客〔a hypothetical viewer〕」に関するものだったと回顧した（Williams 1998: 44）。他方、カプランの方はこの「仮想的観客」なるものについて、すでに論争中にこう書いていた。

> いかなる映画受容においても、映画作品によって提供された仮想的観客〔the hypothetical spectator〕と〔実際の〕観客〔the viewer〕の読解の編制〔the reading formations〕との間には微妙な折衝がある。どのような社会的実践を通して〔主体として〕構築されてきたのかによって、この〔実際の〕観客がその作品の仮想的観客のポジションを受け入れる度合は異なってくるのだ。現代のフェミニストの〔実際の〕観客は、映画を観る際に、ほとんどの商業映画が構築するジェンダーのポジションと対立するような読解の編制を持ち込む（Kaplan 1985b: 52）。

カプランにとって「仮想的観客」とは、「映画作品が提供するポジション」、あるいは別の場所で彼女が「映画作品のメカニズム」と呼ぶものの効果を意味する。つまり、テクストの仕掛けが設定する主体の態勢であり、これはネオマルクス主義やラカン派精神分析の影響を強く受けた一九七〇年代の映画学の基本的なアイデアである。ところがカプランは、まさにその「メカニズム」に関して、あろうことか次のようにも述べているのだ。

> 私はきわめて具体的な一人の女性観客について語っていたのだ。すなわち、私自身である。私はフ

ェミニストの自覚と批評的意識を備えているにもかかわらず、観るたびにこの作品のメカニズムによって「魅惑される」のである(Kaplan 1985a: 41 強調は引用者)。

事実、カプランの最初の論文では、母親としてのステラ＝女性観客＝「私たち」という等式が成り立っていて、仮想的観客と実際の観客との「微妙な折衝」が問題になる余地はない。他方、ウィリアムズの謂う「矛盾それ自体に同一化する傾向」のある「女性観客」は、テクストの効果としての「仮想的観客」のようでいて、実はそうではない。それはウィリアムズ自身が想定している観客、あるいはむしろ、カプランが指摘したような現代のフェミニストの実際の観客——ウィリアムズも含む——を指している。要するに、カプランもウィリアムズも、論者自身の反応を一般的な「女性観客」に託して語っているのだ。

問題は、ここでの論者たちが、語る主体としては「女性」という明確な社会的アイデンティティに準拠しながら、自分自身の映画体験を「女性観客」のそれへと一般化するために、「同一化」という心理的過程を媒介としたこと、つまり、観客である自己自身の内面を経由した点にある。あたかも、「女性研究者」と「女性観客」と「女性主人公」とがそれを通して想像的な円環をなすかのように。こうして『ステラ・ダラス』論争は、内的意味体験の言語ゲームという性格を帯び、映画を語る言説の公共性は、その内部に私秘性の罅《ひび》が入った状態で成立することになった。この点は当事者も気づかなかったわけではなく、ウィリアムズは論争を振り返ってこう述べている。

〔作品の〕高潔で哀感を誘う苦悩の光景に、魅惑されると同時に反発もして、女性批評家たちは引き裂かれていた。〔略〕大いなる後知恵《あとぢえ》で言うのだが、『ステラ・ダラス』論争のすべては、女性の観客〔a woman viewer〕がラストシーンで泣くことは何を意味しているのかを問題にしていた。その感情が私たちを呑み込んでしまったのか、私たちは思考する余裕を持っていたのか。換言すれば、惨めな状態を目撃する私たちの鑑賞能力において、私たちはみずからの身体を使う思考と身体を通しての思考を同時に行うことができたのだろうか（Williams 1998: 47）。

映画を観て語ることにおける公共性と私秘性の臨界に触れた真摯な省察だと思う。「身体を使う思考と身体を通しての思考を同時に行う〔think both with and through our bodies〕」とさしあたり訳しておくフレーズの真意は定かでないけれども、この含蓄ある表現が「内面」の言語ゲームとは別の方向を示唆しているのは確かだ。事実、ウィリアムズ自身はこのあと歴史的アプローチの道へ向かうことになる（斉藤 2010: 262）。この点について、本章の第4節で私なりの視点にもとづく探究を企てるが、それに先立ち、公共的言説と私秘的体験の緊張した関係を独創的に体現したまったく別の『ステラ・ダラス』論を検討したい。

3　スタンリー・カヴェルの「普通の人間」

J・L・オースティンやウィトゲンシュタインの「日常言語哲学」、そしてエマソンとソローの超越主義の衣鉢を継ぐスタンリー・カヴェルは、一九七一年に上梓した『眼に映る世界』（カヴェル 2012）をはじめとして映画論にも力を注いだアメリカの哲学者である。カヴェルは、「哲学と映画の両方を同列に論じる者は、怪しいやつと思われないまでも、質問にさらされるのは当然である」（Cavell 2005: 87）という認識から、その問いに答える責務を引き受ける。やはり哲学者で映画を論じたジル・ドゥルーズは、偉大な映画作家の創作を偉大な哲学者の思考と同等に扱った（ドゥルーズ 2008, 2006）。カヴェルの説明はかなり趣が異なり、みずからの哲学と映画の間の越境を「普通のこと」へのまなざしに求める。すなわち、人間の価値ある企てのすべてにはそれ固有の「詩的特質」がある。その点でパンを焼くことも外科手術も変わらない。この「普通のことにそなわる詩的特質〔the poetry of the ordinary〕を知覚すること」が哲学者カヴェルの主要な関心事であり、映画はこの知覚をカメラによって「民主化する」のだ（Cavell 2005: 96）。だからカヴェルが準拠するのは、「普通の人間〔ordinary human beings〕が考えないわけにはいかないこと」――私たちは世界をあるがままに知ることができるのかとか、他者の体験を本当に知ることができるのかとか、善と悪は相対的なのかといった問題である（Cavell 2005: 92）。そこからカヴェルの著作の独特なスタイルが生まれた。別の場所でカヴェルは、「平凡なものとしての哲学、代弁するものとしての哲学」（カヴェル 2008: 28–29）について次のように語っている。

哲学が人間を代表して語る〔speaks for〕、万物を代表して語る権利を主張するのが、哲学の自伝的次元である。このため哲学は必然的に尊大となる。人間とは代弁するもの〔representative〕であり、いわば模倣するものであるというのが、自伝の哲学的次元である。個々の生活があらゆる生活の模範となり、その寓話となる。このため人間は平凡な存在となる（カヴェル 2008: 29, Cavell 1994: 10–11）。

「普通の人間」に準拠し、「代表性（representativeness）」（カヴェル 2008: 31）の原理で共同体を指向し、自伝的なスタイルを採用する、この姿勢は一九九六年の『ステラ・ダラス』論（Cavell 1996: 197–222）にも貫かれている(9)。カヴェルはこの論文の議論を、自分自身の母親の二つのエピソードで枠づけているのだ。

初めの方で語られる一つのエピソードは、かつて家族の楽しみだった金曜の晩の映画に出かけるときに母親が発した「ステラ・ダラスみたいでおかしいかしら〔"Too Stella Dallas?"〕」というデリケートなジョークである。このことばは「アメリカ映画史上、最も有名で最も忘れがたいシークェンスの一つ」を踏まえていた（Cavell 1996: 200–201）。それは映画の後半で、ステラがローレルと一緒に高級リゾートホテルに滞在したときの出来事である。そこでステラは、途方もなくハデな装いと傍若無人な振る舞いのために他の洗練された客たちの嘲笑の的になる。母親とは別行動で上流階級の若者たちと遊んでいたローレルは、「クリスマス・ツリーのように飾り立てた女」が皆の嗤《わら》い物になっているのを耳にし、それが自分の母親のことだと分って愕然とする。まもなくステラ自身も、ローレルの友人たちがステラの正体を知って噂話に興じているのを聞いてしまう……。一般にはこれがステラの「自己犠牲」の直接の契機になったと理解されている決定的な場面である。前節であらすじを示した際に、私が「ある出来事」と書いておいたのはこれだ。

カヴェルは、この場面にリンダ・ウィリアムズがつけた注釈に異を唱える。ウィリアムズによれば、ステラは自分の外観の衝撃的な効果に「気づいていない〔oblivious〕」(Williams 1984: 14)。ステラの装いは「彼女の哀れな欠陥を強調する」ものでしかなく、彼女が憧れたイメージの「グロテスクなパロディ」として嘲笑される「女性性の過剰なしるし」なのだ(Williams 1984: 16)。それに対してカヴェルは、自分の外観が及ぼす効果をステラが「正確に知っていたことを示す大量の証拠がある」と言う。さらに大胆にも、「自分を見世物〔spectacle〕にすることはローレルを引き離す策略の一部なのであり、あとから策略を講じるようにさせる破局的な勘違いではない」と主張する(Cavell 1996: 201 強調は原文)。

カヴェルの謂う「証拠」とは、衣装に関するステラの豊富で適切な知識である。映画では、ステラは裁縫を嗜《たしな》み、服装には精通していることが示されている。自身はハデ好みだが、自分の趣味をローレルに押しつけることはない。むしろ、ヘレンがそのことでステラを賞賛する場面があるように、娘には本人が好む清楚で上品なワードローブを整えてやる。カヴェルが特に注目するのは、別居中のスティーヴンが、クリスマスの休暇をヘレンと過ごさせるためにローレルを迎えに来る場面である。思いがけない夫の来訪を喜んだステラは、比較的地味なドレスを選び、大急ぎでフリルや飾り物を取り外して身にまとう。もちろん、育ちのよい夫がそれを好むと知ってのことである。そのステラが衣装の効果に無自覚であるはずがない。しかし不運にも、ステラの遊び友だちのエドが無遠慮に闖入したため、怒ったスティーヴンはただちにローレルを連れ去ってしまう。カヴェルによれば、このときステラは「自分を好まない〔have no taste for her〕人々の好み〔taste〕に訴えることの不毛さを悟る」(Cavell 1996: 202)。ここまでは作品に即した的確な指摘だと私は思う。しかし、このあとカヴェルはさらに先へ進む。まさにスティーヴンに拒絶されたこの瞬間に、ステラはみずから夫と娘から離れて独りで生きていくことを決意したというのだ。

ステラは例の黒いドレスを着てカメラに背を向け、スティーヴンとローレルが去ったあとの閉じられた扉を見つめて立っている。そのショットは意外に長く続き、それ自体に注意を促す(もちろん、私はこれを証明することはできない。それは趣味〔taste〕と同じで各自が験《ため》すしかない)。他の場合もそうだが、映画で私たちに背を向けた人物というのは、自己没入や自己評価の状態、秘かに思考に沈潜している感じを表す傾向がある(Cavell 1996: 203)。

この瞬間の決意から、ステラはローレルを自分から引き離すための策略としてリゾートで過剰な振る舞いを演じることになる、というのがカヴェルの解釈である。そして、フェミニスト批評家が問題にした

図4　『ステラ・ダラス』より
ステラのクロースアップ

エンディングについても対抗的な解釈を提示する。従来の見解によれば、窓から見えるローレルの婚礼の光景はステラが参入することを願いながらそこから締め出された世界であり、母は娘が自分の代わりに成功したことに満足する。それに対してカヴェルの見解では、ステラが悟るのは、窓の中はローレルが欲している世界であって自分の好み《ティスト》ではないということなのだ。かつてステラがあこがれた映画の画面《スクリーン》のような窓を背にして歩き始めるエンディング（**図3**）は、彼女の決別と出発を意味するのである（Cavell 1996: 212）。

　このように、カヴェルの『ステラ・ダラス』論の目的は、「自己犠牲」という母性メロドラマ的な通念を覆し、ステラの行動を「自己解放と自己の権限の強化」をめざすものとして捉えることにあった（Cavell 1996: 36）。

　カヴェルの解釈には傾聴すべき洞察がいくつも含まれている。だが、あの過剰な振る舞いが策略として演じられたものだという解釈はやはり突飛であり、批判を招いた。指摘されたのは作品における次の事実である。第一に、ショックを受けたローレルがすぐにホテルから発つと言うのをステラが止めようとすること（Cerqueira 2013: 60）、第二に、そのあとの帰りの寝台車でローレルの友人たちの話し声が聞こえてきたとき、ステラを演じるバーバラ・スタンウィックの驚いた悲痛な顔がクロースアップになることだ（Kaplan 1998: 80）（**図4**）。事態が自分の思惑通りに進んだのであればこのような反応を見せるものだろうか、という疑問である。確かに、服装の効果をステラが正確に知っていた証拠を的確に挙げ、筋の展開の節目になるステラの後ろ姿を鋭敏に指摘するカヴェルが、彼が想定するステラの意図と矛盾するように見える細部を無視したのは奇妙に思われる。だが、まさにこの点にこそ、先に述べたカヴェルの哲学的立場の特質と映画論におけるその問題点が現れていると思う。

いったんカヴェルの視点を採用するなら、批判者たちの論点を議論の俎上に載せることは難しくなる。狙い通りの結果を得られたからといって自分の娘のパニックや自分と娘を嗤う声を歓迎するはずがない、という反駁は可能なのだ。とはいえ、それでカヴェルの解釈が積極的に支持されるわけでもない。なぜなら、カメラと観客に背を向けた主人公の秘められた決意を想定し、そのあとの言動を策略による偽装と考えるなら、ステラの動作や表情の意味はおよそ決定不能なものになりかねないからである。このような宙づりの事態は現実の他者関係ではしばしば起こりうる。状況が何らかの解決をもたらすまで理解を留保せざるをえないことはあるし、分らないままやり過ごして済んでしまうことも少なくない。ところが、『ステラ・ダラス』のような古典的映画における作品の登場人物《キャラクター》は、物語を推進する行為者として特定の機能を担っている。言い換えれば、彼らの可視的な言動は〈筋を追う〉ことに貢献するように有意味に構成されている。偽装であれば偽装として見ることが可能であるはずなのだ。『ステラ・ダラス』をことさら現代的な映画とみなさなければならない理由はない以上、カヴェルの解釈はこの作品にとって関与的なものではないことになる。

また、過剰な装いだけでなく、そのあとのローレルを遠ざけるための根回しや方便も含めて、カヴェルはこの映画を、もっぱらステラ自身の「普通の人間」としての問題——「自己解放」の問題——に準拠して理解している。そのため、他の登場人物、特にローレルの行動や彼女のステラとの相互作用はほとんど考慮されない。ローレルは、ステラが自己実現のために一方的に棄てる世界の一部にすぎないからだ。カヴェルはステラを映画の登場人物としてではなく、現実の「普通の人間」と同様に遇し、彼女が世界とどう対峙するのかを代弁する。いわば、映画の物語世界の中に入ってそこから語っているのである。

さて、カヴェルの母親のもう一つのエピソードはどうだろう。それは論文の末尾に静かに置かれている（Cavell 1996: 222）。午後遅くカヴェルが学校から家に帰ると、灯りもつけずに独りピアノを弾いていた母の記憶である。彼女は若い頃に優れた演奏家として活躍していたのに、息子には分らない理由でそのキャリアを捨てたのだった（カヴェル 2008: 41）。夕暮れの母親の「ふさいだ気分〔mood〕」は、娘を失って新たに出発するステラの複雑な感情に関連して引き合いに出されたものではあるのだが、夫と娘が去ったあとの扉を見つめるステラのあの後ろ姿も想起させる。論文としては異例のこのような語り口に、「普通の人間」を代弁する哲学の「尊大さ」を引き受けたカヴェル特有の「平凡な」姿勢が現れているのかもしれない[10]。ともあれ、この〈代弁〉は、映画の女性主人公と自分の母親を重ね合わせ、彼女たちを「普通の人間」として理解するという、カヴェル自身の映画体験——それはなるほど「普通の」映画の観方であろう——にもとづいている。

しかし、映画は社会的で技術的な実践の所産である。映画観客が見るのは個々の対象の直接的な現前ではなく、他者によって媒介され構成されたそれら諸対象の関係なのだ。画面を観るというのはそういうことだ。だから、特定の登場人物だけに焦点化し、あたかも現実の世界で共に生きているかのようにその人物を代弁することは、論者自身の実存に忠実であっても作品に関与的な行為ではない。それに対して本章の最後で示したいのは、『ステラ・ダラス』という映画にふさわしい、これまで行われたことのない「アスペクト視」である。

4　〈階級の顕《あらわ》な傷〉と映画の身体

フェミニスト批評家の〈同一化〉とカヴェルの〈代弁〉には、それぞれの論者の直接的な映画体験が——あえて不穏な言い方をすれば——密輸入されていると思う。つまり、主体の内面に準拠することで、公共的言説が私秘性に浸食されている。むろん、映画作品の解釈がその作品に対する論者自身の体験にもとづく行為であることは言うまでもない。だが、これも当然のことだが、作品を対象とする解釈は観客の体験ではなく作品に準拠しなければならない。各自の私的な体験については、むしろ、それと間隔を置き、それを遅延させて、その直接性をずらすことが要請される。お望みならジャック・デリダの「差延〔différance〕」を思い出してもよいのだが、ごくありていに言うと、求められるのはたとえば歴史的アプローチである。

心強いことに、一九九〇年代以降、まさに『ステラ・ダラス』を対象として作品と観客を歴史化する

(historicize）探究が、散発的にではあっても行われてきた（Jacobs 1991, Siomopoulos 1999, Parchesky 2006, Whitney 2007）。特に注目すべき点は、それらの探究によって、この映画における階級の主題が救い出されたことである。映画学では、しばしば「階級、ジェンダー、人種」と列挙される政治的諸問題のうち、階級だけは周縁に置かれてきた。デイヴィッド・E・ジェイムズが指摘するように、現代の資本主義全般の動向もさることながら、大学や学問の世界におけるアイデンティティ・ポリティクスがその主な原因だったというのは大いにありそうなことだ（James 1996: 1-4）(11)。

ともあれ、歴史的コンテクストにもとづいて『ステラ・ダラス』の階級の問題を論じたジェニファー・パーチェスキーの議論は示唆的だ。彼女が公開時のジャーナリズムの批評から読み取ったのは、この映画が大恐慌以後の精神的風潮の中でアンビバレントな反応を引き起こしたことである。当時の観客は、上流趣味のフェティシズムに違和感を覚えるのと同時に、子供の養育のために親が犠牲を払う物語には説得力を感じたのだという。ここでパーチェスキーはいささか唐突に、ある社会学の本に言及する。

一九三七年のこの映画は、観客がステラに同一化することとステラから距離をとることとの間の緊張を操作した。それは非富裕層の観客を、現実の経験に煩わされない安全な場所で、リチャード・セネットとジョナサン・カッブが「階級の隠された傷」という忘れがたい表現で呼んだものに直面させたのである（Parchesky 2006: 187）。

『階級の隠された傷』（Sennett and Cobb 1972）は、第二次世界大戦後のアメリカ合衆国における労働者階級の意識をオーラルヒストリーの手法で追究した著名な研究である。[12] この本の主題は、表題の「傷」が trauma ではなく injury であるように、下層階級の人々が階級差によって尊厳を損なわれることの原因とその意味である。ただし、下層にとどまる人々だけでなく、ともかくも階級上昇を成し遂げた者が、そのためにかえって自分の居場所をなくし、疎外や孤立や罪責感に苦しむ例も取り上げられている（Sennett and Cobb 1972: 18ff.）。

パーチェスキーの論文が興味深いのは、映画観客についてだけでなく、むしろ映画の中のステラが負う階級の「傷」を、そうとは言わずに——それと意識せずに？——指し示していることだ。ただし、それは心の奥深く「隠された傷」ではない。画面に映し出されたステラの身体という〈顕《あらわ》な傷〉である。

パーチェスキーはリゾートでのステラの過剰な装いや振る舞いを、たとえばカヴェルのように主人公の意図に帰することはせず、「映画観客を狙った語りの選択」として理解する（Parchesky 2006: 188）。その途方もない格好は、ステラが上流階級に同化できないことをすべての階級の観客にわかりやすく伝えるための修辞的な誇張だというのだ。なぜなら、当時の現実のアメリカのエリート層が競っていたのは、下層の人々には容易に識別できない「ますます微妙になる格差〔ever-subtler distinctions〕」のゲームだったからである（Parchesky 2006: 188）。映画では、誇張の結果、ステラはどの階級からも逸脱者とみなされることになる。「自分だったらあんなことは決してしない」と（Parchesky 2006: 189　強調は原文）。

こうしてステラという登場人物《キャラクター》は、自分の趣味を上流階級のそれに「合わせようとしない」とか「合わないことを偽装する」といった意図を持つわけではなく、事実として「合わせることができない」、あるいは「合わせることがない」のである。この端的な場違いであることこそ〈階級の顕な傷〉にほかならない。みずからをけばけばしく飾り立てて上流階級の客たちの目にさらすステラの身体が誇示するのは、階級上昇によって自分が陥ったどうしようもない居場所の無さなのだ[13]。

かつて『シネマ・ジャーナル』誌上の論争で、ジャンルとしてのメロドラマの様式を重視した研究者たちは、「ステラは伝統的なリアリズムのカテゴリーに従って心理化されたり『理解されたり』することはできない」と述べていた（Petro and Flinn 1985: 52）。論争を回顧したリンダ・ウィリアムズも、情動的な体験に溺れることなく、映画に対して「私たちの身体を使う思考と身体を通しての思考を同時に行うこと」を示唆していた（Williams 1998: 47）。実際、『ステラ・ダラス』のような古典的映画の場合、実は内面化や心理化をしりぞけることこそ、作品の特性が要請してくる関与的な見方なのである。個々の場面についても同様で、そのあとの二つの決定的なシークェンス、噂の女が自分の母であることをローレルが知る軽食カウンター（soda fountain）の場面、そして親子が自分たちについての噂話を聞いてしまう帰りの寝台車の場面は、演出のポイントが異なり、それぞれにふさわしい「アスペクト視」を求めている。

軽食カウンターの場面では、諸家が指摘してきたとおり、鏡を巧妙に用いた視線の演出が重要である。ステラは周囲の嘲りの目もどこ吹く風、ローレルと仲間たちがカウンターで飲み物とお喋りを楽しんでいる屋内に、娘が居るのを知らずに入って来る。カウンターの奥は一面が大きな鏡になっているので、若者たちは振り返ることなく背後の出入り口から姿を現したステラを観察することができる。彼らはちょうど「クリスマス・ツリー」のような女の噂話に興じていたところで、あれがそうだと笑いをこらえる。ローレルは急速に親しくなったリチャードと二人だけの世界に没入していて最初は母親に気づかない（図5）。

仲間から少し遅れて母親の姿を目にする瞬間がローレルにとって重大であることは明白であり、論者たちもこの点から考察を加えている。だが、それらの議論は例外なく、視線の作用をローレルの内面に帰している。たとえば「形式的に仲間入りしたばかりの社会階級の視点から自分の母親を見る」ことで羞恥心にとらわれる（コプチェク 2004: 179-180）とか、初めて他者の目を通して見ることで自分の（階級的な）ヴァルネラビリティを理解する（Rothman 1988: 86）といった解釈である。どれも妥当な捉え方に見えるけれども、実際には、そのような内面的な解釈をこの場面の演出自体が拒否しているのだ。

ローレルはまず、誰とも知れぬ女性に対する上流階級の人々の悪評を彼らの声から受け取る。だが、ローレルが鏡の方へ視線を向けて母に気づき（図6）、続いて画面にステラの姿が示されるとき、見ている人物の主観を強調する慣習的な技法、すなわちその人物の視点ショット——「見た目のショット」とも言う——が使われていないことに注意すべきだ。ローレルのショットに続くステラの姿は鏡に映った像ではない（図7）。カメラはローレルたちが居る側に置かれているけれども、いわゆる客観ショットであり、ローレルの主観を表現する視点ショットではないのだ。だから、そのあとのローレルの顔のクロースアップのショット（図8）は、彼女の内面に観客を同一化させるのではなく、世間の声と母親

図5　『ステラ・ダラス』より
鏡に映るステラ（左奥）とローレル（手前中央）

図6　『ステラ・ダラス』より
鏡像の母に気づくローレル

図7　『ステラ・ダラス』より
このステラは鏡像ではない

図8　『ステラ・ダラス』より
鏡像を見つめるローレル

の姿をローレルの身体において媒介し、彼女に次の行為を選択させる契機として機能する。まずは急いでリゾートを立ち去ることであり、さらに決定的なのがそのあとの寝台車での行動である。

その寝台車の場面でも声が重要な役割を果たす。しかしそれとともに、空間の仕切りと上下関係、そして身体の運動が演出のポイントとなっている。上段にローレル、下段にステラが横たわったあと、通路から若い女性たちの話し声が聞こえてくる。〈あの下品な女は上品で可愛らしいローレルの母親だそうよ、かわいそうにね〉。――この噂話は母と娘の耳に入り、ステラはショックを受けるが、お互いに相手がそれを聞いたかどうかはわからない。娘は母を案じて下段に降りてくる。母は狸寝入りをする。安堵した娘はそのまま母の傍らで眠りにつく……。この場面についても従来の議論はローレルの内面を語って倦まない。ローレルがステラに添い寝するのは母親に対する病的なまでの熱愛（Kaplan 2000: 474-475）やその人間性（Rothman 1988: 87）を表しているのだと。

しかし、娘は母と添い寝するだけではない。ローレルを演じるアン・シャーリーは上段から下段へと——あえて言うが——天使のように舞い降りてくるのだ（図9、図10）。この身体の下降運動は社会的下降移動のあからさまな寓意である。上流階級に適応できるローレルがそこに居場所を持てないステラの方へ降りてきて、母とともに下層にとどまろうとするのだから。先に問題になったスタンウィックの顔は、そのあとのローレルの傍らで目を開いて何かを考えている顔に結びつき、ステラに次の行為を選択させる契機となっている。すなわち、下へ降りてきたローレルを彼女が居るべき上へと押し戻すこと、もちろん、スティーヴンとヘレンのもとへ追いやることだ。その結果はラストの結婚式の夜における二人の位置関係が示している。上方の窓の中の明るい

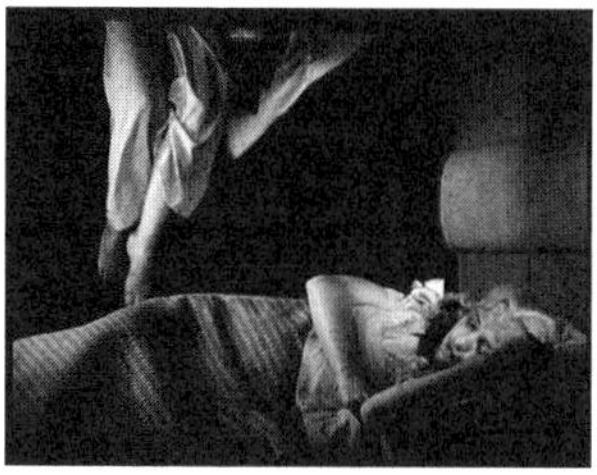

図 9　『ステラ・ダラス』より
舞い降りるローレル

図 10　『ステラ・ダラス』より
舞い降りたローレル

照明に浮かびあがるローレルと、それを下の路上の暗がりから見上げるステラである（図1）。以上の解釈を補強するために原作の小説を参照しておきたい[14]。素材に対する加工の仕方を検討することで作品の独自性を明らかにするのも歴史化の作業の一環だからである。

問題の寝台車の場面は、すでに原作に含まれていた。しかし映画と決定的に違うのは、小説ではステラとローレルが最初から二人一緒に下段のベッドに横たわることだ（プローティ 1990: 245）。つまり、原作にはローレルの身体の下降運動は存在しない。ただし、小説にはそのあと、映画に採用されなかった興味深いくだりがある。両親が離婚すると知ったローレルが、それでもステラとの生活を続けるために、速記者として働くというプランを打ち明ける。母は娘が「速記者なんかに」なるという話に愕然とし、いよいよ娘を遠ざけるために、かつての遊び友だちで今は落ちぶれてアルコール依存を病むエドとの結婚という奇策を思いつくのである（プローティ 1990: 282–288）[15]。もちろん、ローレルが事務員として働きながらステラと暮らすというのは、上流階級に参入する希望を捨てて労働者階級にとどまることを意味する。小説でのローレルのこのような意思の表明を、映画は寝台車でのアン・シャーリーの下降という身体の運動に形象化したのだ。物語るべきことを空間と運動によって一挙に示してしまう映画的演出《ミザンセーヌ》の見事な例である。

しかし、母は娘の意思を拒む。ステラの行為は「自己犠牲」ではなく、自分にはできない階級上昇を娘のローレルに代行させることでもなく、娘を彼女が属する世界とともに棄てて自己を解放することでもない。彼女は娘に対して自己愛的に同一化するのではなく、自分とは異なる他者としてその存在を肯定し、娘が身を置くのにふさわしい場所へと赴かせるのだ。内面への準拠によって見逃されてきたのは、このような母と娘の間のコミュニケーション、つまり行為と行為、あるいは選択と選択の接続関係である。こうして古典的ハリウッド映画と呼ばれる「馬鹿で素朴なアメリカ映画」に、心理の表現ではなく、身体に具現された社会的関係が現れる。(16)

（1）レイ・モンクの詳細な伝記によると、ウィトゲンシュタインは、一九三〇年代の数少ない友人の一人だった哲学者ギルバート・ライルとは、散歩中に哲学だけでなく映画のことも話題にして、特にイギリス映画の評価については対立したという（モンク 1994: 292–293）。それにしても、マルコムの伝えるウィトゲンシュタインの突出した言動にはほとんど映画狂《シネフィル》を思わせるものがある。

（2）引用中〔 〕内の補足は中村による。以下同様。

（3）この問題は『哲学探究』の第二部と『心理学の哲学』や最近邦訳が出た『ラスト・ライティングス』（ウィトゲンシュタイン 2016）にまとめられた遺稿で扱われている。

（4）前注に挙げた遺稿でウィトゲンシュタインは、ものの見え方の転換（「アスペクトの閃き」）や「…を～として見る」とはどういうことかという問題を繰り返し論じている。ジフはウィトゲンシュタインにまったく言及していないけれども、『哲学探究』の刊行が一九五三年、ジフの論文の初出が一九五八年であることからすると、何らかの影響があったかもしれない。

（5）本章で論じる『ステラ・ダラス』はキング・ヴィダー監督による一九三七年の映画である。二三年に刊行された同名の小説（プローティ 1990, Prouty 2015）を原作とする。小説は大衆的な人気を博し、翌年には舞台で上演され、二五年に最初の映画化が行われた（ヘンリー・キング監督）。三七年の二度目の映画化の成功を受けてラジオの連続ドラマにもなり、実に三八年から五五年までの長期にわたって放送された（Parchesky 2006）。九〇年の『ステラ』（ジョン・アーマン監督）は、舞台を現代に移して大幅な脚色を施した三度目の映画化である。なお、三七年版の日本語版ＤＶＤは株式会社アイ・ヴィー・シーから発売されている。

（6）この論争を概観し、それを踏まえて映画『ステラ・ダラス』を論じた日本語の論文に、野沢（1997）がある。

（7）映画学におけるメロドラマ研究の展開と意義については、マーサー＋シングラー（2013）が有益な概観を与えてくれる。

（8）初出誌 *Heresies* 4（4）を閲覧できなかったため、本章では、のちにカプラン自身が編んでこの論文を収録した論集『フェミニズムと映画』（Kaplan 2000）を参照した。

（9）カヴェルのこの論文を対象とする日本語の論文に齋藤＋スタンディッシュ（2004）と木原（2013）がある。どちらも本章とは問題関心が異なるけれども、ともに参考になった。

（10）カヴェル自身は哲学の「尊大さ」について、たとえばこういう言い方もしている。「〔哲学の教育において〕問われているのは、われわれが究極の単独性〔absolute separateness〕と無限の共同性〔endless commonness〕とを同時に生きている、通俗と崇高とを同時に生きているということを知るための予備的教育なのだ。それゆえ私は、人間を代表して語ろうとする要求として――つまりある種の普遍化された声の使用として――哲学を特徴づける以上、この要求を横領（arrogation）の要求と呼ぶ」（カヴェル 2008: 2, Cavell 1994: vii）。

（11）ただし、『ステラ・ダラス』が製作された時代には階級関係のあからさまな表象が避けられていたのも事実である。大恐慌の暗雲に覆われ、現実には労働運動が急速に勢いを増していたのに対して、娯楽映画産業は政治に関わる深刻な主題にきわめて慎重だった。この点についてはリア・ジェイコブズが、彼女が「淪落の女の映画〔the fallen woman film〕」と呼ぶ作品群に関して、階級上昇とセックスの危険に対する自主規制の問題を論じた（Jacobs 1991）。

（12）英語圏の関連文献ではしばしば言及される研究である。日本語の論文では、たとえば山本（1993–1994: 270, 279）がこの本を効果的に参照している。

（13）この場違いであることについてジェイコブズは、リゾートでのステラの身なりは売春婦を連想させる恐れもあると指摘した（Jacobs 1991: 135）。他方、メアリ・アン・ドーンは階級の要因を考慮に入れながらも、ステラの過剰な装いは彼女が身につけたいと欲している品の良さについての「誤読」と「過剰補償」によるものだと言う（ドーン 1994: 117）。こちらは作品から逸脱した心理的な「誤読」だと思う。

（14）原著は最近復刊された（Prouty 2015）。なお、『ステラ・ダラス』の原作小説の邦訳は戦前から何度も行われてきた。本章では一九九〇年のリメイク『ステラ』の日本公開に合わせて出版された訳書を参照した。『ステラ』という表題やスチル写真をあしらった装丁からノヴェライゼーションと疑う向きもあるかもしれないが、そうではない。訳出の事情は同書の「訳者あとがき」に記されている（プローティ 1990: 321–324）。

（15）原作の最後ではステラがエドと実際に結婚したことが語られている（プローティ 1990: 307, 315–316）。私とは別の観点からではあるが、木原（2013: 198）は映画のエンディングでスタンウィックの左手薬指に指輪がはめられていることに注意を促している。作品の中で説明はおろか暗示さえもされない、あたかもフロイトの謂う「夢の臍」のような細部である。私としては、この指輪が原作の痕跡ないし残滓のようなものである可能性を考慮すべきだと思う。

（16）本章冒頭のマルコムの回想は一九三八年から四〇年までのケンブリッジ留学時のもの、また、「馬鹿なアメリカ映画」についての断章は一九四七年に書かれた。ウィトゲンシュタインにとっての「映画」がいわゆる古典的ハリウッド映画だったのは明らかである。

【文献】

Cavell, Stanley, 1994, *A Pitch of Philosophy: Autobiographical Exercises*, Cambridge: Harvard University Press.

Cavell, Stanley, 1996, *Contesting Tears: The Hollywood Melodrama of the Unknown Woman,* Chicago: The University of Chicago Press.

Cavell, Stanley, 2005, "The Thought of Movies (1983)," in William Rothman, ed., *Cavell on Film,* Albany: State University of New York Press, pp. 87-106.

カヴェル、スタンリー、二〇〇八、中川雄一訳『哲学の〈声〉——デリダのオースティン批判論駁』春秋社。

カヴェル、スタンリー、二〇一二、石原陽一郎訳『眼に映る世界——映画の存在論についての考察』法政大学出版局。

Cerqueira, Sebastião Belfort, 2013, "Stanley's Taste: On the Inseparability of Art, Life, and Criticism," *Conversations: Journal of Cavellian Studies,* 1: 59-62.

コプチェク、ジョアン、二〇〇四、鈴木英明・中山徹・村山敏勝訳『〈女〉なんていないと想像してごらん——倫理と昇華』河出書房新社。

ドゥルーズ、ジル、二〇〇六、宇野邦一・石原陽一郎・江澤健一郎・大原理志・岡村民夫訳『シネマ２＊時間イメージ』法政大学出版局。

ドゥルーズ、ジル、二〇〇八、財津理・齋藤範訳『シネマ１＊運動イメージ』法政大学出版局。

ドーン、メアリ・アン、一九九四、松田英男監訳『欲望への欲望——１９４０年代の女性映画』勁草書房。

Jacobs, Lea, 1991, *The Wages of Sin: Censorship and the Fallen Woman Film 1928-1942,* Madison: The University of Wisconsin Press.

James, David E., 1996, "Introduction: Is There Class in This Text?" in David E. James and Rick Berg, eds., *The Hidden Foundation: Cinema and the Question of Class,* Minneapolis: The University of Minnesota Press, pp. 1-25.

Kaplan, E. Ann, 1985a, "Ann Kaplan Replies to Linda Williams's "'Something Besides Else a Mother': *Stella Dallas* and the Maternal Melodrama"," *Cinema Journal,* 24(2): 40-43.

Kaplan, E. Ann, 1985b, "E. Ann Kaplan Replies," *Cinema Journal*, 25(1): 52–54.

Kaplan, E. Ann, 1998, "Review of *Contesting Tears: The Hollywood Melodrama of the Unknown Woman* by Stanley Cavell," *Film Quarterly*, 52(1): 77–81.

Kaplan, E. Ann, 2000, "The Case of the Missing Mother: Maternal Issues in Vidor's *Stella Dallas*," in E. Ann Kaplan, ed., *Feminism and Film*, Oxford: Oxford University Press, pp. 466–478.

カプラン、E・A、二〇〇〇、水口紀勢子訳『母性を読む——メロドラマと大衆文化にみる母親像』勁草書房（抄訳）。

木原圭翔、二〇一三、「相貌のない女——スタンリー・カヴェルの『ステラ・ダラス』論における『瞬間』の批評」『演劇映像学 2012』一八七—一九九頁。

マルコム、ノーマン、一九九八、板坂元訳『ウィトゲンシュタイン——天才哲学者の思い出』平凡社ライブラリー。

マーサー、ジョン＋マーティン・シングラー、二〇一三、中村秀之・河野真理江訳『メロドラマ映画を学ぶ——ジャンル・スタイル・感性』フィルムアート社。

モンク、レイ、一九九四、岡田雅勝訳『ウィトゲンシュタイン——天才の責務1』みすず書房。

マルヴィ、ローラ、一九九八、斉藤綾子訳「視覚的快楽と物語映画」岩本憲児・武田潔・斉藤綾子編『「新」映画理論集成①歴史／人種／ジェンダー』フィルムアート社、一二六—一三九頁。

野沢公子、一九九七、「母親物メロドラマ『ステラ・ダラス』（1937）再考——抵抗する観客を目指して」『愛知県立大学外国語学部紀要（言語・文学編）』二九、九一—一一九頁。

Parchesky, Jennifer, 2006, "Adapting *Stella Dallas:* Class Boundaries, Consumerism, and Hierarchies of Taste," *Legacy*, 23(2): 178–198.

Petro, Patrice and Carol Flinn, 1985, "Dialogue: Patrice Petro and Carol Flinn on Feminist Film Theory," *Cinema*

Journal, 25(1): 50–52.

プローティ、オリーヴ・H、一九九〇、喜多元子訳『ステラ』読売新聞社。

Prouty, Olive Higgins, 2015, *Stella Dallas,* New York: Feminist Press.

Rothman, William, 1988, *The "I" of the Camera: Essays in Film Criticism, History, and Aesthetics,* Cambridge: Cambridge University Press.

斉藤綾子、一九九八a、「フェミニズム――解説」岩本憲児・武田潔・斉藤綾子編『「新」映画理論集成①歴史/人種/ジェンダー』フィルムアート社、一二〇―一二五頁。

斉藤綾子、一九九八b、「『視覚的快楽と物語映画』――解題」岩本憲児・武田潔・斉藤綾子編『「新」映画理論集成①歴史/人種/ジェンダー』フィルムアート社、一三九―一四一頁。

斉藤綾子、二〇一〇、「フェミニズム映画批評の変遷と実践」竹村和子・義江明子編著『思想と文化』(ジェンダー史叢書3)明石書店、二五一―二七四頁。

齋藤直子+ポール・スタンディッシュ、二〇〇四、「自らの声で　喪失・出立・再生――カベルによるエマソンの道徳的完成主義」『現代思想』三二(八)、一二八―一五一頁。

Sennett, Richard and Jonathan Cobb, 1972, *The Hidden Injuries of Class,* New York: W. W. Norton & Company.

Siomopoulos, Anna, 1999, "'I Didn't Know Anyone Could Be so Unselfish': Liberal Empathy, the Welfare State, and King Vidor's *Stella Dallas,*" *Cinema Journal,* 38(4): 3–23.

Viviani, Christian, 1987, "Who is Without Sin? The Maternal Melodrama in American Film, 1930–1939," tr. by Dolores Burdick, in Christine Gledhill, ed., *Home is Where the Heart Is: Studies in Melodrama and the Woman's Film,* London: BFI Publishing, pp. 83–99.

Whitney, Allison, 2007, "Race, Class, and the Pressure to Pass in American Maternal Melodrama: The Case of *Stella Dallas,*" *Journal of Film and Video,* 59(1): 3–18.

Williams, Linda, 1984, "'Something Else Besides a Mother': *Stella Dallas* and the Maternal Melodrama," *Cinema Journal,* 24(1): 2–27.

Williams, Linda, 1998, "Melodrama Revised," in Nick Browne, ed., *Refiguring American Film Genres: History and Theory,* Berkeley: University of California Press, pp. 42–88.

ウィトゲンシュタイン、一九七六、藤本隆志訳『哲学探究』（ウィトゲンシュタイン全集８）大修館書店。

Wittgenstein, Ludwig, 1980, *Remarks on the Philosophy of Psychology* = *Bemerkungen über die Philosophie der Psychologie,* vol. 1, G. E. M. Anscombe and G. H. von Wright, eds., G. E. M. Anscombe, tr., Chicago: University of Chicago Press, Oxford: Basil Blackwell.

ウィトゲンシュタイン、一九八五、佐藤徹郎訳『心理学の哲学——１』（ウィトゲンシュタイン全集・補巻１）大修館書店。

ヴィトゲンシュタイン、ルートヴィヒ、一九九九、丘沢静也訳『反哲学的断章——文化と価値』青土社。

ウィトゲンシュタイン、ルートウィヒ、二〇一六、古田徹也訳『ラスト・ライティングス』講談社。

山本泰、一九九三—一九九四、「マイノリティと社会の再生産」『社会学評論』四四（三）、二六二—二八一頁。

ジフ、ポール、二〇一五、櫻井一成訳「芸術批評における理由」西村清和編・監訳『分析美学基本論文集』勁草書房、六五—九八頁。

12章 自己産出系のセマンティクス
あるいは沈黙論の新たな試み

佐藤　俊樹

状況とは、われわれの面前にひろがっているものではなくて、われわれが互いにかみあっている関係の運動のことである。それは、関係が言葉によって二重に実現され、更に、それ自身と対立しつつ肯定と否定とをはらみあい、せめぎあう弁証法のことである（山本泰「規範の核心としての言語」）。

1　自己産出系論の公理系

「自己産出系論の公理論」（佐藤 2016）で私は、社会の自己産出系論（コミュニケーションシステム論）の理論枠組みを整理する上で、syntax と semantics という論理学の概念が使えるのではないか、と提

案した(1)。具体的にいえば、自己産出系論の syntax として、

(1) 社会の制度はコミュニケーションを基本要素としており、その間には基底的自己準拠 basale Selbstreferenz（basal self-reference）という特性がみられる。

(2) 基底的自己準拠がなりたつ関係性には、反射性 Reflexivität（reflectivity）と反省 Reflexion（reflection）が加わることがある。

を置くことができる。

他の著作でも述べたが（佐藤 2008, 2011）、(2)が成立すれば、いわゆる「自己組織」的なしくみが成立する。したがって、(1)と(2)は主要な社会的事象のなかでも、特に「制度」と呼ばれる事態をとらえる一般的な枠組みとして使えるが、それだけに(1)と(2)、とりわけ最も基底的な(1)はどのようにして成立しうるのか。その semantics が重要な論点になる。

実は従来の社会学でも、(1)にあたる水準はさまざまな形で取り上げられてきた。M・ウェーバーのいう行為の「意味連関」や、G・ジンメルの「相互行為（相互作用）」もその一つだ。自己産出 autopoiesis の術語系ではこれは次のように言い換えられる。

――「作動 Operation」という自己産出系の要素は、社会的な事象では、行為―コミュニケーションにあたる。「コミュニケーションが接続する」という事態には三つの論理的な可能性がある。接続可能

性が①接続されるコミュニケーションの内部で成立する、②接続するコミュニケーションの理解で初めて成立する、③接続されるコミュニケーション全てが接続に関わる、である（佐藤 2008: 225-226 など）。この①〜③のうち、⑴と⑵が成立しうるのはどれだろうか？

実際、これらはそのまま理解社会学の方法論上に引き写せる。その意味で、①〜③は「意味連関」や「相互行為」の三つの型だともいえる。むしろその方が理解しやすいかもしれない。

2　理解社会学の二つのモデル

ウェーバーは「動機」が「行為者自身または観察者」によって、平均的な思考や感情の習慣にもとづいて特定されることを明示した（Weber 1921: 159=1987: 17-18, 佐藤 2017）。その点で一九世紀の社会科学、例えば道徳統計学 moral statistics での方法的個人主義と大きくことなるが、それに応じて行為の意味の理解にも二通りの考え方ができる。

第一に、行為の意味は行為者の意図によって固定されており、それは客観的に特定できる、と考える。後続する行為者は、その意味＝意図に自らの行為を接続させる。これを a とよぼう。簡単な図にすれば、**図1**のようになる。

この場合、後続の行為が接続していく行為の意味は、先行する行為の内部ですでに成立している。それゆえ、接続としては①の型になる。いわゆる「主意主義的行為論 voluntaristic theory of action」の考

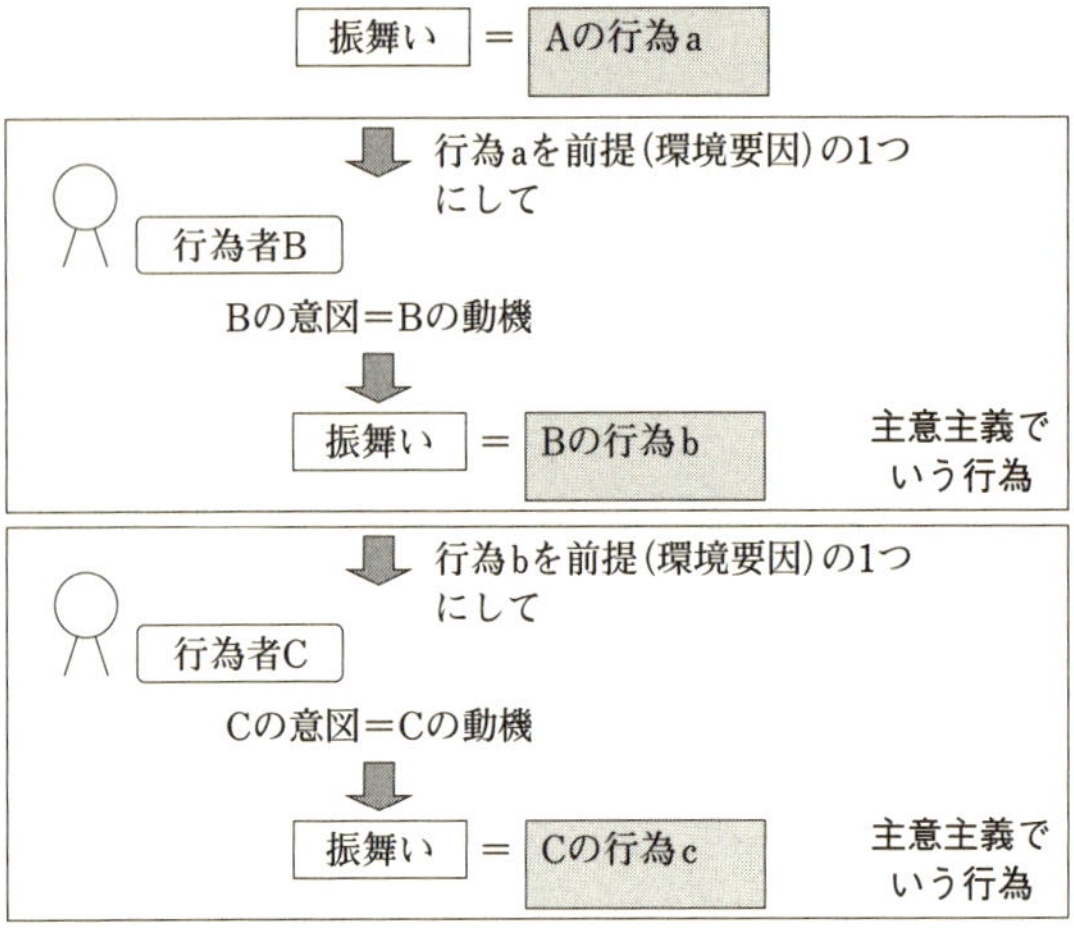

図1　αにおける行為のあり方

え方である。

第二に、行為の意味はそれに接続する次の行為者の理解＝解釈による、と考える。これをβとよぼう。βにおいて行為の意味にあたるのは、行為者の意図ではなく、それに関する他の行為者による推定である。図に描けば、**図2**のようになる。

βの場合、行為者Aの行為の意味aは、後続するBの解釈において成立し、Bの行為の意味bは、Cの解釈において成立する。わかりやすくいえば、後続する行為者による解釈が行為と行為を接続する。[2] したがって、接続の型は②もしくは③になる。こちらは行為の意味の事後成立説といわれる。

この場合、解釈は「「「Aの行為a」というBの解釈」というCの解釈」という形で入れ子状に重層するので、解釈される行為が現在から時間的に遠いほど、枠組みの影響力は強まる。と同時に、解釈が現在時点の行為者の心的な営みである以上、少なくとも現在の

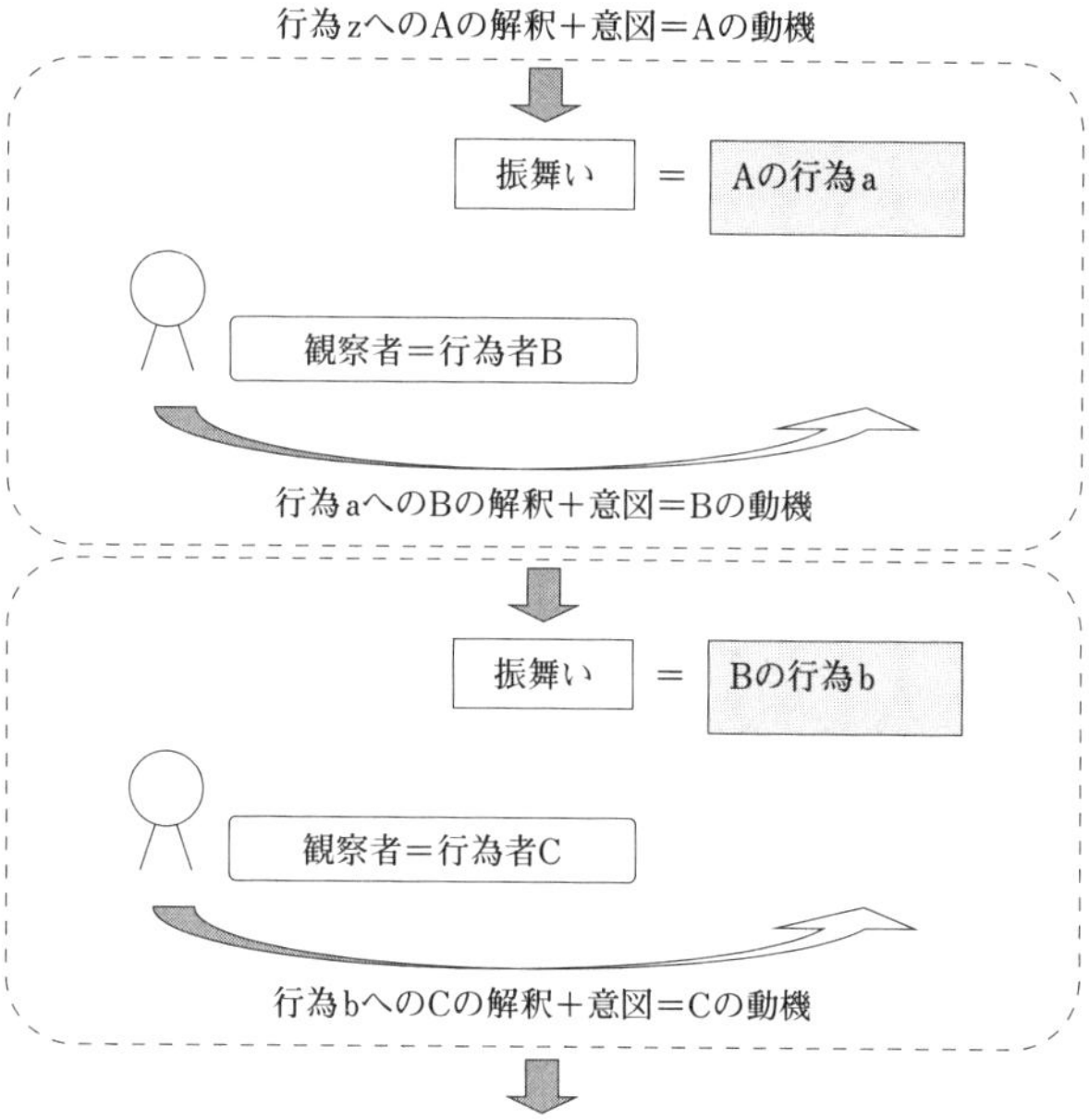

図2　βにおける行為のあり方

解釈は何らかの形で行為者の心理に制約される。

図で表現すれば、**図3**のようになる。βにおいて行為連関を主に構成するのは、行為が解釈される枠組みである。もしこの解釈枠組みによって意味的に構成される行為列が「内＝自己」という意味的同一性をもてば、基底的自己準拠が成立する。すなわち、一つの意味システムとみなすことができる。より詳しい説明は『社会学の方法』（佐藤 2011）の第一〇・一一章、『意味とシステム』（佐藤 2008）の第四章などをみてほしい。

解釈される行為が現在から時間的に遠いほど、解釈枠組みの影響は強まる。したがって、時間の経過とともに当該行為の意味は解釈依存的になるが、例えば時

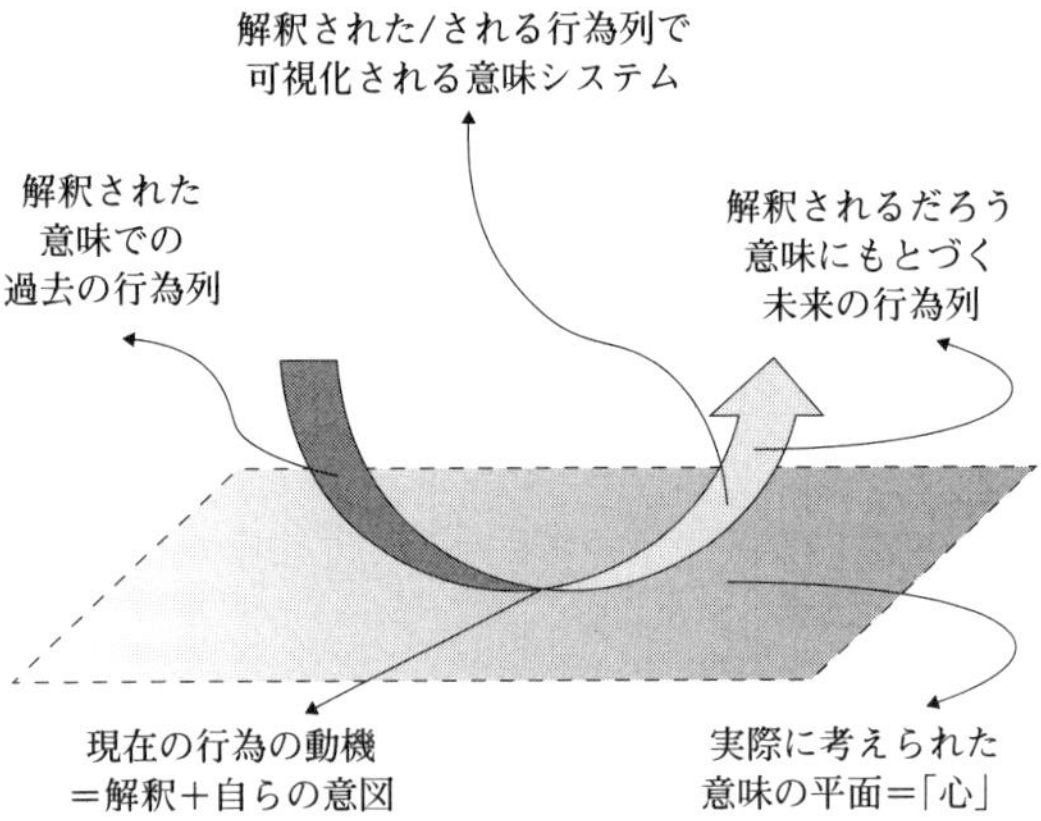

図3　βを semantics とする行為列の模式図

間の時間化の下では（3節参照）、その程度もある程度解釈依存的になる。そういう形で、システムは外部変数としての心理特性に制約される。**図3**でいえば、行為列は心理の平面に何らかの形で近接せざるをえない[3]。すなわち、因果的には行為者の動機が行為列のあり方に影響してくる。

逆にいえば、そうした面でも因果の開放性と両立する形で、作動の閉鎖性を定式化する必要がある。この点ももちろん semantics の妥当性と関係する。

3　自己産出系の syntax との対応

では、社会的な事象を記述する枠組みとして、αとβはどちらがより妥当なものなのだろうか。

(1)と(2)、すなわち基底的自己準拠―反射性―反省という syntax の semantics として考えた場合、大きく二つの評価基準がある。第一の基準はいうまでもなく、この syntax との対応である。第二の基準は、「行為をしている」

「意味を理解する」という事象の定式化としての妥当性である。従来の社会学での議論との連続性の検討も、こちらにふくまれる。

第一の基準から考えてみよう。

βのsemanticsでは、基底的自己準拠―反射性―反省がごく自然に関連づけることができる。例えば、時間的に過去に属する要素もふくめてシステムが成り立っているとすれば、システム境界の変更は（属しているとされた）過去の要素にも自動的に及ぶ。それによって、システムの自己産出と、それに関連するさまざまなしくみや挙動を明確かつ体系的に定式化できる。βの大きな利点はそこにある。

βにおいては、システムの要素にあたるコミュニケーションａとｂが接続するという事態は、ａを文脈としてｂは意味を成立させ、ａはｂによって再解釈されることにあたる。すなわち、ａの意味＝「行為ａ」とｂの意味＝「行為ｂ」は相互依存する。同じシステムを要素として構成するという同一性を保持しながら、この相互依存がさらにｃ、ｄ、ｅ、……と連鎖的に進行していくのが、βの下での基底的自己準拠にあたる。

単純化のために、以下ではａとｂの相互依存だけをとりあげる。この相互依存性はａの意味の変更可能性を通じて、システムの「自己」を高度に自己組織的にする。「自己」をつくりかえることができるからだ。と同時に、これがａとｂの意味の無根拠性とみなされれば、システムの「自己」を無根拠なものにしてしまう。それゆえ、この相互依存を表面的に遮断する二次的なしくみが派生しうる。

ルーマン自身の術語を借りれば、基底的自己準拠における「相互依存 Interdependenz」を「遮断する unterbrechen」「非対称化 Asymmetrisierung」がこれにあたる。具体的には「時間化」や「外部化」、「反省（の遂行）」などだ（Luhmann 1981a: 28–36=2013: 23–32 など）。もちろん、二次的なしくみなので派生しないこともある。

「時間化 Temporalisierung」は、aの意味を既定の固定項とみなすものだ。それによって、aが、開いた選択肢の一つとして、bの意味が根拠づけられる。これはaがbにとって過去にあたるからではなく、aの意味を固定項とみなすことで、システムにとって「過去」にあたる事態が成立する。いいかえれば、過去の「行為a」をうけて現在の「行為b」がなされるのではない。aとbをこうした形で非対称化することで、このシステムにとっての「過去」と「現在」が成立する（9節参照）。

この時間化による非対称化は再帰的に適用できる。「過去にもとづく現在」という関係づけのあり方、すなわち固定化／可変化はその内部で、さらに「過去にもとづく現在」を創り出せる、すなわち固定化／可変化の区別を導入できる。これが「時間の時間化 Temporalisierung der Zeit」という反射性 Reflexivität にあたる（Luhmann 1980: 294–295=2011: 272）。

「外部化 Externalisierung」はaとbを要素とする全体、すなわちシステムの「自己」ではなく、その否定、すなわち「自己でない」＝外の方を積極的に定義するものだ。それによって、「自己」は『自己でない』でない」として消極的に定義される。その結果、システムの「自己」は一定の意味的な変動幅を保ちつつ、同一の何かであるように見える。

「反省 Reflexion」はシステムの「自己」をより抽象的な形で再定義するものだ。その結果、やはり

「自己」は具体的な意味の変動幅を保ちながら、その変動を通じて変わらぬ何かが自存的にありつづけているように見える。

4　制度の挙動をとらえる

なお、ルーマンの術語系では、これらの二次的な遮蔽のしくみも「意味論《ゼマンティク》 Semantik」と呼ばれている。基底的自己準拠をシステムの作動形式、すなわち syntax に相当するものとした上で、それに対する当事者水準での了解のしかた＝意味づけをさすものとして、こう呼んだのかもしれない。具体的な制度の分析例としては、福祉国家論がわかりやすい（Luhmann 1981b, 高橋 2002: 補論 4）[4]。けれども、この論考では、そうした「意味論《ゼマンティク》」も基底的自己準拠と論理的に関連づけられることから、(1)基底的自己準拠に付加できる syntax として位置づけた（⇒1節）。つまり、(2)の反射性や反省もシステムの作動形式だと考えて、その上で、この(1)(2)の syntax をみたしうる semantics を検討している。その点でも、ここでの semantics はルーマンの「意味論《ゼマンティク》」とはことなる。

話を戻すと、以上のように、βを semantics にすれば、自己産出系のしくみや挙動も体系的に定式化できる。経験的な記述や分析の見通しも良くなる。例えば機能的分化も明確に描ける（小松 2013: 注 6 参照）。もっと具体的な水準では、例えば経営組織の自己産出に関して、長岡克行はルーマンの「組織」の一部（Luhmann 1988: 166）を翻訳しながら、こう述べている（長岡 1998: 168-169）。

> 「意思決定」でもって、心理的な行程が考えられているのではなくて、コミュニケーションが考えられており、心的な出来事、意識内部の自己確定ではなくて、社会的な出来事が考えられている。それゆえまた、意思決定は、それが行なわれてから、さらにコミュニケーションされなければならないということはできない。意思決定はコミュニケーションである。……
>
> ……行為しないことに対しても意思決定が帰属されるし、意思決定の自覚がなくても意思決定が帰属されることがある。これは、組織ではどの行為も無行為も期待に照らして観察されるからである。組織の成員もそのことを知って行動している。

私は、これはαではなくβの semantics であり、三谷（2004）の表現を借りれば、「行為はコミュニケイションの中で構成される」（Luhmann 1984: 191 など）というとらえ方だと思う（佐藤 2008: 143–149, 2010, 2017 も参照）。「情報／伝達／理解」が経験的に記述できるとすれば、こうした形にならざるをえない。

学説研究的にみても、ルーマンは例えば『マスメディアのリアリティ』で「行為も行為者も経験的な事実としては存在しない」（Luhmann 1996: 65–66=2005: 54, 同：5 章注 13 も参照）とはっきり述べている。もちろん、マスメディアの自己産出系論の上では、であるが。ルーマンは理論だけでなく（Luhmann 1980: 246–247=2011: 229 など）、経験的な記述や説明でもβに近い定式化を用いており、かつ、その記述や説明はかなりの程度成功している。すなわち、データによる反証可能性を保持した上で、独創的で論理的な分析を展開できている。そう考える論拠は5節以下であらためて述べるが、先ほどの引用のように、日本語圏での従来の受容でも実際にはそう評価されてきたのではないか。

それに対して、αが(1)(2)のsemanticsになるかどうかはわからない。率直にいえば、今のところ、αの下で基底的自己準拠が成立する状態を、私は具体的には想像できない。したがって、もしαしか成立しないのであれば、自己産出系論も放棄せざるをえない、と考えている（佐藤 2008: 2-4章, 2010参照）。すなわち、「初期ルーマン」に戻るという三谷（2004）の主張が妥当だ、と考えている。

その意味で、βは自己産出系の「ミクロ的基礎づけmicrofoundation」にあたる。もちろん、現在の私には思いつかないというだけで、もしβ以外に(1)(2)のsemanticsになるものがあれば、それが成立する範囲で自己産出系論のsyntaxを使える。あるいは、semanticsの妥当性と切り離した形で、syntaxの整合性を公理論的に検討することもできる（高橋 2016など）。そんな扱い方ができるのもsyntaxとsemanticsを分ける意義の一つだ。さらに、(1)(2)の一部だけをもっと弱いsyntaxとして使うこともできるが、これに関しては省略する。

5　「行為の意味を理解する」ことの定式化

次に第二の基準について考えてみよう。

こちらの検討は第一のよりもかなり難しくなる。syntax (1)(2)のような、論理的にある程度明確な準拠点を設定しにくいからだ。「行為している」「意味を理解する」に関する社会学の定式化も、かなり揺れ動いている（例えば佐藤 2016–2017 参照）。αとβ、それぞれの論理的な一貫性の評価も簡単ではない。また、（後で述べるように）理解が部分的にせよ推測をふくむのであれば、当事者の感覚や自己了解にもとづく議論は論理的な錯誤を犯しやすいことが知られている。

それゆえ、以下では、準拠点として既存の公理系を導入しよう。すなわち、（a）「行為の意味を理解する」ことと形式的に同型性をもち、かつ（b）論理的な整合性がすでに検討ずみの公理系をもってきて、その上にαとβと引き写すことで、両者の論理的な構成を明確にしていく。具体的にはベイズ統計学の公理系を用いる[5]。

意味を理解する理解社会学的なアプローチと統計学的なアプローチは、対極的なものだと思われやすいが、歴史的には密接に関連している。現在では「行為論」と呼ばれているウェーバーの方法論も、統計学に強く影響されて形成されたものだ（佐藤 2016–2017）。

そして、それ以前に、行為の意味の理解と統計学の間には、明確な同型性がある。どちらも、直接観察できる外的な事象にもとづいて、直接観察できない内的な事象を推定するものだからだ。行為の意味の理解であれば、「外的な事象」が行為の外形（＝図**1**と図**2**での「振舞い」）、「内的な事象」が行為の意味の特定の面にあたる。統計学であれば、「外的な事象」がデータ（観測値）であり、「内的な事象」が母数《パラメータ》にあたる。

だから、行為の外形を手がかりにその意味を理解することと、データから母数を推測することとの間には、明確な同型性がある。その点で、ベイズ統計学の公理系は（a）をみたす。（b）についてはいうまでもない。

6　ベイズ統計学の枠組み

ベイズ統計学は「ベイズの定理」とよばれる条件付き確率の恒等式にもとづく。すでに多くの解説があるので詳細は省略するが（松原 2010 など参照）、数式で表現すると、

$$P(\theta|\mathrm{d}) = \frac{P(\theta)}{P(\mathrm{d})}P(\mathrm{d}|\theta) \quad \cdots\cdots[1]$$

$$\pi_1(\theta|\mathrm{d}) \propto \pi_0(\theta)\mathrm{f}(\mathrm{d}|\theta) \quad \cdots\cdots[2]$$

である。［1］は論理的な恒等式である。すなわち形式論理の上では必ず成立する。［2］はそれを関数の形で一般化したものだ。

式［1］の方から解説しよう。式のなかのθは直接観測できない母数、dは外的に観察できるデータを示す。実は［1］にあたる命題は社会調査法でも必ず出てくる。特定の母数の値θからデータdが出現する確率（$=P(\mathrm{d}|\theta)$）と、データdから推定された値θが正しい確率（$=P(\theta|\mathrm{d})$）は同じではない。後者を計算するためには、前者だけでなく、$P(\theta)/P(\mathrm{d})$も知らなければならない。[6]

これが何を意味するかは、$P(\mathrm{d}|\theta)=1$の場合を考えればよい。「θであれば必ずdが出現する」

($P(\mathrm{d}|\theta)=1$)としても、「dが観察されたからθだ」($P(\theta|\mathrm{d})=1$)とはいえない。そういえるのは$P(\theta)/P(\mathrm{d})=1$、すなわち「$\theta$でなければdにならない」が成立するときだけである。統計学ではこれは「偽陽性」の問題として知られているが、行為の理解でも同じことがいえる。特定の意味(の面)θをもつ行為が必ず特定の外形dをもつとしても、dが観察されたからといって、「その行為の意味はθである」とは一般にはいえない。

論理学的には初歩的な知識だが、行為の意味の理解を考える上では、これだけでも大きな意義がある。式[1]は論理的な恒等式であり、つねに真だが、当事者の感覚や自己了解では$P(\mathrm{d}|\theta)=P(\theta|\mathrm{d})$だと思い込みやすい。例えば、統計的検定での有意確率は$P(\mathrm{d}|\theta)$にあたるが、$P(\theta|\mathrm{d})$すなわち当該データの下でその仮説が正しい確率だと誤解されやすい。社会学者の書いた解説でも、まちがえているときがあるように、推測ではおきやすい錯誤の一つだ。

特定の外形dから意味θが確定できるとするには、「θであれば必ずdである($P(\mathrm{d}|\theta)=1$)」場合でも、θとdの間の一対一対応を具体的に示すか、「本質直観」のような強い仮定を導入するか、どちらかがさらに必要になる。どちらもθが直接観察できている状態にひとしく、θが直接観察できないと考えられる場合にはあてはまらない。したがって、一般的には少なくとも$P(\theta)$の値を仮定せざるをえず、それゆえ、たとえ$P(\mathrm{d}|\theta)$が既知でも、$P(\theta|\mathrm{d})$は仮定依存的になる。その意味で、行為の意味θの同定は必ず不確実性をともなう。

だとすれば、理解社会学の二つのsemantics、αとβの間にそれほど大きな差はない。より正確にいえば、二つは同じ枠組みの上であつかえる。2節で述べたように、αでは、行為の意味は行為者の意図によって固定されており、それが客観的事実として観察できると考える。その場合でも具体的な意味を特定する際には、意味と外形の間に一対一対応が成立しないかぎり、必ず不確実性をともなう。それゆえ、αを「有限のデータの下で行為者の意図を推測する」、βを「行為の意味は有限の幅のなかで事後的に解釈される」と考えれば、二つのsemanticsを共通の枠組みであつかえる。

その点を踏まえると、式［2］も理解しやすい。これは式［1］を関数として一般化したものである。$f(d|\theta)$は観察されたデータが出現するしくみの挙動を表す確率関数で、θがその母数にあたる。$\pi_0(\theta)$は観察者が事前に予測するθの値の確率分布、$\pi_1(\theta|d)$はデータの値を取りこんで修正されたθの値の確率分布である。つまり、事前に仮定された母数の分布関数（＝「事前分布」）に、データの出現の仕方とその具体的な値を取りこんで、より妥当だと考えられる分布関数（＝「事後分布」）が求められることを式［2］は示している。

7　行為の意味を推定する

式［2］を使えば、「観察の理論負荷性」すなわち判断の前提依存性と、観察データによる修正は論理的に両立する、といえる。なおかつ、それを数理的な演算で厳密かつ一般的な形で定義できる。例えば、確率関数fと事前分布π_0がともに正規分布なら、事後分布π_1も正規分布になり、前提依存性の強さは事前分布の分散の逆数$1/\sigma^2$、データによる修正効果の大きさは、標本規模nを標本の不偏分散s^2で割った値n/s^2で表される[7]。

現在、統計学の事実上の標準となっている頻度主義は、ベイズ統計学から事前分布を取り除いたものにあたる。その代わり、多くの場合で無限個のデータ（すなわち$n \to \infty$）を想定する。その点で、判断の前提依存性と無限個のデータは機能的等価になる（10節参照）。

行為の意味の理解に引き写せば、$f(d|\theta)$が行為の営み、dが振舞い方や言葉などの観察できる外形、θはその行為の意味（の特定の面）にあたる[8]。θの特定が必ず不確実性をともなうとすれば、確率分布πの形であつかう方が自然になる。それによって理解の客観的妥当性、すなわち観察者側の前提依存性の少なさは程度問題になる。先の正規分布の例でいえば、前提依存性の強さ$1/\sigma^2$とデータによる修正効果n/s^2の比$s^2/(n\sigma^2)$を、理解における不確定性kとして考えることができる。分散だけで計算されるように、より正確にはこれは解釈の加わる程度（解釈度）を示すが、その大きさはnやσ^2によって変わる。

特定の行為を観察する機会が多数あれば、データ規模nはきわめて大きくなる。したがって、データの値の散らばりs^2や前提仮説の強さ$1/\sigma^2$が極端に大きくない限り、$k \fallingdotseq 0$になる。例えば「ウサギ」などの物理的対象をさす言葉なら、用例がくり返し観察可能であればkはきわめて小さい。「＋」のような演算記号でも、妥当例の回数が多ければkはほぼ0になる。S・A・クリプキが提起した「クワディション」の仮想例にも、これはあてはまる。この例で不確定性が生じるのは、これまで観察されていない範囲の数に関してだ。つまり、θのその面、すなわちその範囲でのθに関して、データ規模$n=1$という条件がつけられている（注（7）参照）。その範囲以外に関しては「+」の意味は一致している。[9]

それに対して、例えば公式組織 Organisation の意思決定の行為は、それ自体が一回性のものとされている。また発言内の重要な抽象語も物理的な対象と直接対応させにくく、同じ言葉がどんな範囲の同じものを指しているかもつねに争われる。したがって、組織での行為の具体的な意味に関する n は小さく、またデータの分散 s^2 も小さくなりにくい。

より一般的にいえば、時間的な継起が重視される相互行為では一般にそうなりやすい。行為を観察する機会が一回しかないことが多く、その際も時間的な制約によって多くのデータを得るのがむずかしいからだ。それゆえデータ規模 n が小さくなり、解釈度 k が大きくなりやすいからだ。つまり、行為者の主観的な意図と他者から理解される意味が乖離しやすい。

例えば、公式組織では「行為しないこと」や無自覚な沈黙すら、何らかの意思決定と見なされうる（⇒4節）。厳密にいえば、この場合も、それを意思決定として見なす理由については何らかの説明がなされる。これ自体は実際の心理に定位すれば誤った説明にあたるが、そうした形で後続する行為から観察され言及されることで、行為列として成立していく（9節参照）。それゆえ、それがどんな意思決定かに関しても、この説明が間接的にデータとして働くが、もちろんその修正効果 n/s^2 はごく小さい。

また、データの修正効果がある程度働く場合でも、前提仮説の強さ $1/\sigma^2$ がきわめて大きいと k はあまり小さくならない。それゆえ「決め打ち stereotype」的な理解になりやすい。マートンも「予言の自己成就」の「エイブ」の事例で指摘しているように（Merton 1968=1961, 佐藤 2011: 7章 参照）、この種の理解、というか「偏見 prejudice」は一般にゆるぎにくいが、それでもデータで修正される程度は0ではない。

8 解釈度を変数としてあつかう

まとめていえば、ベイズ統計学は「事後情報＝事前情報＋データ情報」という形で考えている。ここには「θの真正な位置」にあたる概念はないが、データの妥当性は認めている。そして、n↓∞では「θの真正な位置」を想定する頻度主義とベイズ統計学は同じ結果を出す（10節も参照）。

裏返せば、こう考えることで「主観的か客観的か」や「事実か解釈か」が二分法でなくなる。つまり、kは0か∞かで議論する理由がなくなる。だから、αとβを同じ枠組みであつかえる。もちろん哲学的には、データdの値の測定やデータ規模nの同定の根拠をめぐって、「事実か解釈か」は二者択一になりうる。けれども、データの規模や個々の値は客観的に特定されるとしたとしても、nが小さければkはある程度大きくなる。kがある程度大きければ、βを semantics にして自己産出系論の syntax が使える。

社会科学にとってはそれで十分である。それ以上の哲学的議論に踏み込む必要はない。というか、そもそも自己産出系論を経験的な記述に使う上で、データによる反証可能性は欠かせない。kが∞であれば自己産出系論も使えない。①～③のどの型がより妥当かも論じられない（佐藤 2008: 167）。

だから例えば、（1）ある組織のある成員のある場面での沈黙が、特定の意思決定だと当事者水準で理解されることは十分にありうる（⇒4、7節）。それがどんな意思決定かに関しては、kはある程度大きいと考えられるからだ。けれども、組織では一般にそういう形で意思決定が成立する、と社会科学的に記述するためには、（2）（どんな意思決定かは問わないが）「行為しないこと」までも意思決定だと見なされる事態が、複数の組織の複数の場面で（＝nが大きい）、ルーマンの自己産出系論を知らない人にも（＝σ^2が大きい）、同じように（＝s^2が小さい）観察される必要がある。この事態の観察に関する$\mathbf{k=s^2/(n\sigma^2)}$は、小さくなければならないからだ。実際、この記述が説得力をもつのは、多くの人が組織を生きるなかで、（どんな意思決定だと見なされたかはさまざまだろうが）同じ事態を何度も経験しているからだろう。

（1）と（2）の両方が成立して、はじめて「組織システムではkが大きい」という社会科学的記述が可能になる。すなわち「不確定でありながら観察可能な何か」（佐藤 2008: 202）を記述できる。これは解釈すること一般にあてはまる（佐藤 1993: 28–29）。それによって自己産出系論は一般理論ではなくなるかもしれないが、そもそも「全体社会システム Gesellschaftssystem」をおかないのであれば、全ての社会的事象を自己産出系として考える必要はない（佐藤 2008: 62, 2011: 10–12章 など）。組織システムであれば、「行為しないこと」もふくめて、それがどんな意思決定かに関するkがある程度大きければ、自己産出的でありうる（佐藤 2009, 2011: 356–365）。

この点で、私の『意味とシステム』での接続①〜③（⇒1節）の検討はmisleadingだった、いや誤っていたといわざるをえない。ルーマンの一般理論志向に無反省に引きずられてしまい、「kはかなり大きい」（佐藤 2008: 199）と断定して、①〜③のどれが正しいかを理論的に決着できるかのように述べているからだ。これでは「基礎づけ主義の一段ずらし」といわれてもしかたがない。

むしろ行為者本人の主観的な意図と他者から理解される意味の間のずれ方を、解釈度kとして指標化した上で、k>0を動く変数として、明示的に位置づけるべきだった。そうすれば、「この面ではkが大きい」とkが小さい形で記述することもできる。当事者において成立している状態は観察者にもあてはまる、という内部観察の条件を維持したまま、データによる反証可能性を取り込める。不確定性があること自体は確定的な状態（例えば恒常的に成立する関係式で表わされる）である点を考えれば、そんなことは自明だったのだが……。

9　自己産出系と解釈度

この点で『意味とシステム』での議論は修正する必要がある。私としては「唯解釈主義」が一貫性を欠くことは以前から述べており（佐藤 1993: 28-29）、だからこそコミュニケーションの接続の観察可能性を仮定した上で（佐藤 2008: 167 など）、意味を「幅」としてとらえること（佐藤 2008: 151-153, 202）や「不確定性k」の値（佐藤 2008: 198）を考えていたが、kの変数化や「幅」をあつかう具体的な枠組みは示せていなかった。不十分な議論だったことは率直に認めたい。

kを変数として考えれば、kの大きさをあらかじめ決める必要はない。具体的な対象をあつかう上では、対象や場面（例えば時間の経過など⇓2節）ごとにkの大きさを仮定するか、当事者の報告などのデータから推測するかして、最も適したsyntaxとsemanticsを採ればよい[10]。「コミュニケーションが……不確定でかまわない」（佐藤 2008: 60）ことも、そういう意味でとらえ直すべきだろう。接続①〜③でいえば、もしk≒0ならばαすなわち接続①になる。もしkが無視できない程度には大きければ、βになり接続②になる。

例えば7節で述べたように、「＋」記号や「ウサギ」のような具体的な指示語の理解は、くり返し観察が可能であれば、nが大きくk≒0だと考えられる。だから、αを使えばよい。それに対して、くり返し観察ができない場合、とりわけ複数の行為が時間的に継起していく（それゆえ個々の行為の具体的な意味は一回性が強い）制度のしくみの分析では、②型のβの方が適している。

実際、組織研究の分野では個々の行為の具体的な意味の事後成立性、すなわち、それがどんな意思決定かに関する解釈度がかなり大きいことは、さまざまな形で報告されている。例えばK・ワイクの「解釈された決定 decision-*interpred*」や「回顧的意味形成 retrospective sence-making」（Weick 1979=1997）や、J・マーチの「事後的合理性 *posterior rationality*……事前の構えとしてよりもむしろ行為の解釈として、意図は見出される」（March 1988=1992）などだ。長岡（1998）からの引用でもわかるように（⇓4節）、ルーマンの組織の自己産出系論もその延長線上にある（例えばLuhmann 1981c: 368と原注116など）。

一回性の意思決定ではデータ規模 n が小さいだけでなく（⇒7節）、長岡が「期待に照らして観察される」と述べているように、当事者間ではかなり強い先入観（前提仮説）をもって他の行為が観察され理解されている。すなわち、事前分布の分散 σ^2 も小さい。そのため、組織では $k=s^2/(n\sigma^2)$ が特に大きくなりやすい。

それゆえ、前提仮説（事前分布）が何らかの理由で変更された場合、それに照らして観察される過去の行為群の具体的な意味、すなわちそれがどんな意思決定だったかも、さらに事後的に変更されやすい。そうやってシステムの「自己」がたえず再定義されていく（⇒3～4節）。すなわち自己組織的になる（⇒1節）。

さらに先行する意思決定への解釈が後続する意思決定の前提として強く影響する場合、個々の意思決定の意味の不確定性（解釈度）同士も独立でなくなり、中心極限定理のような形で相殺されなくなる。そのため、システムにあたる行為列全体では不確実性の爆発のような現象もおきる。公式組織がしばしば「陰謀社会」に見える理由の一つはこれだろう（奥山 1986 参照）。

他の分野でも、例えば法学では司法判断を分析する枠組みとして、一九七〇年代からベイズの定理は使われている。太田（1987）は不確実性のなかで証拠の情報を積み重ねながら、法的決定がどのように形成されるかを、ベイズ統計学の枠組みを用いて一貫的に再構成している。そのなかで、事前分布の主観性を否定することの問題点も簡潔にまとめられている（太田 1987: 77–78, 101–105 など）。

10　意味を「分布」としてあつかう

ベイズ統計学の枠組みから得られる示唆はもう一つある。6節では式［2］の事前分布$\pi_0(\theta)$と事後分布$\pi_1(\theta|d)$を行為の意味θの確率分布として考えたが、π_0やπ_1という分布それ自体を行為の意味として考えることもできる。つまり、意味を「点」ではなく「幅」としてあつかえる。この場合、θはその行為の意味に関わる主要な母数になる。

意味が「幅」であることは、事前分布の分散$\sigma^2(=V(\pi_0))$や事後分布の分散$V(\pi_1)$が無限小でないことに対応する。[11] 7節で述べたように、σ^2が無限小でなければ、前提依存性とデータによる修正効果はどちらも有限の値になり、理解の客観的妥当性は程度問題になる。意味を「幅」でとらえるとは、そういうことでもある。意味のあり方が「点」よりも「幅」に近いことは、コミュニケーションを直観的にとらえる試みでもしばしば考えられてきたが、ベイズ統計学の枠組みはそのための有力なモデルにもなる。[12]

現在、数理科学の分野でベイズ統計学的なアプローチは急速に普及しつつある。一つの要因は、計算機統計学的な手法によって具体的な事後分布が計算しやすくなったからだが、もう一つの要因は、私たちの日常的な推測のあり方により近いからである。

社会調査に慣れた人には、区間推定を例にするとわかりやすいかもしれない。頻度主義の統計学では、確率変数の母数は必ず特定の値だとされる。それゆえ、信頼性係数0.8の区間推定結果は、「10回測れば8回、θがその区間内にある」という意味しかもたない。θがその区間内にある／ないという、どちらかの確定的な状態しかとりえないからだ。

　けれども、調査データの計量分析では、これを「確率0.8でθがその区間にある」という意味で受け取っている。世論調査での母集団比率にせよ、階層移動での母オッズ比や母相関係数にせよ、区間推定はこちらの意味で理解されて、経験的な証拠とされてきた。すなわちθを分布としてあつかうというベイズ的な枠組みで、つまりθを特定の値＝「点」ではなく「幅」として考えてきた。だからこそ、一回きりの調査にも区間推定が使える。

　量子力学を例にとるまでもなく、常識的には「点」で想像される対象を、科学の上では「幅」や「区間」としてあつかうことはありうる。それによって、経験的記述の整合性が従来よりも損なわれず、かつ従来よりも有力な分析手段が使えるなら、むしろそうすべきだ。区間推定もその良い例である。だとすれば、意味を「点」ではなく「幅」としてあつかうのも不自然ではない。

　ここにはさらに重要な含意もある。「θが確率0.8でその区間にある」という推定での信頼性係数にあたる値は、ベイズ統計学の枠組みでは、観察されたデータだけでなく、観察者側の前提である事前分布にも依存する。解釈度の定義式$k = s^2/(n\sigma^2)$でも同じことがいえる。kはデータと事前分布それぞれの「幅」を示す量である分散s^2とσ^2をふくむ。だから例えば公式組織の意思決定のように、データ規模nも小さくかつ事前分布の「幅」σ^2も小さければ、（たとえデータの「幅《ばらつき》」s^2が小さな場合でも）kはある程度大きくなる。

他方、無限に近い規模のデータがあり（$=n\to\infty$）かつ前提が変化可能であれば（$=1/\sigma^2$がきわめて大きくはなければ）、kはほぼ0になり（⇒7節）、事後分布の分散$V(\pi_1)$もほぼ0になる。すなわち、データdにもとづいて推定された意味$\pi_1(\theta|d)$は一つの「点」にほぼ特定される。かつその値は事前分布に依存しない（松原 2010: 53など）、すなわち前提依存的ではない。

したがって、$\pi_0(\theta)$や$\pi_1(\theta|d)$という分布を意味の「幅」と考えた場合、ベイズ統計学の式［2］は、αを一つの極限としてふくむ形で②型のβを定式化したものにあたる。ウェーバーのいう「直接的理解 *aktuelle* Verstehen」（Weber 1921: 155=1987: 13）もそういう形で位置づけられる（⇒注（8）、注（9））。

逆にいえば、もしも行為の意味θと外形dの間の一対一対応をあらかじめ想定せず、かつ規模の小さなデータから行為の意図を具体的に特定できる手続きを具体的に示せるのであれば、ベイズ統計学の枠組みはαとβの定式化として不適切だと判定できる。それゆえ第二の基準でも、すなわち「行為の意味を理解する」ことの定式化としても適切でなくなる（⇒5節）。そういう形で、この検討の進め方自体の反証可能性も確保される。

11　沈黙を測る

いうまでもないが、コミュニケーションや意味を全て、ベイズ統計学の枠組みで定式化できるわけではない。その意味では、これはあくまでも部分的なモデルにとどまるが、前提依存性とデータによる修正効果の両立や、意味を「幅」の形であつかうことには、常識的でない面もある。だからこそ、論理的に明確な枠組みで表現できる部分では、できるだけそれを使った方がよい。錯誤や矛盾も特定しやすい。

例えば、インタビュー調査のデータも同じように考えられる。インタビューにおける個々の言葉に関しては、データ規模nはきわめて大きい。もちろん、語りの内容を外部データと照合する、語りの部分間で論理的な一貫性をチェックする、などの検証作業は欠かせないが、大規模なアンケート調査でもそれは同じだ。それらの言葉をもとに一人の経歴を再構成する場合も、特に強い前提仮説をもちこまなければ（＝事前分布の分散$\sigma^2=V(\pi_0)$が大きければ）、データの情報は結論にかなり反映される。

それに対して、複数のインタビューの結果から、その背後にある社会的なしくみを推測する場合では、インタビュー一つ一つが部分的な情報にあたる。それゆえデータ規模は小さく、調査する社会学者の側に強い前提仮説があれば、結論にかなり反映される。

ただし、そのこととデータ自体の信頼性は別である。データが全面的に信頼でき、かつその分散s^2が小さい場合でも、nが小さくかつ強い前提仮説があれば（＝事前分布のσ^2が小さければ）、kはかなり大きくなり、結論にあたる事後分布は前提仮説にあたる事前分布にかなり影響される。と同時に、$\sigma^2 \fallingdotseq 0$でないかぎり、データの修正効果$n/s^2$も程度の差はあれ働く（⇒7節）。いいかえれば、解釈の前提依存性はあくまでも社会学者の側の事態であり、インフォーマントの誠実性を疑うことではない。くり返すが、解釈の前提依存性（主観性）とデータの修正効果（客観性）は両立する。

わかりやすく喩えると、データにあたる部分的情報《ディーテイル》を積み上げていけば、全体に関する推測の確からしさは確実にあがっていく。けれども、その推測を「大体正しい」というためには、「大体」の程度を具体的に定義するだけでなく、$P(\theta)/P(d)$ にあたる、経験的には知りえない値も具体的に仮定する必要もある（⇓6節）。くり返すが、だからといって、部分的情報《ディーテイル》を積み上げる意義がなくなるわけではない。確からしさを向上させる点で、部分的情報《ディーテイル》の積み上げにはつねに大きな意義がある[13]。経験的研究を進める論拠としては、これだけで十分だ、と私は考えている（佐藤 2014 など）。

いずれにせよ、意味を分布の形でとらえれば、理解の前提依存性は「ある／ない」の二値ではなく、その間で複数の値をとりうる。そのことを論理的に定式化する公理系が少なくとも一つ成立する。そして、解釈度 k がある程度大きければ、β を semantics とする自己産出系論のモデルを使える。例えば syntax (1)(2) が有力な分析手段になる（⇓3節）。もちろん、だからといって全ての社会的事象に β をあてはめる必要はない（⇓8～9節[14]）。公式組織や機能的に分化した制度の挙動が、多くの場合、自己産出系によって良く近似できる――経験的な社会科学にとっては、それだけで大きな理論的な貢献だ[15]。

これらの点からも、現実の社会のコミュニケーションには k の大小がある、というのは自然な仮定だと考えられる。そういう意味で、k は言葉の内なる沈黙といえるかもしれない。「それは、表現のうちにはらまれた沈黙であり、あるいは、逆転のメカニズムを通して、表現が自己自身のうちに産み落した沈黙なのである。それは、この対立のさなかにあるかぎり存在するものでありながら、この対立のなかでは決して語られることのない〈なにものか〉である」（山本 1979: 174）と。

※この論考は日本学術振興会科学研究費助成（基盤研究C）「自己産出系の制度理論とその視覚的表現モデルの構築による機能分化社会の解明」および同「ベイズ統計学的枠組みによる理解社会学と意味システム論の再構築」の成果の一部である。

（1）以下でいう semantics は論理学や公理系論における意味で使う。これはルーマンの「ゼマンティク（意味論）Semantik」とは必ずしも一致しない。逆に「モデル」は semantics に限定せずに使う。詳しくは4節と注（5）、佐藤（2016）参照。

（2）もちろん、後続する行為を想定しない形での行為の意味を想定することもできるが、この場合は、その想定が後続する行為（観察）の仮想をふくんでいる。わかりやすくいえば、そこでは「これは言及されない」という形で言及されている、と想定されている。

（3）社会と心理（「社会システム」と「心的システム」）の接し方を二つの図形の接点として、したがってコミュニケーションにおける理解を心理の外部として図示する試みは、長岡（2006: 288）でなされている。**図1**～**図3**でも参考にさせてもらった。なお「近接する」としても「接する」としても、βは成立するが、解釈される行為が厳密にはつねに過去または未来のものであることを考えると、「近接」の方がより適切な表現ではないか。

（4）高橋（2002）の補論4は自己準拠の形態、意味論、および福祉国家論について、示唆的な整理と考察を進めている。歴史社会学的な考察として坂井（2014）も参考にした。福祉国家の理念は、高橋（2002）補論4では外部化として、坂井（2014）では外部化と反省の二重戦略としてとらえられているが、私自身はこれは外部化ではなく、反省のむしろ失敗例だと考えている。3節参照。ルーマン自身の福祉国家論（Luhmann 1981b など）は、その失敗をうけたさらなる反省の試みにあたる。国家をシステムとしてとらえるのか、それとも政治システムのゼマンティクととらえるのか、という別の大きな論点も関わる。Luhmann（1989=2013）、佐藤

(2008) の第六章など参照。

(5) semantics を完全に公理論的にあつかうには、様相論理のクリプキ・モデルのように、それ自体もある程度形式化されている必要がある。社会学の理論はその水準にはなく、「モデル」も二重の意味で使われる。なじみやすさを優先して、ここでもその意味で使う。

(6) 数式表現が苦手な人は、ウェーバーが定式化したプロテスタンティズムの倫理の例で考えてくれればよい。行為者の内面または信仰の正否がθ、行為の外形＝「業」がdにあたる。義認の論理は「$P(d|\theta)=1$だからといって$P(\theta|d)=1$ではない」ことであり、さらに式［1］から$P(\theta)$の小ささ、すなわち選民思想の強さが$P(d|\theta)$と$P(\theta|d)$の乖離に影響することがわかる。

(7) 松原 (2010: 76–78) 参照。多変量正規分布でも類似の式が成り立つ。不偏分散$s^2=(\sum_i(x_i-m))^2/(n-1)$を使うと$n=1$の場合の$k$も自然に定義できるが、より自然なのはベイズ更新のように、kの逆数にあたる$(n\sigma^2)/s^2$の方を指標にすることだろう。

(8) したがって以下では、振舞いの外形や具体的な名詞などの直示的な意味はほぼ確定的に同定できる、すなわちウェーバーの言葉を借りれば「直接的な理解」ができると考えている。その場合、これらの意味は「点」としてあつかわれ、それぞれ特定の値をもつ (⇒10節)。それゆえ、データの分散s^2も特定の値として考えられる。またπ_0やπ_1は多変量分布を想定した方が自然だが、ここではモデルの単純さの方を優先する。なお注 (7) も参照。

(9) 実はウェーバーも積算記号「×」の意味をとりあげて、これが「慣習的に *konventionell*……妥当しており geltende、多かれ少なかれ近似的にしたがわれている……格率でしかない」としている (Weber 1918: 531=1980: 109)。「事実的な格率 faktische Maxime」とも表現している (Weber 1918: 531=1980: 108)。

(10) 意味の事後成立性に関しては小松 (2013)、奥村 (2013)、毛利 (2014) なども参照。

(11) それゆえ、解釈度kではなく、$V(\pi_0)$や$V(\pi_1)$の方を「理解の不確定度」とよぶこともできる。いうまでもなく、どうよぼうと論理的な帰結に変わりはない。

(12) 連続型確率変数の定義からわかるように、分布は幅に対して値をあたえる。それゆえ、分布は幅よりも自由度が一つ多い。ベイズ統計学で前提依存性とデータによる修正効果が両立するのもこれによる。裏返せば、「幅」という語では十分に表現できない事態がある。それがベイズ統計学の枠組みを使う理由でもある。5節参照。

(13) 例えば岸・國分(2019: 55 中段)での岸政彦の発言は、ベイズ統計学的な枠組みの上ではこのようにいいかえられる。

(14) 例えば公式組織でもkが小さい状況はありうる。業務が構成員の死亡の可能性をふくむ場合、離脱の自由が実質的に失われるのでメンバーシップの制度自体が無効化する。この場合、法人組織は自己産出的な組織システムではなくなり、(a) 組織の業務はその時点での構成員の心理に直接強く依存する。

一方、組織システム(といえる状態)ではメンバーシップの制度によって、構成員の心理と業務が一般的な形で無関連化されており、その上で、(b) システムが利用できる外的資源としての構成員の心理を考慮して、(業務に関する)決定をすることもできる。組織論でいう「動機づけ」は(a)と(b)を両方ふくむ。

(15) もちろん、これだけが公理論的な枠組みの使い方ではない(⇒4節)。例えば高橋(2016)は構成主義的な立場から、システム論的アプローチと行為論的アプローチを理論的に再統合することを試みている。高橋が述べているように、これは本論考といわば対極的な位置であり、その点でも興味深い。特に第二章参照。

【文献】

岸政彦・國分功一郎、二〇一七、「それぞれの『小石』」『現代思想』四五(二〇)、四二―六三頁。
小松丈晃、二〇一三、「ルーマン政治論におけるシステムの分出の条件と諸論点」高橋徹・小松丈晃・春日淳一『滲透するルーマン理論』文眞堂。

Luhmann, Niklas, 1980, *Die Gesellschaftsstruktur und Semantik 1*, Suhrkamp.（徳安彰訳、二〇一一、『社会構造とゼマンティク1』法政大学出版局。）
Luhmann, Niklas, 1981a, *Die Gesellschaftsstruktur und Semantik 2*, Suhrkamp.（馬場靖雄・赤堀三郎・毛利康俊・山名淳訳、二〇一三、『社会構造とゼマンティク2』法政大学出版局。）
Luhmann, Niklas, 1981b, *Politische Theorie im Wohlfahrtsstaat*, Gunter Olzog.（徳安彰訳、二〇〇七、『福祉国家における政治理論』勁草書房。）
Luhmann, Niklas, 1981c, "Organisation und Entscheidung," *Soziologische Aufklärung 3*, Westdeutscher.
Luhmann, Niklas, 1984, *Sozial Systeme*, Suhrkamp.（佐藤勉監訳、一九九三、一九九五、『社会システム理論』（上・下）恒星社厚生閣。）
Luhmann, Niklas, 1988, "Organisation," in W. Küppers und G. Ortmann, Hg., *Mikropolitik*, Westdeutscher.
Luhmann, Niklas, 1989, *Die Gesellschaftsstruktur und Semantik 3*, Suhrkamp.（高橋徹・三谷武司・赤堀三郎・阿南衆大・徳安彰・福井康太訳、二〇一三、『社会構造とゼマンティク3』法政大学出版局。）
Luhmann, Niklas, 1996, *Die Realität der Massenmedien* (*2 aufl.*.), VS.（林香里訳、二〇〇五、『マスメディアのリアリティ』木鐸社。）
Luhmann, Niklas, 1997, *Die Gesellschaft der Gesellschaft*, Suhrkamp.（馬場靖雄・赤堀三郎・菅原謙・高橋徹訳、二〇〇九、『社会の社会』（1・2）法政大学出版局。）
March, James, 1988, *Decisions and Organizations*, Basil Blackwell.（土屋守章・遠田雄志訳、一九九二、『あいまいマネジメント』日刊工業新聞社。）
松原望、二〇一〇、『ベイズ統計学概説』培風館。
Merton, Robert, 1968, *Social Theory and Social Structure* (*3rd ed.*), Free Press.（森東吾・森好夫・金沢実・中島竜太郎訳、一九六一、『社会理論と社会構造』みすず書房。）

三谷武司、二〇〇四、「ルーマン型システム理論の妥当性条件」『ソシオロゴス』二八、一—一三頁。

毛利康俊、二〇一四、『社会の音響学』勁草書房。

長岡克行、一九九八、「自己組織化・オートポイエーシスと企業組織論」『経営学史学会年報第5輯　経営学研究のフロンティア』文眞堂。

長岡克行、二〇〇六、『ルーマン／社会の理論の革命』勁草書房。

太田勝造、一九八七、『裁判における証明論の基礎』弘文堂。

奥村隆、二〇一三、『反コミュニケーション』弘文堂。

奥山敏雄、一九八六、「組織を捉える視角と装置」『ソシオロゴス』一〇、一一〇—一四三頁。

坂井晃介、二〇一四、「福祉国家の意味論分析」『年報社会学論集』二七、七三—八四頁。

佐藤俊樹、一九九三、『近代・組織・資本主義』ミネルヴァ書房。

佐藤俊樹、二〇〇八、『意味とシステム』勁草書房。

佐藤俊樹、二〇〇九、「オートポイエティック・システム論から組織を見る」『組織科学』四三（一）、二〇—二八頁。

佐藤俊樹、二〇一〇、「『意味とシステム』書評へのリプライ」『相関社会科学』二〇、八九—一〇二頁。

佐藤俊樹、二〇一一、『社会学の方法』ミネルヴァ書房。

佐藤俊樹、二〇一四、「『社会学の方法的立場』をめぐる方法論的考察」『理論と方法』二九（二）、三六一—三七〇頁。

佐藤俊樹、二〇一六、「自己産出系の公理論」遠藤薫・佐藤嘉倫・今田高俊編著『社会理論の再興』ミネルヴァ書房。

佐藤俊樹、二〇一六—二〇一七、「ウェーバーの社会学方法論の生成①～⑥」『書斎の窓』六四一—六五一。

佐藤俊樹、二〇一七、「意味と他者」社会学理論応用事典刊行委員会編『社会学理論応用事典』丸善出版。

高橋顕也、二〇一六、『社会システムとメディア』ナカニシヤ出版。
高橋徹、二〇〇二、『意味の歴史社会学』世界思想社。
Weber, Max, 1918, "Der Sinn der »Wertfreiheit« der soziologischen und okonomischen Wissenschaften," *Gesammelte Aufsätze zur Wissenschaftslehre*, J. C. B. Mohr.（木本幸造監訳、一九八〇、『社会学・経済学における「価値自由」の意味』日本評論社。）
Weber, Max, 1921, "Soziologische Grundbegriffe," *MWG1/23 Wirtschaft und Gesellschaft Soziologie*, J. C. B. Mohr.（阿閉吉男・内藤莞爾訳、一九八七、『社会学の基礎概念』恒星社厚生閣。）
Weick, Karl, 1979, *The Socialpsychology of Organizing* (2 ed.), McGraw-Hill.（遠田雄志訳、一九九七、『組織化の社会心理学』文眞堂。）
山本泰、一九七九、「規範の核心としての言語——沈黙論の試み」『ソシオロゴス』三、一六〇—一七五頁。

社会は現れる——一つの解題として

佐藤　俊樹

1

「はじめに」でもふれられているように、この論文集は東京大学教養学部・総合文化研究科で長く教員を勤められた、山本泰教授のご退任をきっかけに編まれた。ただし、いわゆる退任記念論文集ではない。執筆者のなかには山本教授を指導教員にしていなかった人も、あるいは現在では社会学者を名乗っていない人もふくまれる。

そうした成果もふくめて、山本教授の近傍で考えられ、語られていた社会学の姿を、一冊の本という形にしようとした。そのために企画されたものである。社会学の業界内でときどき使われる言葉をかりれば、「駒場の社会学」を形にしたものともいえるかもしれない。

社会学は全てを相対化する（他でもありうると考える）、といわれる。それ自体はまちがいではないが、その影でしばしば見失われるものがある。相対化の果てに何か語りうるものが残るのか、と、他の社会科学とどんな関係を取り結べるのか、である。

第一の問いは、多くの社会学者にとって今はかなりお馴染みだと思う。「部分的／全体的イデオロギー」、「オントロジカル・ゲリマンダリング」「客観性の一段ずらし」などのフレーズで、あるいはとりわけ今日では「構築主義は正しいのか」という問いの形で、主題化されてきた。相対化する視線は自身をも相対化せざるをえない。ならばなぜ社会学という専門性が成立するのか。なぜ積極的に何かを語ることができるのか。

それは必然的に第二の問いを誘発する。第一の問いへの最も素朴な答えは、いわゆる「無知の知」を名乗ることだ。他人は知らないことを知らないが、自分たちは知らないことを知っている。言い換えれば、自らもまた相対化されることを自覚しながら語る。そうした反省的（再帰的）視点をもつことで、社会学は固有な視座をもてるのだ、と。

けれども、それは裏返せば、社会学は特権的な社会科学だと自己主張することでもある（納富 2017も参照）。他の社会科学は自らの無知を知らない。すなわち、自らの相対性を知らないが、社会学は自らの無知を知っている。自らも相対化されることを知っている、と。無知の知としての社会学は、そういう論理で他の社会科学から差異化される。その意味で「全てを相対化する視線」と「社会学帝国主義」はつながっている。二つは社会学という貨幣の表と裏なのだ。

2

社会学部の社会学科、あるいは文学部社会学科の社会学であれば、そういう答え方も実際にありうると思う。少なくとも、まちがいだという根拠はないが、教養学部・総合文化研究科の、特に相関社会科学での社会学にとってはそうではない。相関社会科学における社会学は他の社会科学と対等であり、対等でしかない。他の社会科学と対等であるしかない、社会科学の one of them だからだ。

だから、「社会学帝国主義」はとれない。とれない形で「全てを相対化する視線」という社会学の位置づけが成立するかどうかを考えざるをえなかった。「駒場の社会学」とはそういうものでもある。

いきなり大学の制度との関連がでてきて、少し違和感をおぼえたかもしれない。けれども、それこそK・マンハイムの「部分的／全体的イデオロギー」でいわれているように、存在被拘束性をまぬかれる人はいない。大学教員である社会学者も例外ではない。

そして、それは同時に社会学全体に関わる問いでもある。内部からみれば、社会学は全てを相対化する究極の社会科学である。最後の社会科学だといってもいい。しかし、外部からみれば、社会学は何をやっているのかよくわからない。究極の社会科学どころか、正体不明の社会科学に見える。いや、社会科学かどうかさえわからない、そんな分野にも見えてしまう。

社会学は何でもあるがゆえに、何でもない。だから、隣接分野のはずの他の社会科学の専門家や、あるいは人文学の専門家からも、「社会学って何をやっているのですか?」と真面目に訊かれてしまう。

「社会学帝国主義」という内向きの顔を裏返せば、「イタい社会科学」という外向けの顔が現れる。

それでも例えば社会学部であれば、社会学をやるのはあたりまえで、その内部にいるかぎり、「何をやっているのですか」という問いにぶつかる機会は少ないと思う。あるいは文学部にいれば、社会科学は社会学だけだから、他の社会科学との関係を真剣に問われる機会も少ないと思う。少なくとも他の社会科学者から、それこそ社会学的な言い方をすれば、最もレリヴァントなはずの他者から、「社会学ってどんな社会科学なのですか?」と真面目に訊かれることはそれほど多くないと思う。

ところが、他の分野の社会科学者と日常的に接する場所では、つねにそれを問われてしまう。たんに社会学帝国主義をやめて、他の社会科学とは対等だ、といえばすむわけではない。いかなる意味で対等であるかの説明責任も一緒についてくる。

そして、大学という高等教育機関から一歩外に出れば、そんな状況の方があたりまえになる。社会学は何をやっているのですか? 法学や経済学や政治学ならなんとなくわかるのですが……。他の社会科学とどうちがうのですか? 社会学で何がわかるのですか?

3

そういう意味でいえば、「全てを相対化する」社会学の視線は、実はきわめて両義的なものだ。社会学を意味あるものにすると同時に、無意味なものにもするからである。だから、その矛盾を解くさらなる答えが求められる。

おそらくその一つの解決（解1）は、「全てを相対化する」ことをやめることだろう。すなわち、相対化には停止点があり、それ以降は疑えない（他ではありえない）とする。そういう形で相対化を限定化するわけだ。

これは一番簡単な解決策であり、それゆえ過去に何度も試みられてきた。実証主義論争でH・アルバートが述べた「ミュンヒハウゼンのトリレンマ」でいえば「打ち切り」にあたるが、社会学ではむしろ「科学主義」の姿をとる方が多い。史的唯物論や構造—機能主義はまさにそうであったし、現在では神経科学が言及されることもある。具体的な姿はさまざまだが、いずれにせよ、社会学の外部、または内部の最上位にあるとされる科学的知見にもとづいて、ここが停止点だと宣言する。ここから先は、客観性が保証された確実な基盤である、と。

だが、いわゆる「マルチ・パラダイム状況」から容易に推し量れるように、今のところ、多くの社会学者が共通して受け入れられるものとしては、そうした停止点は見出されていない。それゆえ、他の社会科学とはちがう、社会学の独自性を主張できる停止点があるかどうかもわかっていない。それゆえ、たとえどこかで停止した方がよいという点では合意がえられたとしても、どこで停止するかを特定できない。より正確にいえば、データで絞り込みをかけるにせよ、かけないにせよ、主に個々の研究者の価値観によって停止点がきまることになる。

つまり、解1では停止点が特定されない、その意味でどこでもありうる（他でもありうる）。だから、実際には解1は少なくとも今のところ、「全てを相対化する社会学」を一段ずらしで反復するものでしかない。より正確にいえば、この種の停止点を主張する場合は、具体的に特定して合意をえられないかぎり、「他でもありうる」を一段メタの水準で反復するだけに終わる。

もう一つの解決（解2）は、「全てを相対化する」ことを認めつつ、それを成立させる何かを見出すことである。これにはいくつかの下位解がある。

第一（解2―1）は、「全てを相対化する」が、その「全てを相対化する」自分自身は確かだとする。論理的にはこれも解だが、この途は超越論的独我論に通じる。したがって、社会科学にはならない。

第二（解2―2）は、「全てを相対化する」ことの帰属先や根拠をおく。つまり、「全てを相対化する」ことは何かの作用か、その作用の帰結であって、その何かは実在するとする。そしてこの何かこそが「社会」だとする。

例えば、他でもありうることを一つに特定する一般的なしくみが、あらゆる社会的事象の背後に働いている、とする。それを「社会」だとすれば、「全てを相対化する（他でもありうる）」と考えることは、そのまま社会のしくみ全体を解読する営みになる。

私の理解では、実際にはこちらの方が社会学では事実上《デ・ファクトー》の標準《スタンダード》になってきた。そういう形で社会学は社会をつねにすでにあるものだと考えてきた。

この解2―2は一段抽象化すると、解1と等価になる。その帰属先の何かの実在だけは疑われない（他ではありえない）からだ。そこが相対化の停止点になる。それゆえ、実際には解2―2は解1と並存できるし、してきた。巨大理論《グランド・セオリー》とよばれるものは大体そういう形で自己言及を組み込んでいる。

だから、解1と解2―2の間を往復することが社会学の事実上の標準になってきた、といった方がより適切だろう。

これに対して、さらに第三の解（解2―3）を考えることができる。それは「全てを相対化する」語りはあるとするものだ。語りはありうる他者に向けられている。その点で、解2―1のような唯一の自己の独言《モノローグ》ではないが、解2―2のように、つねにその帰属先や宛先があるわけではない。語りはつねに受け取られるわけではない。ありうる他者に向けられる、とはそういうことでもある。その他者はいないこともありうる。

だから、より正確にいえば、その語りは「ある」といえるほど確固としたものではない。むしろ、相対化を逃れようとして必死で語り方をさぐるが、その語りがさらに相対化を招いてしまう。そんな地獄めぐりのような経験をさせられる。

もしそこで「ない」といってしまえば、語ることもやめられる。やめてしまえば、出口を探してもがき苦しむこともない。だから、「ある」というよりも、むしろ「ない」とはいえない。いえないから語ることをやめることもでき「ない」。「ある」というよりも、「ない」といえ「ない」。そういう二重否定の回路を通じて、ありうる他者へ語りが向けられる、といえばいいだろうか。

4

今からふり返れば、私が出ていた頃の山本泰先生の大学院演習では、これらの解のどれが妥当かをめぐって、さまざまな可能性がくり返し検討されながら、次第に解2―3の方向にむかう。そんな流れで議論がしばしば展開されていたように思う。

当時の言葉づかいを再現すれば、「ああ、これはいつもの、言説と社会とどちらが広いか問題だなあ」と誰かが気づき、口にされるが、そこで停まるわけでもない。どちらが広いかを結論づけることもなく、「結論が出ない」という結論を出すこともなく、さらに議論がつづいていく。それが毎週の大学院演習のほとんどお約束だった。

そういう意味では本当の核心は、抽象的な論理の上ではなく、つねに個別具体的な対象に相関して、『ない』といえ『ない』がかけられつづけるところにあるのだろう。だから、「二重否定」というしくみを先取ってすませることもできない。そういう語りの迷宮を、毎度毎度さまよわされた。

だから、「解2―3が共通見解だった」と積極的にいえるわけでもない。むしろ、解2―3がそもそも解決になりうるかさえよくわからなかった。もちろん今も正しいと論証されたわけではない。けれども、そんな議論のなかで、一つだけ明確な方向性がつくられていったように思う。それは「社会」、あるいは解1と解2―2の等価性にそっていえば、「社会」と等価な何か、の登場をできるだけ遅らせることだ。

何か特定の具体的な対象がとりあげられ、その解明がめざされる。そのときに焦点になったのは、それを社会によってどこまで説明できるか、ではなかった。むしろ、社会というカードを出さずにどこまで頑張れるか、だった。全てを相対化する営みのあるべき停止点をもちだすことで、予定調和の浅瀬に身を委ねる誘惑に抗いながら(1)。

言い換えれば、全てを社会で説明しない、社会学にしない。例えば法や経済や政治の制度で説明できるのであれば、それでよい。あるいは、その方がよい。そうした可能性を検討した上で、それでも説明できない何かが残る。そこでようやく社会が出てくる。社会なるものがはじめて議論の場に現れる。そういう語り方になっていった。あるいは、そうなりうる主題や対象だけが残された。そういった方がいいかもしれない。

今から思えば、これは「社会学帝国主義」のいわば裏道にあたる。全てを社会学の対象にはしない。むしろ、他の社会科学で説明できるかどうかをまず考える。その上で、残ったものだけが社会学の対象となる。そういう面では帝国主義の対極にあるが、別の面からみれば、他の社会科学もできなければ社会学はできない。つまり、他の社会科学もできることが社会学をする必要条件になっている。そこにはやはり、どこか帝国の匂いがする。

学術の制度の水準にもどせば、相関社会科学における社会学とは何かという問いも、そういう形で解かれていったように思う。

他の社会科学がなければ、社会学もない。なぜなら、他の社会科学がなければ、社会的な事象のほぼ全てを「社会だ」と、のっぺりと語らざるをえない。全てを説明する論理は何も説明しない、という一般的無意味に陥りやすい。少なくとも、ごく粗い記述に終わってしまう(「それだと『歌は世につれ、世は歌につれ』だね」という言い方を、演習ではよく使っていた)。と同時に、他の社会科学では語れないことがなければ、社会学である必要もない。社会科学の one of them としての社会学を、そういう形で位置づけていった。

社会の登場を遅らせるということは、社会をつねにすでにあるものとは考えないことである。これが解2―3をどこまで具体化しているのかは完全には見通しがたいが（少なくとも私にとってはそうだ）、相関社会科学における社会学としては比較的落ち着きのよい着地点ではあったし、他のやり方よりは相対的にましに感じられた。そんな感覚はあったように思う。

5

この論文集は『社会が現れるとき』と題されている。その理由を私なりに解説すれば、たぶんそういうことになるのだろう。いうまでもなく、全ては「私なりの」解説でしかないが。

社会は現れる。そういう意味では、社会はつねにすでに均しくあるものではない。言い換えれば、経験的＝超越論的二重体としては、社会を考えない。むしろ、社会が現れる瞬間を、そこに社会を考えたり見出したりせざるをえない瞬間を、具体的な対象において具体的に考えてみる。それが「駒場の社会学」の一つの姿だった。

この論文集は程度の差こそあれ、そういう様式《スタイル》を共有している。そしてその先、では具体的に社会がどう現れるのか、すなわち社会が見出される瞬間がどこにあるかに関しては、各論考の執筆者によってかなりちがう。

例えば、ある論考ではついに社会が現れない。もちろん、それでもよい。考えた上で必ず社会が現れるのであれば、社会はつねにすでにあることになる。

あるいは、社会が消えうせるという形で現れることもある。裏返せば、消滅する可能性が現実に出現するまで、そこに社会があるとは考えていなかった。そういう形で見出されてもよい。

あるいは私自身の論考でいえば、観察や理解では、理論負荷性という主観性とデータという客観性が(ベイズの定理をみたす形で)つねに両立する。その意味で「ここから先は客観的だ」といえる不連続な境界=停止点は存在しないが、全てが主観に回収されることもない。したがって、その主観性と客観性のどちらの側に社会を見出すにせよ(理論負荷性も結果が「他でもありうる」ことを意味する)、どちらの「社会」もつねに部分的であり、その程度もかわりうるが、両者がどのように部分でありあうかは、演算の形で論理的に定式化できる。そうした方向で考えている。

そういうバラバラさも「らしいな」と思う。山本ゼミの大学院演習で、「こう言わなければいけない」という結論が求められたことはなかった。政治的な主張もかなり多様だったが、考えることを途中でやめることは許されなかった。その結果、バラバラな結論にしかならないのであれば、それぞれの途を行けばよい。

だからこそ、具体的な対象についての具体的な議論であることは求められた。具体的な対象から目を離さずにいれば、たとえ社会の現れ方がバラバラであっても、そこで停止する必要はないからだ。少なくともその対象においては、社会はこういう形で現れるのではないか、という形で考えつづけることができる。

そういう形で社会学の語りが向かう、ありうる他者を想定できる。少なくともその具体的な対象に関わる人々にとっては、それが他でもありうると考えることは意味をもちうるのではないか、と考えることができる。

そんな風に議論が進んでいった。

6

ともすれば大きな結論や大きな理論に、ときには「結論はない」というさらに大きな結論へ一気にとんでしまう社会学において、こうした考え方は比較的めずらしかったように思う。

全く個人的な経験を一ついえば、おかげで「指導教員はどなたですか?」とよく訊かれた。答えると「へえ……」とか「ふーん……」という声とともに、少しの間沈黙が流れる。びっくりしたというよりも、ひどく自明でないことをいわれた。そんな気分にさせてしまうらしい。

私にとってはかなり自明にしか思えないのだけれども、さすがにくり返し同じことがおきると、他の人にとってはそうではないのだな、と受け入れざるをえない。だから、特に大学教員として就職した後は、「指導教員と全くちがう研究をやっていると、煩くいわれずにすみますから」みたいな説明を付け加えて、なんとなく納得してもらったりもした。

しかし、私自身はもちろん、全くちがう研究をやっているつもりはない。あつかう対象や至りつく結論はバラバラでも、そのバラバラである必然性と必要性がどこにあるのかに関しては、かなり共有している。別の文章で書いたことをくり返せば（佐藤 2016）、対象の固有性にこだわるからこそ、他の対象との共通性に目を配らざるをえない。個別と一般という、やや粗い二分法《バイナリ・コード》を使えば、個別性にこだわるがゆえの一般性。そんな考え方だ[2]。

他でもありうることは、そういうことでもありうる。他でもありうることによって、これであることが必ずしも意味を喪うわけではない。むしろ、これである意味や理由や要因を、「他でもありうるにもかかわらず、なぜこうなのか」という形で、途中で停止点をおくことなく、考え抜いていく。そのための手段として、「全てを相対化する」視線は使える。

そうした思考は、一般的な抽象には拡大していかない。むしろ、特定の具体に収斂していく。だから、全ての人にとって意味があるとはかぎらない。その意味で、全ての人に同じように社会が現れるわけではない。

けれども、その特定の対象に具体的に関わる人たちにとっては、他でもありうるにもかかわらずなぜこれなのか、を考え抜くことは、そして考え抜いた結果を語ることは、意味があることもある。そういう意味で、「全てを相対化する」語りはありうる。

――例えば、そんな風にこの論文集を読むこともできる。そんな感じで、この本で語られた言葉たちを受け取ってもらえれば、幸いである。

（1）経験的な社会科学の場合、解1でも具体的な停止点にただちにたどりつけるわけではない。だから、実際には経験的なデータを積み重ねながら語りつづけることになる。解1では、それが全域的な収束点へ必ず収束していくと想定されているわけだが、実際にはその収束点は一つに特定されず、複数個が並列的に主張されている。それゆえ、解1を信じていない人間からみれば、それぞれの主張する収束点に予定調和的に進んでいくことになる。

それに対して、解2―3では、やはり経験的なデータを積み重ねながら語りつづけることになるが、全域的な収束点の存在は保証されない。それゆえ、語りがとりあえずどこかに収束していくことはありうるし、実際にあるが、意外なデータが新たに出現することで「それが部分的な収束点でしかなかった」と後からわかる可能性につねに開かれている。むしろそうであることによって、特定の点に予定調和的に進む状態にはなりにくい。

あえてメタ的に述べれば、そういう風に表現することもできる。こうした抽象的な方法論的解説に、それ自体であまり意味があるとは思えないが、他の方法論的考察によって結論へ誘導されるのを無効化する効果はあるのだろう。そういえば、ウェーバーの『職業としての学問』（Weber 1919=2016）もそんな形で議論を展開していた。

（2）これまた、やはりウェーバーをもちだすまでもなく、例えば、個々の因果をデータにもとづいて仮説的に同定する上でも、比較対照という一般化は欠かせない。佐藤（2017）参照。

【文献】

納富信留、二〇一七、『哲学の誕生　ソクラテスとは何者か』筑摩書房。
佐藤俊樹、二〇一六、「始まりの時　寡黙と沈黙の間で――“sound of silence”」『国際社会科学』第六五輯。

佐藤俊樹、二〇一七、「ウェーバーの社会学方法論の生成⑤〜⑥」『書斎の窓』六五〇〜六五一号。

Weber, M., 1919, *Wissenschaft als Beruf*, Duncker & Humblot.（*MWG1/17 Wissenschaft als Beruf 1917/1919 Politik als Beruf 1919*, J. C. B. Mohr: 156-252.）（野崎敏郎訳・注解、二〇一六、『職業としての学問〔圧縮版〕』晃洋書房。）

＊立岩　真也　（たていわ　しんや）
立命館大学大学院先端総合学術研究科教授
［**主要著作**］『私的所有論』［第 2 版］（生活書院，2013），『自由の平等』［第 2 版］（生活書院，2019 予定）

相馬　直子　（そうま　なおこ）
横浜国立大学大学院国際社会科学研究院教授
［**主要著作**］“Comparative framework for care regime analysis in East Asia”（共著，*Journal of Comparative Social Welfare,* 27 巻 2 号，2011），「子育て支援と家族政策」（庄司洋子編『シリーズ福祉社会学 4　親密性の福祉社会学』東京大学出版会，2013）

遠藤　知巳　（えんどう　ともみ）
日本女子大学人間社会学部教授
［**主要著作**］『フラット・カルチャー』（編，せりか書房，2010），『情念・感情・顔』（以文社，2016）

鶴見　太郎　（つるみ　たろう）
東京大学大学院総合文化研究科准教授
［**主要著作**］『ロシア・シオニズムの想像力』（東京大学出版会，2012），「ナショナリズムの国際化」（赤尾光春・向井直己編『ユダヤ人と自治』岩波書店，2017）

中村　秀之　（なかむら　ひでゆき）
立教大学現代心理学部教授
［**主要著作**］『映像／言説の文化社会学』（岩波書店，2003），『瓦礫の天使たち』（せりか書房，2010）

＊佐藤　俊樹　（さとう　としき）
東京大学大学院総合文化研究科教授
［**主要著作**］『意味とシステム』（勁草書房，2008），『社会学の方法』（ミネルヴァ書房，2011）

執筆者一覧（執筆順，＊印編者）

＊若林　幹夫　（わかばやし　みきお）
早稲田大学教育・総合科学学術院教授
［**主要著作**］『都市のアレゴリー』（INAX 出版，1999），『未来の社会学』（河出書房新社，2014）

西野　淑美　（にしの　よしみ）
東洋大学社会学部准教授
［**主要著作**］「釜石市出身者の地域移動とライフコース」（東大社研・玄田有史・中村尚史編『希望学 3　希望をつなぐ』東京大学出版会，2009），「『住まいの見通し』はなぜ語りづらいのか」（東大社研・中村尚史・玄田有史編『〈持ち場〉の希望学』東京大学出版会，2014）

中村　牧子　（なかむら　まきこ）
埼玉学園大学人間学部非常勤講師
［**主要著作**］『人の移動と近代化』（有信堂，1999），『学校の窓から見える近代日本』（勁草書房，2002）

五十嵐　泰正　（いがらし　やすまさ）
筑波大学大学院人文社会系准教授
［**主要著作**］『常磐線中心主義《ジョーバンセントリズム》』（共編，河出書房新社，2015），『原発事故と「食」』（中公新書，2018）

砂原　庸介　（すなはら　ようすけ）
神戸大学大学院法学研究科教授
［**主要著作**］『地方政府の民主主義』（有斐閣，2011），『分裂と統合の日本政治』（千倉書房，2017）

太田　省一　（おおた　しょういち）
社会学者・文筆家
［**主要著作**］『社会は笑う・増補版』（青弓社，2013），『中居正広という生き方』（青弓社，2015）

社会が現れるとき

2018年4月20日　初　版

［検印廃止］

編　者　若林《わかばやし》幹夫《みきお》・立岩《たていわ》真也《しんや》・佐藤《さとう》俊樹《としき》

発行所　一般財団法人　東京大学出版会

代表者　吉見俊哉

153-0041 東京都目黒区駒場 4-5-29
http://www.utp.or.jp/
電話 03-6407-1069　Fax 03-6407-1991
振替 00160-6-59964

印刷所　株式会社三陽社
製本所　誠製本株式会社

ISBN 978-4-13-050192-7　Printed in Japan